Enrich

The foundation of your edge is your ability
to provide value to and enrich those around you.

You'll see how delight can help pacify skepticism
and misgivings.

Delight

우리는 모두 출발점이 다르다.
그러니 당신이 할 수 있는 곳에서 시작하라.
일단 시작하면,
당신은 차이를 어떻게 만회할 것인지
스스로 깨닫게 될 것이다.
이것이 EDGE의 출발점이다.

《EDGE》 저자 **로라 후앙**의 말 중에서

Effort

When so many decisions are driven
by the outside perceptions of others,
you also need to know how to allocate effort.

Guide

It's about navigating the perceptions
we have of ourselves,
the perceptions others have of us.

# Edge

**일러두기**

1. 본문 중 숫자 첨자는 참고문헌 번호를 가리킨다. 찾아보기 쉽도록 각 장별로 1번부터 시작한다.
2. 저자 주는 *으로 표시하고 각주로 처리했고, 옮긴이 주는 (−옮긴이)로 표시하였다.
3. 도서명은 《》로, 신문 잡지 논문 영화 등의 제목은 〈〉로 묶었다.

LAURA HUANG

# Edge

엣지

## 한 끗의 차이를 만드는 내 안의 힘

로라 후앙 지음 | 이윤진 옮김

세계사

# 차례 _____

# Find your Edge!

《엣지》의 한국어판 출간을 앞두고 있을 때, 한국에 있는 지인의 연락을 받았다. 한국의 세계적인 팝스타가 내가 말한 '엣지'를 한 토크쇼에서 언급했다는 이야기였다. 메시지와 함께 도착한 동영상 링크를 클릭하며 생각했다. '한국의 세계적인 팝스타라, 설마 BTS인가?' 예감이 적중했다. 동영상 속 그는 바로 BTS의 RM(김남준)이었다. 기쁘고 떨리는 마음으로 번역된 문장을 꼼꼼히 읽었다. 요약하자면 이런 내용이었다.

"어린 시절 우상이던 에미넴, 칸예 웨스트, 타블로보다 내가 기술적으로 랩을 더 잘할 것 같지 않다. 그럼에도 나는 프로로서 용감하게 솔로 앨범을 내고 사람들의 평가를 받고 싶다. BTS라는 그룹 활동으로 얻은 영향력 아래에 있어도 되지만, 나만의 작품을 통해 직업인으로서 평가받고 싶은 마음이 크다. 내가 우상들보다 더 멋지게 랩을 할 순 없겠지만, 그들에게는 없는 나만의 모서리edge가 있다는 믿음을 갖고 있다. 같은 날 에미넴과 동시에 앨범을 발매하더라도, 이런 생각으로 나는 나를 지켜낼 수 있을 것 같다."

정말 감탄했다. 그가 내 책을 읽었는지(읽었다면 너무 영광이겠지만)는 알 수 없다. 어쨌든 그가 어떻게 세계적인 슈퍼스타가 될 수 있었는지 알 수 있는, 비범함과 용기가 돋보이는 고백이었다. 슈퍼스타로서 누린 영광만큼 혹독하게 비교당할 것이 뻔한 데도 자신이 가려는 길을 묵묵히 가겠다고 결심하는 것은 쉽지 않은 일이다. 게다가 그가 속한 BTS는 세계 최정상급의 팝 그룹이다. 굳이 모험을 하지 않아도 문제될 것이 없다.

하지만 그는 '엣지'를 가지고 있었다. 자신이 택한 길을 가려고 할 때 세상 사람들이 어떻게 반응할지, BTS의 울타리를 벗어나 솔로로 활동할 때 스스로 무엇이 부족할지를 잘 알고 있었다. 그리고 세상의 편견과 혹독한 평가 속에서 자기 자신을 지키기 위해 어떤 노력을 해야 하는지도 명확하게 알고 있었다.

내가 이 책에서 독자들에게 전하고자 하는 엣지가 바로 이것이다. 엣지는 'Enrich, Delight, Guide, Effort'의 머리글자를 연결해 탄생한 단어로, 타고난 재능이 없는 사람이라 할지라도 난관에 부딪히거나, 삶의 중요한 상황에서 스스로 유리한 위치로 나아가는 방법을 아는 것을 가리킨다. 즉, 자신의 가치를 제대로 전달하여 불리한 상황을 개선하고(E), 나를 평가하거나 나에 대해 편견을 가진 사람들에게 진정한 기쁨을 선사함으로써(D), 타인 스스로 나에 대한 생각을 바꾸고 편견을 없애도록 이끄는(G) 것을 가리킨다. 마지막으로 이 모든 것을 쌓아나가기 위해 나 자신에 대해 올바르게 이해하고 거짓 없이 스스로를 내보이면서, 자신이 택한 길을 가기 위해 꾸준히 노력(E)하는 자세가 필요하다는 것이 엣지의 핵심 개념이다.

나는 성공이 반드시 놀라운 아이디어, 따기 힘든 자격증, 기술력, 또는 노력의 질에만 달려 있는 건 아니라고 생각한다. 그보다는 자기 자신에 대한 다른 사람들의 인식을 얼마나 잘 형성하느냐에 더 크게 좌우된다는 놀라운 근거들을 상당히 많이 발견했다. 자신에 대한 타인의 인식에는 장점뿐만 아니라 단점도 포함되는데, 약점으로 보이는 요소들에 맞서 자신만의 강점을 만들어 타인의 이목을 집중시키는 자산으로 구축하는 것이다.

나는 '엣지'를 통해 보통 사람들이 직업적, 개인적인 삶 모두에서 어려운 시기를 슬기롭게 헤쳐 나갈 수 있는 방법을 제안하고자 이 책을 펴냈다. 엣지를 가진 사람은 정신적 감정적 상처를 복원하고 앞으로 나아갈 기회를 얻고, 이를 통해 강하고 성공적인 삶을 살아갈 커다란 무기를 소유하게 될 것이다.

　이 책에는 다양한 데이터와 연구 근거들을 통해 검증된, 약점을 강점으로 바꾸고 어려운 상황에서도 우위를 만들 수 있는 여러 해법이 담겨 있다. 누군가가 만들어놓은 틀 안에 갇혀 그것에 맞춰 살아가려는 수동적인 자세가 아니라, 나의 길은 내가 개척해나간다는 자기 주도적인 선택과 행동이 진정한 엣지를 선사한다. 부디 이 책이 독자 여러분에게 자신만의 독특한 모서리를 찾고 그것을 날카롭게 유지하는 방법을 가르쳐주는 좋은 도구가 되길 바란다. 모두의 행복을 빈다.

2023년 봄, 로라 후앙

**E**nrich

**D**elight

**G**uide

**E**ffort

# 일론 머스크를 사로잡은 순간

최근 한 동료에게서 테슬라<sup>Tesla</sup>와 스페이스X<sup>SpaceX</sup> 창립자로 잘 알려진 기업가 일론 머스크<sup>Elon Musk</sup>와 어떤 평범한 사람이 대면한 일화를 듣게 되었다. 일론 머스크와 만남을 기약하기란 여간 어려운 일이 아니다. 그로 말할 것 같으면 자신의 모교(펜실베이니아 대학교 경제학 학사)에도 일 년에 한 번 이상 연락하지 말라고 한 사람이다. 그리고 그 연락 한 번마저 거절로 대답할 가능성이 높다. 2022년 일론 머스크의 순자산이 약 2190억 달러에 달했다는 집계로 미루어 보아 그의 1분은 최소 수천 달러 그 이상의 가치일 것이다.

　이 이야기에 주목해야 하는 이유는 평범한 한 사람이 1분에 수천 달러의 가치가 있는 유명인을 만났기 때문이 아니다. 머스크가

30초도 채 지나지 않아 그 만남을 끝냈기 때문이다. 그는 방문객을 힐끗 쳐다보더니 이렇게 말했다고 한다. "됐어요. 내 사무실에서 나가요."

이 이야기는 머스크처럼 높은 지위에 있는 사람에게 평범한 사람이 접근하기가 얼마나 어려운지를 보여준다. 설령 대면한다 해도 그가 상대해주리라는 보장이 없다. 재력과 권위를 갖춘 사람이 자신에게 유익하지 않은 일을 마주했을 때 직설적이고 매몰차게 거절하는 모습도 보여준다. 머스크 같은 사람의 시간과 자원은 철저히 보호받기 때문에 평범한 사람들은 그에게서 유용한 정보를 얻기는커녕 접근 자체도 어렵다.

동료는 이야기를 마치며 덧붙였다. "그런데 이 이야기가 정말 사실일까?"

그 말에 나는 대답했다. "사실이야." 일론 머스크의 사무실에서 쫓겨난 사람은 다름 아닌 나였으니까.

\*\*\*

이 만남은 우연히 이루어졌다. 한 친구가 마침 머스크가 연설하는 어느 대학교 졸업식에 참석했다가 운 좋게 이 억만장자의 연락처를 얻은 것이다. 친구 바이런Byron은 고맙게도 내게 스페이스X 사무실에 함께 가자고 청해주었고 그렇게 우리는 약속을 잡고 머스크를 기다리게 되었다.

나는 당시 민간 우주산업에 종사하는 신생기업이 보잉Boeing이나 록히드 마틴Lockheed Martin, 심지어 미국 정부나 나사NASA 같은 거대 기업과 조직에 대항하면서 맞닥뜨리는 문제들을 연구 중이었고,[1] 바이런은 그런 내 상황을 잘 알고 있었다. 우리는 머스크를 만나 그가 민간 우주여행의 미래를 어떻게 생각하는지 대화해볼 계획이었다. 이제 보통 사람(여기서 '보통'이란 우주왕복선을 타고 가는 여행에 20만 달러를 쓸 수 있는 사람을 뜻한다)이 우주선을 타고 3~6분 동안 무중력 상태를 경험하며 눈앞에 펼쳐진 별들과 그 아래 둥근 지구를 직접 마주할 기회가 가까이 다가왔기 때문이다.

바이런과 나는 이 기회가 얼마나 특별한지를 잘 알기에 만반의 준비를 했다. 자료 조사에 굉장한 수고와 노력을 들였고 스페이스X는 물론 민간 우주산업 분야와 관련된 다양한 지식을 쌓았다. 머스크의 인생사도 샅샅이 알아두었다. 이렇게 우리 손에는 열심히 조사한 자료와 재치 있는 질문 목록이 있었다. 그의 전반적인 사업 영역(스페이스X나 테슬라, 페이팔뿐 아니라 하이퍼루프Hyperloop까지)에 관해 깊이 있는 의견을 준비하고, 특별히 염두에 둔 구체적인 주제와 그가 언급할 만한 시사 문제도 파악했다. 그리고 머스크가 운영하는 회사에 도움이 될 만한 몇 가지 아이디어를 마련하고 개인적으로 작은 선물까지 마련했다. 우리는 모든 준비를 갖췄다.

단 하나, 이런 노력이 처음부터 소용없어질 경우만 제외하고 말이다. 앞서 언급했듯 우리는 그의 사무실에서 입을 열기도 전에 나가라고 통보받았다. (혹시 궁금할까 봐 얘기하자면, 그는 사방이 트인 사무공간의 한쪽 칸막이 방을 사용했기에 누구라도 관심이 있으면 그곳을 쉽게 들여다볼 수 있었다.)

계획이 꼬인 것은 이때부터였다. 머스크는 우리를 사무실에서 내보내려 했다. 하지만 30초 만에 재앙으로 끝날 뻔한 순간은 1시간가량의 활기찬 대화로 바뀌었다.

※ ※ ※

처음에는 머스크에게 거절당한 것이 사실이다. 말 그대로 우리는 그저 앉아 있었고, 그가 우리를 쳐다보더니 "됐어요"라고 말했다. 나는 눈앞이 캄캄해졌고, 멍하니 그를 보며 물었다. "됐다고요?" 그는 내 말에 나가라고 답했다.

정신이 아찔해질 만큼 당황스러운 순간이었지만 나는 머스크의 시선이 우리에게 있지 않다는 사실을 재빨리 알아차렸다. 그의 시선은 바이런이 들고 있던 물건, 그러니까 우리가 가져온 선물에 머물러 있었다.

머스크는 우리가 교수라는 사실을 모르는 듯했다. 그는 우리가 뭔가를 제안하러 온 사업가라 생각했고 선물을 샘플로 오해한 것 같았다. 그는 이제 막 사업을 시작한 듯 보이는 두 사람이 제품 보증이나 돈, 아니면 회사에 필요한 지원을 부탁하러 온 상황이라고 판단했던 것 같다. 그러니 거절하는 게 당연했다. 머스크는 끊임없이 부탁받고 쉴 새 없이 질문에 시달리는 사람이라 일단 거절이 기본 대답일 것이다. 명백한 이유가 있거나 강력한 권한이 있는 사람의 부탁도 단칼에 거절하는 사람이니 별로 대단해 보이지 않는 젊은 두 사람의 경우는 말할 것도 없었다.

약속은 비참하게 끝날 뻔했다. 내가 뜬금없는 행동을 하지 않았다면 말이다. 의도치 않은 내 사소한 행동은 믿을 수 없을 정도로 머스크의 흥미를 끌었다.

특별한 건 아니었다. 미리 계획한 일도 아니었다. 그저 갑자기 웃음이 터져 나왔다. 정중하게 인사하고 그 자리를 떠날 거라 생각한 사람이 키득키득 웃고 있으니 머스크는 순간 멈칫했다. "우리가 뭔가 요구하러 왔다고 생각하는 거죠? (웃음은 참으려고 할수록 주체되지 않았다.) 우리는 투자받으려고 온 게 아닙니다. ……뭐, 그렇게 돈이 많으신가요?"

내 태도에 머스크는 기막히다는 듯한 표정을 지었지만 곧 그 역시 웃음을 터뜨렸다. 그는 우리가 돈이나 제품 보증을 바라는 것이 아니라는 사실을 확인했고, 우리는 그에게 최소한 이 자리에서 쫓겨나지 않을 만큼의 환심을 얻는 데 성공했다.

그다음부터 머스크와의 대화를 주도한 쪽은 우리였다. 바이런과 나는 특정 주제로 머스크와 함께 대화하고, 토론하고, 농담하면서 끝 무렵에는 오랜 친구 같은 사이가 되었다. (그래, 인정한다. 솔직히 그 정도는 아니었다. 그래도 우리가 사무실을 나갈 때 머스크가 나를 가볍게 포옹해준 것만큼은 사실이다.)

우리가 그 방을 떠날 때 머스크는 스페이스X 운영 책임자 명함을 건넸다. 그리고 연구에 필요한 정보를 더 많이 얻을 수 있도록 돕겠다고 말했다. 결국 우리는 처음 그에게 바랐던 바와 정확히 일치하는 자원과 정보를 얻을 수 있었다.

우리는 어떻게 상황을 반전시키고 그의 환심을 얻었을까?

바로 엣지edge를 확보했기 때문이다. 우리는 미국에서 가장 부유하고 영향력 있는 사람 중 한 명에게 영향력을 행사할 수 있는 엣지를 얻었다.

＊＊＊

'엣지'란 무엇일까? 단어 뜻 자체로만 보면 우위를 점한다는 뜻이지만 여기에는 그 이상의 의미가 있다. 엣지란 좋든 나쁘든 사람들이 저마다의 인식을 갖고 있다는 사실을 아는 것이다. 우리는 타인의 관점이 행사하는 영향력을 파악하고 자신에게 유리하게 활용하는 법을 배울 때 엣지를 획득할 수 있다.

타인에게 도움받아 앞으로 나아가고 유리한 위치를 차지하는 어떤 이들은 빠르고 뛰어나게 일을 실행하여 필요한 바를 얻는 특별한 능력을 타고난 듯 보인다. 이들은 순탄하게 성공의 길을 걷는다. 마치 흐르는 물에 몸을 맡기고 유유히 노를 젓듯, 너무도 쉽게 성공과 성취를 이루는 것처럼 보인다.

어떤 상황에서는 유리한 위치를 차지한 사람이 당신일 수도 있지만, 사실 중요하고 결정적인 상황 대부분에서 우리는 그런 사람에 해당하지 않는다.

'엣지를 가진다'는 것은 타고난 재능이 없더라도 어렵고 중요한 상황에서 스스로 유리한 위치로 나아가는 방법을 아는 일이다.

조금 더 설명해보겠다.

일반적으로 사람들은 다음 두 가지 사실을 과소평가한다.

1. 외부자(어떤 의미의 외부자이든)가 어딘가에 발을 들여놓기가 얼마나 어려운지.
2. 그러나 일단 들어가기만 하면 당신에게 기회의 문들이 얼마나 활짝 열려 있는지.

바로 이것이 책에서 말하려는 내용이다. 당신은 자신만의 엣지를 창조하여 스스로 기회의 문들을 활짝 열어젖힐 수 있다.

엣지는 거의 모든 상황에서 결정적인 역할을 한다. 사업 설명회, 취업 면접, 공개 발표처럼 힘든 일에 도전해야 하는 상황은 물론, 장기적 관점에서 경력을 전략적으로 발전시키는 일에 있어서도 기회를 만들어낸다. 그런데 이런 상황에서는 종종 구조적 불평등과 편견이 발생한다. 우리는 이런 장애물들이 누군가의 성공 여부에 중요한 영향을 미친다는 사실을 분명히 알 필요가 있다. 이 책은 타고난 능력이 있는 이들을 엣지로써 뛰어넘은 사람과 성별, 인종, 민족, 연령, 부의 격차를 초월하여 성장한 사람들의 사례를 소개한다. 우리는 때로 자신의 약점과 마주하게 된다. 엣지를 창조하는 일은 불리한 부분을 특별한 자산으로 바꿀 수 있는 능력을 스스로 찾는 것과 같다. 다시 말해 위기를 기회로 바꾸는 능력을 기르는 일이다.

✳✳✳

나는 연구를 수행하며 불리한 위치에 있거나 저평가된 사람들을 알게 됐다.[2] 벤처 자금을 조달할 수 없는 창업가, 조직 내 높은 직급으로 올라갈 수 없는 직원,[3] 불공평한 치료 원칙 때문에 응급실에서 사망하는 의료 환자들[4]은 내 연구 대상이었다. 나는 사람들이 타인의 성격과 능력을 어떻게 인식하고 판단하는지를 연구했다.[5] 객관적 데이터보다는 소프트 스킬*soft skill*(성격이나 신뢰도, 열정과 몰입도, 타인과의 상호작용 등을 말한다)이 어떻게 개인과 기업의 의사결정과 성과를 이끌어내는지 연구해왔다. 이 연구는 내가 살아온 여정을 이해하는 데도 도움이 되었다. 나는 보잘것없는 이민자 가정에서 태어났고, 과소평가받으며 제약과 방해를 겪던 시절을 거쳐 하버드 대학교 교수가 되었다. 그리고 누구든 자신만의 엣지를 창조하도록 그 방법을 공유할 수 있게 되었다.

우선 나를 과소평가하는 사람들을 만났을 때 겪었던 개인적인 경험들을 공유하고자 한다. 또한 엣지를 타고난 듯 보이거나, 자신만의 엣지를 발견했거나, 과거에 엣지가 있었지만 지금은 상실한 개인이나 팀, 회사 사례를 찾았다. 내가 여러 사례를 소개하는 이유는 타인의 인식과 판단, 고정관념 같은 불리한 요소들을 회피하는 대신 받아들이고, 더 나아가 자신에게 유리하게 작동하도록 방향을 전환시켜 힘을 발휘한 사람들을 봐왔기 때문이다. 이 같은 개인과 기업 들은 역경을 장점으로 바꾸고 장애물을 기회로 전환시키며 편견을 깨트렸다. 나는 사례와 관련된 사회학, 심리학, 경

---

* 나는 '소프트 스킬'이라는 용어를 '코어 스킬core skill' 또는 '파워 스킬power skill'로 바꾸자고 제안한다. 이런 기술이 없으면 결코 성공할 수 없기 때문이다.

영학 연구와 이론을 함께 소개할 계획이다.

이 책은 '시스템을 이용'하는 방법이나 허울만 좋은 방법론과는 전혀 관련이 없다. 즉각적으로 성공을 거두는 마법의 공식이 담겨 있지도 않다. 대신 자신의 성격과 강점, 심지어 약점까지도 활용해 엣지를 창조하는 방법을 알려줄 것이다. 스스로 엣지를 만드는 데 노력을 기울이는 사람일수록 엣지는 더 강력해진다. 그리고 그 강력해진 힘은 고스란히 자신의 것이 된다.

이것이 핵심이다. 엣지를 획득한 당신은 스스로를 더 깊이 알게 될 뿐 아니라, 당신을 판단하는 타인의 시선에 긍정적인 영향을 미칠 수 있는 도구를 갖게 될 것이다. 엣지는 자기다움과 자기의식에서 나온다. 그러므로 진실한 삶의 태도를 지닌 사람은 오랫동안 효과적으로 지속되는 엣지를 가질 수 있다.

내 엣지가 사전에 주의 깊게 계획된 과정처럼 보이든 즉흥적이고 자연스러운 반응처럼 보이든 그리 중요하지 않다. 내가 머스크에게 대처했던 것처럼, 당신도 예기치 못한 상황이 자신에게 유리하게 작동하도록 효과적으로 영향을 미칠 수 있다.

우리는 자연스러운 분위기 속에서 머스크를 웃게 한 덕분에 그의 인식을 바꿀 기회를 얻었다. 그는 순간 우리를 도움이 필요한 사업가라고 판단했지만 곧 우리가 의도한 방향대로 인식을 바꾸었다. 우리는 이야기의 가치를 대화로 직접 보여주며 그의 생각을 우리에게 유익한 방향으로 이끌었다. 이런 상황을 스스로 만들 수 있는 사람에게는 네 가지 특징이 있다. 상황을 개선하고, 타인에게 기쁨의 순간을 선사하며, 나에 대한 인식의 방향을 긍정적으로 안내하여, 노력이 더욱 효과를 발휘하도록 만든다. 이 네 가지 개념이 바로 엣지의 핵심 구조다.

이 책의 1부에서는 '나의 가치를 드러내고 상황을 바꾸는 것'Enrich에 대해 다룬다. 엣지의 토대는 가치를 제공하고 상황을 더 나아지게 만드는 능력에 있다. 이 파트에서는 진정으로 누군가의 역량을 향상시키는 사람과 그렇지 못한 사람(실제로는 가치를 제공하지 않으면서 상대를 설득하는 데만 능숙한 사람)의 차이를 보여주는 데 집중한다. 엣지가 있는 사람은 가치를 제공하는 척하지 않으며(이런 식의 행동은 모든 사람이 금방 눈치챈다) 실질적으로 가치를 가져온다. 또한 자신이 가져온 가치를 상대가 뭉뚱그리거나 추측하도록 내버려두지 않고, 명확히 설명하며 효과적으로 소통한다.

나는 엣지를 창조하여 상황을 개선하는 몇 가지 방식을 소개하고, 당신이 전하려는 가치를 타인에게 손쉽게 설명하고 인식시키는 도구를 공유할 것이다. 그리고 제약을 기회로 뒤집은 사례를 소개하면서 제약을 장애로만 여기던 인식을 바꿀 계기도 만들 것이다. 그 과정에서 당신은 아무도 흉내 낼 수 없는 자신만의 가치를 파악하여 자기 이해의 중요성을 깨닫게 되고, 자신이 가진 진정한 자산과 함께 결점도 살펴보면서 본인의 고유한 특성을 발견해나갈 수 있을 것이다.

2부에서는 '타인에게 진짜 기쁨을 줄 때 생기는 변화'Delight에 대해 다룬다. 현재 상황을 더 나아지게 만들려면 우선 그 상황 속으로 들어가야 한다. 바이런과 나는 머스크의 사업에 도움될 만한 방법을 알고 있었지만 정작 그는 이를 알지 못했다. 우리가 그에게 제공할 수 있는 가치를 소개라도 하려면 우선 그가 현재 상황에서 기쁨을 느끼도록 만들어야 했다. 상대에게 어떻게 도움을 줘야 하는지 아는 사람은 대부분 상대를 기쁘게 할 준비도 되어 있는 사람이다. 나는 사람들을 기쁘게 하는 것이 무엇을 의미하며, 이것이 왜 중요한지 설명할 것이다. 이것이 흔히 생각하는 매력적이거나 웃기거나 카리스마 있다는 말들과 엄연히 다른 의미라는 점도 살펴본다. 우리는 직장에서 해고당한 여성이 나중에는 오히려 회사에 남아달라고 부탁받은 사례를 통해 누구에게나 사람들을 기쁘게 할 힘이 있다는 사실을 알아보려 한다. 또한 한 영화감독이 세계적인 밴드를 설득하여 그들이 고정관념을 깰 수 있도록 도왔던 이야기를 통해 상황에 진정성 있는 기쁨을 더하는 일이 어떻게 의심과 불안을 잠재우는지 소개하려 한다. 이어서 어린 딸이 생각하는 자율적이고 용감한 사람의 의미를 한 아버지가 어떻게 바꾸었으며 딸이 엣지를 찾도록 어떻게 도왔는지도 함께 살펴볼 것이다.

3부의 주제는 '세상의 편견을 긍정적으로 바꾸는 일'Guide이다. 엣지를 얻는 일은 당신이 사람들과 관계를 맺는 방식과 관련이 있다. 엣지는 나를 향한 자신과 타인의 인식을 의도한 방향대로 이끌면서 획득하게 되는 기술과 능력, 속성에 관한 귀인attribution(歸因, 어떤 행동의 원인을 찾아내기 위해 추론하고 결정하는 과정-옮긴이)이라고 할 수 있다. 3부에서는 자신이 처한 맥락에서 스스로 길잡이 역할을 할 수 있도록 자율성을 발휘하는 방법을 살펴본다.

타인이 나를 어떻게 생각하는지 아는 이들에게는 사람들의 인식을 다른 방향으로 안내할 수 있는 힘이 있다. 이 힘은 사람들이 당신의 가치를 이해하고 판단하는 데도 영향을 미칠 수 있다. 이와 관련해 한 여성이 경리 직원에서 루이비통Louis Vuitton의 임원이 되기까지 자신만의 길을 만들어간 이야기, 한 기업가가 처음에는 외국인 억양 때문에 불이익을 당했지만 결국 거액의 자금을 조달할 수 있었던 이야기를 살펴볼 것이다.

주변을 둘러싸고 있는 환경이나 요소들을 유연하게 받아들일 때 우리는 비로소 온전히 자신의 내면을 소유할 수 있다. 3부에서는 그 이유도 함께 다룰 예정이다. 우리는 자신이 가진 엣지를 발전시켜 사람들에게 더 진정성 있는 영향을 미칠 수 있다.

마지막 4부에서는 '엣지를 지속하는 길'Effort이라는 주제를 다룬다. 여기서는 수고와 노력이 어떻게 자신의 엣지를 강화하는지 살펴본다. 대개 어떤 일을 할 때 우리는 노력을 들이는 방법만 떠올린다. 그러나 다른 어떤 일은 오히려 하지 않으려는 노력이 중요할 때도 있다. 이 말을 노력이 중요하지 않다는 이야기로 오해하지 않길 바란다. 궁극적으로 엣지를 얻으려면 노력은 '추가로' 들어가야만 하는 요소다. 특히 타인의 인식에 의해 많은 일이 결정되는 상황이라면 우리는 이에 따라 노력을 적절히 할당하는 방법을 알아야 한다.

자신의 성격과 능력을 사람들이 어떻게 인식하고 판단하는지 이해했다면, 이제 당신은 의연하게 도전과 마주하고 스스로 성공의 길을 닦는 힘을 기를 수 있다. 당신에게는 상황을 기쁘게 만들고, 기회의 문을 열며, 타인과의 상호작용을 전략적으로 이끌어갈 능력이 생겼다. 간단히 말해 엣지를 갖게 된 것이다.

마지막으로 덧붙이자면, 처음 이 책을 쓰라고 권유받았을 때 나는 무척 주저했다. 다른 경영대학원 교수들이 출간한 책에서 이미 말한 내용을 똑같이 반복해서 쓰고 싶지는 않았기 때문이다. 저명한 사람들의 사례나 이상적인 이야기를 전달하는 일이 내키지 않기도 했다. 이 책은 토머스 에디슨Thomas Edison*이나 엘비스 프레슬

---

* 우연히 알게 되었지만 사실 그는 다른 사람의 아이디어를 훔쳐 자신의 것인 양 주장한 무자비한 사업가였다.

리Elvis Presley, 이소룡Bruce Lee, 마거릿 대처Margaret Thatcher, W. E. B. 듀보이스W. E. B. Du Bois, 프리다 칼로Frida Kahlo처럼 잘 알려진 사람의 놀라운 이야기를 소개하지 않는다. 대신 나는 오사마 아마르Oussama Ammar 같은 사람의 이야기를 들려주려 한다. 프랑스계 레바논인이자 평범한 사업가 오사마의 이야기는, 내가 남편에게 그의 회사에 지원해보라고 설득할 정도로 매력적이었다. 올림픽에서 메달을 딴 피겨스케이팅 선수 미라이 나가스Mirai Nagasu나 미용사 제니, 인턴 자리를 찾던 학생 피터의 이야기도 들려줄 것이다.

이 책을 쓰기로 한 이유는 어딘가에 발을 들여놓을 기회조차 얻지 못했던 평범한 사람들의 이야기를 공유할 수 있기 때문이다. 내세울 점이 두드러지지 않는 보통 사람들의 경험을 읽고, 이들이 불리해 보이는 상황에서 어떻게 엣지를 창조할 수 있었는지 알게 되길 바란다. 또한 만약 당신이 과소평가받고 있다면 자신의 엣지를 창출하는 힘과 가능성을 발견하기를 바란다. 그리고 이 책에서 소개하는 연구와 사례를 통해 당신에게 효과적인 방식과 그렇지 않은 방식을 깨닫게 되길 바란다.

# 1장

# 나쁜 패를 쥐고도 이기는 힘, 엣지

성공은 때로 열심이라는 가면을 쓰고 있다.
— S. 트루에트 캐시S. Truett Cathy

미라이 나가스는 2018년 올림픽에서 미국 여성 최초로 트리플 악셀에 성공했다. 그녀는 어떻게 이를 해낼 수 있었을까? 당연히 노력하고 인내한 덕분이었다.

나가스는 아이스링크에 발을 들여놓기 전에 어린 시절 대부분을 부모가 운영하던 로스앤젤레스 외곽의 한 초밥 식당 창고에서 보냈다. 나가스의 가정은 베이비시터를 둘 형편이 아니었기 때문에 나가스는 부모가 일할 동안 혼자 숙제했고, 영업 마감 시간까지 요가 매트에서 잠을 청했다. 훗날 그녀는 인생의 중요한 기술인 노력과 인내를 바로 이곳에서 키웠다고 말한다. 나가스는 "부모님이 열심히 일하시는 걸 지켜보며 자랐기 때문에 저는 직업윤

리가 투철한 편입니다"라고 종종 말했다. 그녀의 아버지 키요토 씨는 휴가도 마다하며 거의 쉬지 않고 일했다. 가게를 쉬면 직원들이 급여를 받지 못할 상황이었기 때문이다. 사실 나가스가 역사적인 트리플 악셀에 성공하던 그 시간에도 그녀의 부모는 손님이 붐비는 식당에서 일을 하고 있었다.

나가스의 근면과 투지를 보고,[1] 올림픽 역사상 최초로 4회전 점프에 성공한 빈센트 저우Vincent Zhou를 비롯한 그 외 올림픽팀 동료들이 "나가스는 내가 아는 한 가장 열심히 노력하는 선수"라고 말하는 것은 어쩌면 당연한 일일지도 모른다.

그녀의 이야기는 열심히 노력하는 사람이 보상받는다는 인생의 중요한 신념을 알려준다. 부모 대부분은 자녀에게 이 같은 신념을 어릴 때부터 가르치고, 자녀가 피할 수 없는 도전과 좌절에 직면했을 때 노력은 성공으로 가는 티켓이라는 생각을 심어주고자 더욱 노력한다.

누구나 살면서 고난과 실패를 겪는다. 그럴 때 흔히들 더 열심히 노력하고 인내하면 이를 극복할 수 있다고 말해왔다. 노력으로 시련을 극복한 이야기는 누구나 한 번쯤 들어보았으며 많은 이가 보편적으로 동의하는 메시지이자 문화를 초월하는 현상이 되었다. "로마는 하루아침에 이루어지지 않았다. 로마인은 매시간 벽

돌을 쌓았다." "승자는 한 번 더 시도했던 패자다."* "성공하는 가장 확실한 방법은 한 번 더 노력하는 것이다."

나는 내 어머니가 단돈 22달러를 가지고 타이완에서 미국으로 이민 온 이야기를 항상 들으며 자랐다. 어머니는 오로지 노력과 인내로 나와 남동생에게 필요한 모든 것을 뒷바라지해주었다. 아버지가 돌아가시고 홀로 자녀를 키울 때도 이는 달라지지 않았다.

사람들 대부분이 이처럼 나름의 가족사를 가지고 있다. 우리가 접하는 영화나 책에서도 이런 이야기는 반복된다. 영화 〈베스트 키드The Karate Kid〉**에서 친구들에게 괴롭힘을 당하던 대니얼은 나이 든 정원사이자 가라테 스승인 미야기에게 호신술을 배운다. 그는 노력과 인내를 반복하며 가라테 대회 결승전에서 자신을 괴롭히던 상대를 눌러 이기고 여자 친구와 행복한 결말을 맞는다. 영화 〈브레이브하트Braveheart〉***는 어떤가? 주인공은 사랑하는 여인과 친척을 잃은 뒤 그들의 죽음에 복수를 다짐하고, 그 과정에서 저항군을 이끄는 지도자가 되어 강력한 지배 세력과 맞서 싸운다. 그리고 결국 조국을 위해 의연하게 죽음을 맞으며 자유의 상징이

---

* 솔직히 말하면 이런 말 때문에 때로는 패배자가 된 기분이 들기도 한다.

** 내가 아는 유일한 버전은 1984년에 개봉된 원작이다.

*** 나는 영화 〈슬럼도그 밀리어네어Slumdog Millionaire〉(2009)도 좋아한다. 인도 빈민가 출신 고아에 글도 읽을 줄 모르는 주인공은 차 심부름을 전전하며 생계를 꾸리지만, 거액의 상금이 걸린 인기 TV 퀴즈쇼 최종 라운드에 오른다.

된다. 이 영화가 전 세계 누적 매출 2억 1,040만 달러를 기록하고 미국 아카데미 시상식에서 작품상, 감독상, 촬영상을 포함한 다섯 개 부문을 수상한 데는 이유가 있다. 강력한 이야기로 관객에게 희망과 더불어 맞서 싸울 힘을 주기 때문이다.

이런 정서는 문화적 경계를 초월하여 다양하고 깊게 뿌리내려 있다. 알바니아 난민 가츠 필리파Gac Filipaj의 이야기에서도 알 수 있다.[2] 그는 거의 20년 동안 대학교 관리인으로 일하며 바닥을 청소하고 쓰레기통을 비웠다. 일이 고되고 임금은 낮았지만, 그는 학기마다 한두 과목을 수강할 수 있는 학비를 따로 떼어놓았다. 그는 쉰두 살에 학위를 취득했고 우등생으로 졸업했다.

작은 시골 마을에서 자란 상훈의 이야기도 비슷하다. 그는 매일 6킬로미터가 넘는 거리를 걸어 학급이 하나밖에 없는 학교에 다녔다. 의지를 다지며 노력한 끝에 그는 한국의 명문대 가운데 하나인 성균관대학교에 입학했고 핵물리학자가 되었다.

이런 이야기들은 현실에서 계층이 구별되더라도[3] 계층 간 이동 역시 가능하다는 메시지를 전한다. 당신에게 인생을 잘 펼쳐나갈 의지가 있다면 배경은 제약이 될 수 없다는 것이다.

하지만 현실은 그리 녹록지 않다. 다시 미라이 나가스의 이야기로 돌아가 실제로 어떤 일이 있었는지 살펴보자. 그녀는 2018년 올림픽에서 트리플 악셀을 성공시키기 전에[4] 2014년 올림픽 피겨

스케이팅팀에서 터무니없는 이유로 배제되었다. 당시 나가스는 미국 선수권 대회에서 3위를 차지하여 올림픽팀에 합류할 자격을 갖췄다. 하지만 미국 피겨스케이팅 연맹은 4위였던 애슐리 와그너Ashley Wagner에게 그 자리를 주었다. 나가스보다 와그너가 유망하다고 판단한 연맹이 재량권을 사용한 것이다.

이런 식의 선수 교체는 전례 없는 일이었다. 피겨스케이팅 연맹이 내세운 이유 중 하나는 스무 살인 나가스보다 스물세 살인 와그너가 원숙하고 경험이 많다는 것이었다. 하지만 2014년에 나가스를 누르고 2위를 차지한 폴리나 에드먼즈Polina Edmunds는 고작 열다섯 살이었고 나가스보다 경험도 적었다.

어찌 됐든 나가스는 이런 이유들로 미국 피겨스케이팅계에서 선택받지 못했다. 씁쓸하지만 그녀가 미국을 대표하는 피겨스케이트 선수 이미지에 완벽하게 부합하지 않았기 때문일 수도 있다. 올림픽팀에 선발된 선수* 세 명과 달리 그녀는 금발도 아니고 피부도 하얗지 않았다. 연맹은 어떤 인종적 편견도 없었다며 변명했지만 그들의 결정은 납득하기 어려웠다.[5]

이처럼 노력이 효과를 발휘하지 못할 때 우리는 어떻게 해야 할까?

---

* 올림픽팀에 합류한 나머지 한 선수는 미국 선수권 대회에서 1위를 차지한 그레이시 골드Gracie Gold였다.

우리는 각자 경력과 목표, 야망 등을 성공적으로 이루려고 노력한다. 그것이 때로는 올림픽 경기에 출전하는 일일 수도 있고, 주위에 영향력을 미쳐 변화를 일으키는 일일 수도 있다. 승진하거나 창업 자금을 조달하는 일이 될 수도 있다. 목표가 무엇이든 많은 이가 아는 성공의 비결은 열심히 노력하는 자세다. 결국 노력이 증명한다.

하지만 우리 마음 한구석에서는 노력이 전부가 아니라고도 말한다. 사람들이 수고와 노력을 똑같이 기울인다고 해도, 결과에서 확연한 차이를 보이는 경우를 우리는 종종 보아왔다. 그뿐 아니라 나가스의 이야기처럼 경쟁자보다 나은 성과를 얻었지만 배제되는 경우도 보았다.

우리는 한 번쯤 모든 것을 불태웠다고 표현할 만큼 노력해본 경험이 있다. 노력해서 가장 알맞은 결과물을 내놓았지만 결국 손해를 보거나 놓친 경험도 있다. 그 경험들을 통해 우리는 자신이 고안한 아이디어의 질이나 노력의 양, 객관적으로 측정할 수 있는 기술 등이 곧 성공을 보장하는 것은 아니라는 사실을 암묵적으로 깨닫는다. 바꿔 말하자면 성공에 결정적인 역할을 하는 필수적인 자원과 돈, 시간 그리고 목표를 이루는 데 유용한 조언 등을 얻을 수 있다고 해서 항상 최고의 자격이나 아이디어를 가진 것은 아니라는 뜻이다.

＊＊＊

몇 년 전 나는, 고등학교에 갓 입학한 취약계층 청소년을 각 분야에서 인정받는 경험자들과 연결하는 프로그램의 자원봉사 멘토로 활동한 적이 있다. 멘토가 해야 할 일에는 학생들과 학기 첫 주를 함께 보내는 일도 있었다. 학생들이 새로운 환경에 적응하고 멋지게 출발하도록 돕는 것이 멘토의 역할이었다. 마치 내 '막내 여동생' 같았던 세렐리나는 밝고 용감한 열세 살 소녀였고, 나는 금세 이 아이에게 정들었다. 나는 세렐리나와 함께 학기 첫 시간인 역사 수업에 들어갔다. 격려의 뜻으로 주먹을 불끈 쥐어 보인 뒤 나는 조용히 교실 뒤에 앉았다.

개학 첫날 역사 교사는 일반적인 수업 규칙을 설명하고 학기 중에 배울 내용을 간략하게 소개했다. 그리고 수업이 끝나갈 무렵 학생들에게 인덱스카드를 하나씩 나눠주며 고등학교를 졸업할 때까지 노력해서 성취하고자 하는 목표를 적어보라고 했다. 교사는 학생들에게 잠깐 시간을 준 다음 카드를 걷었고 하나씩 큰 소리로 읽어주었다. 카드 위에 이름을 적어 냈지만 누구의 카드인지는 밝히지 않았다. (얼마나 다행인지 모른다.)

　카드에 적힌 아이디어는 이런 것이었다. "제 목표는 미식축구 팀을 만드는 것입니다." "마리오 카트 게임에서 형을 이기고 싶습니다." "제 목표는 돈을 모아서 스테픈 커리Stephen Curry(당연히 신발이다)를 사는 것입니다." 재치 있는 말을 해서 인기와 주목을 얻은 아이도 있었다. 교사가 "제 목표는 이 수업을 듣는 모든 친구에게 짐바브웨Zimbabwe의 철자를 알려주는 것입니다"라는 카드를 읽자 그 아이는 손을 들고 자신 있게 말했다. "그거 제 거예요!"

　교사는 계속 소리 내어 읽으며 카드마다 의견을 덧붙였다. "축구 잘할 체격이네. 팀 꼭 만들 수 있을 거야." "스테픈 커리? 에어 조던은 어떻게 된 거야?" "짐바브웨…… 그 나라의 철자뿐 아니라 위치까지 모두 알게 될 거라고 내가 장담해!"

　그런 다음 교사는 카드 하나를 읽었다. "제 고등학교 목표는 열심히 공부해서 로즈 장학금Rhodes Scholarship을 받고 옥스퍼드 대학교에 입학하는 것입니다." 나는 이 카드를 쓴 사람이 누군지 바로 알아차렸다. 전에 세렐리나가 로즈 장학금을 받아 옥스퍼드 대학교에 간 한 소녀에 관한 책을 읽었다고 말하며, 그 대학교가 어디 있는지 물은 적이 있었기 때문이다. 나는 마음이 뿌듯해졌다.

　하지만 교사는 세렐리나의 카드를 읽더니 피식 웃으며 이렇게 말했다. "꿈이 크구나." 그리고 작게 중얼거렸다. "목표를 너무 무모하게 세워지는 말자." 그때 세렐리나의 빨갛게 달아오른 얼굴과 당황스러움을 감추지 못하는 표정을 나는 지금도 기억한다.

수업이 끝난 뒤 나는 세렐리나 곁으로 다가가 옥스퍼드 대학교 진학을 목표로 삼은 것은 훌륭하며, 인내심을 가지고 노력한다면 그 꿈을 아무도 막지 못할 거라고 말해주었다. 그 후 세렐리나는 열심히 노력했지만(나도 그녀의 노력을 끊임없이 응원했지만) 아쉽게도 생각만큼 성적을 올리지 못하다가 몇 년 뒤 임신하고 학교를 그만뒀다.

그때를 생각하면 항상 떠오르는 장면이 있다. 학교를 그만두던 날, 세렐리나는 내게 실망시켜 미안하다고 사과했다. (물론 세렐리나는 날 실망시킨 적이 없다.) 그리고 고등학교 첫 등교일에 받았던 인덱스카드 이야기를 꺼냈다. "치어리딩팀*을 만들고 싶다고 쓸 걸 그랬어요. 나 같은 사람은 노력해도 옥스퍼드 대학교에 못 들어가요. 노력은 그런 식으로 통하는 게 아니에요."

노력과 수고에 의심을 품을 필요는 없다. 우리는 이미 이 두 단어가 뜻하는 바를 알고 있다. 하지만 노력에 대해 사실은 우리가 모르는 부분도 있다. 누구나 언젠가는 어려운 상황을 마주하게 된다. 우리는 그때 경험하게 될 불이익의 미묘한 특성들을 잘 파악하여 통제하는 방법이나 주체적으로 새 출발점을 만드는 방법을 알지 못한다. 노력했을 때 주어지는 혜택과 보상, 성공을 제대로

---

* 분명히 말하지만 치어리더에 다른 감정은 없다. 필자는 고등학교 시절에 치어리더로 활동했다.

거둬들이려면 환경을 만드는 것이 중요하다. 로버트 루이스 스티븐슨Robert Louis Stevenson은 이렇게 말했다. "인생에서 좋은 패를 쥐는 것은 중요하지 않다. 오히려 좋지 않은 패를 가지고 게임을 잘하는 것이 중요하다." 그리고 우리는 이런 지혜를 바로 엣지로써 얻을 수 있다.

**미처 깨닫지 못했던 편견과 인식들**

세렐리나와 나가스는 역경에 처하며 사람들이 자신을 어떻게 인식하는지 알게 됐다. 세렐리나의 교사는 저소득층 출신 소녀의 꿈이 지나치게 크다고 생각했다. 미국 피겨스케이팅 연맹은 연령과 인종을 차별해 나가스를 배제했다.

하지만 부당한 인식도 때론 역경을 극복하는 열쇠가 될 수 있다. 자신을 향한 부정적인 인식을 지각하는 것이 독이 될 수도 있지만, 엣지를 발견한다면 그것이 결국 해독 역할을 하므로 한편으로는 이를 치료의 일부라고 볼 수 있다. 인간은 인식의 제약을 받는 존재다.[6] 세상에서 접하는 것들을 이해하고 체계화하려면 인식에 의존할 수밖에 없다. 고대 조상들이 위험에 대처할 때 사용한 투쟁-도피 반응에서 인류는 크게 진화하지 못했고 그 결과로 편향과 불이익이 생겼다. 인식은 우리를 명백한 편파와 편견에 빠트린다.[7] 이를테면 채용 담당자가 공공연하게 나이 많은 지원자를 신입 사원으로 뽑지 않는 이유는 이들이 기술 이해도가 낮을 것이라는 선입견 때문이다.

반대로 편향을 의식하지 못할 때도 있다. 연구에 따르면 많은 이가 은연중에 키 큰 사람이 더 똑똑하고 좋은 리더이며, 더 성공한 삶을 산다고 믿는 경향이 있다고 한다.[8] 사실 신장 180센티미터가 넘는 사람은 전체 인구의 15퍼센트에 불과하지만 미국의 최고경영자 가운데 58퍼센트가 여기에 해당한다.[9] 또한 키가 188센티미터 이상인 사람은 인구의 4퍼센트에 지나지 않지만 최고경영자 가운데 무려 33퍼센트가량이 신장 188센티미터 이상이다. 특히 남성의 경우 키뿐 아니라 매력 같은 기본 요인이 사람들의 인식에 추가적으로 긍정적인 영향을 미친다. 이 사실을 나와 동료들은 연구로써 밝히기도 했다.[10]

내가 수행한 다른 연구에서는 의료진이 환자의 치료 방법을 결정할 때 환자가 통증을 견딜 수 있는 정도가 치료법에 영향을 미치는 것으로 나타났다. (결과를 미리 말하자면, 사람들은 대개 여성이 통증을 더 잘 견딘다고 생각했다.) 남들과 비교가 어려울 정도로 명석한 브래드 그린우드Brad Greenwood, 세스 캐너핸Seth Carnahan이 나와 함께 진행한 연구에서는 의료진이 환자를 인식하는 정도가 치료에 매우 중요한 역할을 한다는 점과, 여성 환자를 남성 의사가 치료할 경우 응급 심장 마비 상태에서 생존할 가능성이 더 낮을 수 있다는 점을 지적했다. 자각하지 못하고 있던 인식이 생사의 문제에 영향을 미치는 것이다.*

인식은 성별에만 국한되지 않는다. 인종이나 민족성, 편견처럼 쉽게 떠오르는 일반적인 성격에만 해당하는 것도 아니다. 인식에서 자유로운 사람은 아무도 없다. 누가 더 나쁜지를 판단하는 경쟁 구조도 아니다. 불이익을 받는 대상은 상황에 따라 달라진다.[11] 가령 나는 지독한 편견을 겪는 남성들을 알게 되었다.[12] 얼마 전 필라델피아의 한 학군에서 같은 조건을 갖춘 남성 교사보다 여성 교사에게 더 높은 수준의 급여를 제공한 사실이 드러났는데, 이는 채용 시 여성 교사의 경력에 더 많은 점수를 주었기 때문으로 알려졌다. 더 심각한 문제는 남성 교사들이 면접 중에 받은 질문이다. "왜 아이들과 함께 하는 일을 선택하셨죠? 궁금했습니다. 왜 건강한 남성이 아이들과 함께 일하고 싶은지 말이죠. 아, 이 질문은 단지 귀하가 소아 성애자가 아니라는 사실을 확인하려는 겁니다."

편견이 그저 소수의 사회적 약자에게만 해당하는 것이 아니라는 점에 주목해야 한다. 편견은 만연해 있으며 다양한 형태를 지닌다. 누군가에게 '특권층 부잣집 아이'라는 꼬리표를 붙이기는 쉽

---

* 이처럼 인식과 편견은 사안에 따라 매우 결정적이고 심각한 파급 효과를 낳을 수 있다. 적합한 사례가 있다. 흑인 여성이 임신 관련 원인으로 사망할 가능성은 백인 여성보다 서너 배나 높다. 의료진이 흑인 여성의 통증 내성이 더 높다고 인식하기 때문이다. 따라서 비슷한 통증을 표현하는 백인 여성보다 흑인 여성이 진통제를 처방받거나 더 나은 치료를 추천받을 가능성이 낮다.

다. 하지만 누구에게나 꼬리표가 될 만한 특징이 있다는 사실을 잊지 않고 기억하는 것은 어렵다.

그렇다고 편향된 부류의 사람이 따로 있는 것도 아니다. 나는 연구 중에 남성과 여성 모두 남성 창업가에게 더 호의적으로 편향되어 있다는 사실을 알아냈다.

우리가 편견이나 불이익이라고 부르는 것은 그릇된 인식의 결과다. 편견은 어떤 사람을 향한 인식을 사회에서 '좋다' '나쁘다' 등으로 표현하는 속성과 연결할 때 생긴다. 예컨대 검다는 속성은 남성성과 연결되지만 범죄와도 관련이 있다.[13] 노년은 신뢰성과 연관이 있지만 동기부여나 학습 능력이 처진다는 인식과도 연결된다.[14] 여성에게는 동정심이 많지만 해결 능력이 부족하다는 그릇된 인식이 연결된다.[15]

인식을 형성하는 데 걸리는 시간은 그리 길지 않다. 그리고 이 인식을 기반으로 판단하는 데 걸리는 시간은 더 짧다. 심리학자 낼리니 앰버디Nalini Ambady와 로버트 로즌솔Robert Rosenthal의 연구에 따르면 15초가 넘지 않는 짧은 접촉을 통한 '단편 판단'으로도 성격에 대한 강한 인식이 형성되는 것으로 나타났다.[16] 우리는 어떤 사람이 얼마나 친절하고 정직하며 신뢰할 만한지 짧은 순간 안에 판단하고 믿는다.

인식이나 귀인은 빨리 이루어진다. 그런데 이 두 가지는 지속되는 경향이 있다. 사람들은 반대 증거를 알게 되어도 한번 인식하거나 추론한 원인을 쉽게 바꿔 생각하지 않는다. 일단 귀인이 이루어지면 이는 사람과 상호작용하는 방법, 당신이 제공한 가치에 합당한 보상을 평가하는 방법 등에도 계속해서 영향을 미친다.

다음 그래프를 살펴보자. 우리는 타인의 인식과 그 결과로 이어지는 귀인에서 벗어날 수 없다. 과거에 비해 오늘날 직장에서의 성공은 사회적 기술social skill이 크게 좌우한다. 그래서 조정, 협상, 설득, 사회적 감수성에 능숙한 사람에게는 프리미엄이 주어

[도표 1] 직장에서 중요해지는 사회적 기술

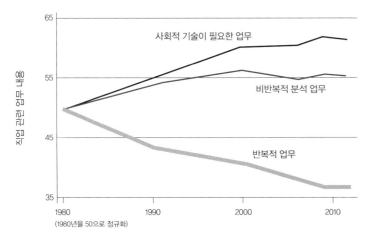

출처: 1980~2000년 미국 인구조사Censuses
　　　2005~2013년 미국 지역사회 조사American Community Survey(미국 인구 조사국)
사회적 기술: (i)조정, (ii)협상, (iii)설득, (iv)사회적 감수성

진다.[17] 이런 종류의 기술들은 우리가 쉽게 편향에 노출되도록 한다. 동시에 이런 기술은 내재하는 불이익을 엣지로 바꿀 기회도 가장 많이 만든다. 그리고 사람들이 우리와 관련된 가치를 인식하는 과정에서 사고를 전환할 수 있는 기회도 제공한다.

## 불완전한 시스템 안에서 성공에 이르려면

우리는 왜 타인의 편향된 인식을 감수해야 할까? 불평등 없는 환경이 조성되지 못한 것은 우리가 속해 있는 조직이나 더 크게는 사회 구조에 책임이 있는 것 아닐까?

물론이다. 평등하게 능력에 따라 보상받는 환경이 조성되려면 우리는 기존 시스템을 바꾸는 일에서 저마다의 역할을 다해야 한다. 특히 권한 있는 자리에서 일하는 사람이라면 더욱 노력을 기울여야 한다. 하지만 불평등은 노력만으로 금방 사라지지 않는다는 사실도 기억해야 한다.

그 이유로는 첫째, 기존 시스템을 적극적으로 바꾸려고 하지 않는 사람들이 있다. (앞으로도 그런 사람들은 사라지지 않을 것이다.) 안타깝지만 그런 사람들은 집단에서 강력한 권력을 가지는 경향이 있다. 연구에 따르면 특정 시스템에서 혜택받아온 개인은 문제를 명확하게 지각하더라도 현 상태를 지지하고 합리화하기 쉽다. 이들은 사회 체계의 불평등을 익숙한 말들로써 정당화한다. "열심히 노력하면 자수성가할 수 있다. 그저 동기와 재능과 투지의 문제다." 시스템 정당화 이론system justification theory을 주장하는 일부 심리학자들은 사회 체계 덕분에 성공한 사람들이 사회, 경제, 정치 등 현 시스템을 공정하고 합법적이라고 생각하는 경향이 있다고 설명한다.[18] 뉴욕 대학교 응용심리학과 에린 고드프리Erin Godfrey 교수는 이렇게 말했다. "고위층 사람들은 현재 사회가 능력주의라고 믿고 싶어 한다.[19] 이는 그들이 성공할 만한 능력과 자격이 있다는 것을 의미하기 때문이다." 이처럼 사회에서 유리한 위치에 있는 사람들은 현 체계가 공정하다고 여기며 바꿀 이유가 없다고 생각할 가능성이 높다.

둘째, 사람들은 자신이 변화를 이루는 데 필요한 것과 방법들을 많이 알고 있다며 과대평가하는 경향이 있다. 논리적으로 변화를 지지하는 사람들도 마찬가지다. 연구에 따르면 성공한 사람들 대부분에게는 사각지대라 할 수 있는 일종의 유리한 무지advantage blindness가 존재한다.[20] 이것은 시스템을 정당화하는 과정에서 의도치 않게 비롯되었을 수 있지만 그렇다고 반드시 수반되어야 하는 현상은 아니다. 그러나 특별한 대우를 받는 것이 당연한 이들에게 현 시스템의 대안을 떠올리는 것은 상상조차 하기 어려운 일이다.

셋째, 시스템의 일부를 고친다 해도 여전히 다른 부분이 남아 있다. 학자들은 인종이 다른 개인끼리 빈번하게 접촉할 때 인종 편견이 발생하는 범위가 달라진다고 말한다.[21] 하버드 대학교 사회학자 레티안 장Letian Zhang은 NBA 선수들 중 코치와 같은 인종인 경우 성적에 차이가 없는데도 경기 시간을 더 많이 받는다는 사실을 발견했다.[22] 한편 인종이 다른 특정 선수와 코치가 시간을 많이 보내도록 하자 해당 선수의 경기 시간이 일시적으로 증가했다. 하지만 접촉 시간을 원래대로 되돌리자마자 그 선수의 자리는 코치와 인종이 같은 선수로 교체되었다.

편견과 차별을 노골적으로 반대하는 움직임을 생각해보자. 유색 인종이 직면한 장벽을 없애고 인재를 길러내기 위해 세워진 단체 LPFILevel Playing Field Institute의 연구자 프리다 케이포어 클라인Freada Kapor Klein과 앨리슨 스콧Allison Scott은 어떤 일이 좋은 의도로 시작되었더라도 결과는 다소 엇갈릴 수 있다고 말했다.[23] '성차별 문제를 해결하겠다'라고 선언하는 기업들을 실제로 살펴보면, 성별 외 다른 다양성 실현에 있어서는 오히려 노력을 줄이는 증거들이 발견됐다. 한편 성 평등을 실현하는 과정에서는 아이러니하게도 백인 여성과 아시아 여성에게 차별적 혜택이 주어지거나 흑인과 히스패닉 여성에게 편견이나 괴롭힘 같은 부당한 대우가 증가하기도 했다.

〈뉴요커The New Yorker〉의 전속작가 케이티 월드먼Katy Waldman은 이렇게 말했다. "사람들이 앞으로 편견을 용납하지 않겠다고 결심해도 편견은 사라지지 않는다. 단지 감시를 피할 방법을 찾을 뿐이

1장 나쁜 패를 쥐고도 이기는 힘, 엣지

다."[24] 가령 부유한 가정의 아이들이 입학시험 전 선행학습을 할 수 있기 때문에, 모두에게 공평한 기회를 주기 위해 입학시험 제도를 바꾼다고 가정해보자. 이때 우리는 부유층 가정의 아이들이 시험뿐 아니라 바뀐 제도에서 중요시하는 운동 경기나 동아리 활동, 개인지도, 자원봉사 활동도 더 많이 준비할 수 있다는 사실을 놓치지 말아야 한다.

우리는 시스템이 쉽게 변하지 않으리라는 사실을 받아들여야 한다. 그렇다고 불평등 때문에 꼼짝 못하고 기다리기만 할 필요는 없다. 시스템과 현실을 직시하는 일을 두려워해서는 안 된다.

당신이 시스템 안에 있을 때는 이를 개선하는 데도 책임을 다할 필요가 있다. 그러므로 시스템을 개선하는 데 당신이 할 수 있는 일, 즉 더 나은 채용 문화를 지지하고, 불리하게 작용할 수 있는 상황에서 합리적인 목소리를 내며, 현실에 만연한 편향된 인식을 다른 사람에게 올바로 지각시키는 일을 해야 한다. 현명한 누군가가 우리를 대신해 공정하게 결정하고, 올바르게 판단하며, 이상적인 방법으로 처리할 날만을 기다려서는 안 된다. 불완전한 시스템 안에서 성공에 이르려면 스스로 엣지를 만들어야 한다.

## 노력만으로는 충분하지 않다

당신에 대한 타인의 인식을 당신이 원하는 방향으로 이끌자. 나의 특권을 스스로 만들자. 이것이 노력한 만큼 많은 것을 얻을 수 있는 궁극의 방법이다. 사람들은 흔히 투자할 때 "돈이 돈을 벌게 하라"고 조언한다. 우리는 내 노력이 나를 위해 일하도록 만들어야 한다. 심리학자 샤이 다비다이Shai Davidai와 토머스 길로비치Thomas Gilovich는 이를 역풍과 순풍에 비유해 설명한다.[25] 물론 원하는 바를 이루려면 노력이 선행되어야 한다. 엣지는 노력을 더 효과적으로 활용할 수 있도록 순풍을 만드는 일이기 때문이다. 한편 순풍과 반대 개념인 역풍은 성공을 어렵게 만드는 편견과 불이익을 뜻한다. 역풍으로 인해 목적지로 향하는 과정이 더 오래 걸리거나 힘들 수 있고, 결국 지치거나 좌절할 수도 있다. 그러니 자신에게 순풍을 만들어주자. 노력이 스스로를 돕도록 하자. 역풍을 순풍으로 바꾸자. 행동으로 자신에게 힘을 실어주자. 누군가가 당신의 노력이 충분하지 않았다고 넘겨짚도록 내버려두지 말자.

열심히 노력하는 일만이 중요하다고 믿어왔다면 앞서 안내한 행동들이 불성실하고 정직하지 않은 것처럼 보일 수도 있다. 그러나 당신은 사람들이 당신의 운명을 결정하도록 방관해서는 안 된다. 왜 타인이 정확하지 못한 인식으로 당신을 섣부르게 판단하도록 내버려두려 하는가? 본인이 누구인지 설명할 수 있는 사람은 오로지 자신이어야 한다. 사람들이 자의적으로 당신을 이해하도록 가만두는 일은, 많은 것을 운에 맡기고서 좋은 결과만 기대하는 일과 같다. 또한 자신의 성공을 다른 사람의 인식과 판단 속에 내던지는 것과 마찬가지다. 당신의 일은 중요하다. 그리고 그 일이 얼마나 중요한지를 세상에 알리는 것은 당신의 몫이다.

어떤 패가 주어져도 그 패로 게임하는 사람은 당신이어야 한다. 패를 받을 때 확실한 것은 없다. 그러니 다른 사람이 당신에게 나쁜 패를 가졌다고 말하지 않도록 하라. 편견에 가까운 기존의 생각을 새로운 생각으로 바꾸자. 성공한 사람들이 어디서 출발했고 그들이 어떤 불이익을 겪는지와 관계없이, 당신 자신에게 지금보다 나은 미래를 만들 힘이 있다고 생각해야 한다.

＊＊＊

나가스는 올림픽팀에서 터무니없는 이유로 배제된 직후 자신에게 다음과 같은 편지를 썼다.[26]

내 안의 두려움에게

내 말을 교묘히 비틀어 폭탄으로 만들고 그걸 다시 내게 던지는 기사들. 이해할 수 없는 기준들. 팬들에게 주어진 판단이라는 특권. 내가 존경했지만 나를 비난하는 사람. 그렇다면 나는 무엇을 입어야 하나. 무엇을 먹어야 하나. 다시 경쟁해야 하나? 과연 무엇을 위해?

매일 나는 스스로 묻는다.

"이전의 기적을 되찾으려고 노력하는 나가스를 보고 듣기가 고통스럽다."

이런 말들이 화살이 되어 내 심장에 꽂힌다.

다들 내게 이런 말을 듣지 말라고 하지만 내 머릿속을 이토록 헤집어놓는데 어떻게 듣지 않을 수 있나. 사람들의 말을 읽을수록 나는 내 안의 커다란 두려움만 확인할 뿐이다.

내 시간은 끝났다.

더 나아질 여지가 없다.


나는 2018년 올림픽에서 나가스가 보여준 트리플 악셀을 기억한다. 그 장면을 본 사람들은 그녀가 열심히 노력했고 역경을 극복했다고 생각했다. 그러나 이 글은 가려져 있던 역경의 시간 동안 그녀가 느낀 감정을 보여준다. 그녀는 떠올릴 때마다 쓰라린 모욕을 안고서 2014 올림픽팀을 떠나야 했다.

나가스는 열심히 노력했다.

하지만 노력만으로는 충분하지 않았다. 평가의 절대 기준이 노력이었다면 나가스는 2014년 올림픽 대회에 참가할 수 있었을 것이다. 그렇다면 그녀에게는 무엇이 더 필요했을까? 맞서 싸우는 것? 좋다. 인내심? 이 또한 물론 필요하다. 하지만 나가스는 4년 동안 올림픽 출전이 그저 노력이나 기술에만 국한하는 것이 아님을 깨달았다. 무엇보다 올림픽 위원회가 노력과 능력을 어떻게 인식하고 판단하느냐가 중요했다. 위원회가 노련함에 관해 어떤 생각을 하고 있는지, 어떤 선수가 출전해야 미국 대표팀에 주목과 관심을 불러일으킬 수 있을지 등이 중요한 화두였다. 그리고 위원회는 프로그램을 선보이는 주체, 즉 아시아계 미국인 대 금발 백인 여성 스케이터를 두고 고민했을 수도 있다.

　나가스는 앞으로 자신에게 생길 모든 인식의 방향을 스스로에게 유리하게 이끌어야겠다고 결심했다. 그녀는 2014년 선수권 대회를 앞두고 겪은 부당함으로 알려지는 사람이 아니라, 스포츠계의 한계를 뛰어넘은 선수로 회자되리라 마음먹었다. 그녀는 트리플 악셀이라는 고난도 기술을 레퍼토리로 만들어 미국 대표팀의 명성을 드높이는, 경기력이 뛰어난 선수로 사람들에게 기억되길 바랐다. 그녀는 또다시 팀에서 배제되지 않도록 자신에게 일어난 일의 원인과 과정을 정리한 뒤 사람들의 사고 방향을 바꾸기로 마음먹고, 본인이 컨트롤할 수 있는 범위 내에서 언론을 적절히 활용해 미국 피겨스케이팅 연맹이 공정하게 결정을 내리게끔 영향을 미쳤다.

나가스가 자신의 두려움에게 쓴 편지는 그녀의 통찰력 있는 면모를 분명히 드러낸다. 편지를 읽은 사람들은 어리고 순진한 나가스 대신 예술적이고 생각이 깊으며 성숙한 나가스를 떠올린다. 우리는 트리플 악셀에 성공한 그녀가 불굴의 의지로 노력하여 잠재력을 발휘했고, 결국 올림픽 메달리스트라는 결실을 이루었다고 생각한다. 트리플 악셀은 그녀의 올림픽 출전 계획을 실현할 가장 중요한 부분이었다. 나가스는 자신에게 벌어진 일의 원인과, 본인에 관한 타인의 판단을 컨트롤하고 언론을 적절하게 이용했다. 이는 자신의 엣지를 창출했기에 가능한 일이었다.

나가스의 사례를 퍼스널 브랜딩이라고 말하는 사람도 있겠지만 그녀가 창출한 엣지는 그보다 큰 의미를 가졌다. 나가스는 구체적으로 무슨 일을 했던 것일까? 그녀는 자신이 만들어낼 수 있는 가치를 잘 이해하고 있었다. 트리플 악셀의 가치가 어느 정도이며, 그것이 팀을 어떻게 향상시킬 수 있을지도 알고 있었다. 또한 타인이 그녀를 인식하고 가치를 평가하기 전에 본인이 먼저 자신만의 이야기와 성격을 바탕으로 긍정적인 감정을 전해야 한다는 사실도 깨달았다. 그래서 보여주기로 했다. 그녀는 자신의 경력을 둘러싼 논란을 회피하지 않았다. "모든 사람이 실수합니다. 물론 저도 기복을 겪었습니다."[27] 나가스는 굴곡진 길을 걸었던 시간이 하나도 부끄럽지 않다며 이렇게 말했다. "저는 있는 그대로의 모

1장 나쁜 패를 쥐고도 이기는 힘, 엣지

습을 보여주는 것이 두렵지 않습니다."

그녀는 자신을 향한 사람들의 인식을 '나가스는 솔직하고 진정성 있으며 사려 깊은 운동선수다'라는 방향으로 계속 이끌어나갔다. 그녀는 트위터에 이렇게 썼다. "항상 완벽할 필요는 없습니다. 그냥 일어나서 계속하세요." 그리고 역풍을 순풍으로 바꾸면서 자신의 길을 계속 걸어가고 있다.

사람들은 무언가를 인식할 때 나름의 원인을 찾은 다음 어떤 판단을 내리는데, 이 일련의 과정을 이해한다면 당신의 수고와 노력은 전보다 자신에게 더욱더 긍정적으로 작용할 것이다. 우리는 자신을 향한 고정관념의 해독제가 되어야 한다. 타인의 인식을 변화시키고 상황을 긍정적으로 만들며 궁극적으로 당신이 제공할 수 있는 특별한 가치를 사람들이 알도록 해야 한다. 현재 자신이 서 있는 위치와 맥락을 파악하면 곧 자신만의 독특한 엣지를 찾을 수 있으며, 그 사실을 이 책을 통해 깨닫게 될 것이다.

엣지가 있으면 같은 수고와 노력으로도 연료를 더 많이 공급한 엔진처럼 움직일 수 있다. 엣지란 언제, 어디서, 어떻게 수고와 노력을 투입해야 하는지를 아는 일이기 때문이다.

지난 10년간 나는 (허구에 가까운) 능력주의라는 것을 연구했다. 그 과정에서 무엇보다 공평하지 않은 세상에서 위험과 실패가 사람에 따라 다르게 작용한다는 사실을 받아들일 때 어떤 일이 일어나는지를 발견했다.

나는 '인식'이 양날의 검이라는 점을 자각하고 스스로 장점을 기르는 방법들을 깨우칠 때 우리가 어떤 일을 할 수 있는지 연구했다. 그리고 이미 장점을 가진 듯 보이는 사람들뿐 아니라 엣지를 어떻게 만들어야 할지 모르는 사람들에게도 실제로는 저마다 가진 불공평한 장점unfair advantage, 즉 역경에서도 엣지를 만드는 몇 가지 방법이 있다는 사실을 알게 됐다.

그러니 자신의 독특한 특성을 인정하고 받아들여보자. 이를 장점으로 바꿔보자. 다듬고 연마하여 사람들이 알게끔 해보자. 그리고 예상을 뛰어넘는 존재가 되자.

어릴 때 다른 아이들보다 운동을 못해서 내가 우는소리를 할 때마다 아버지가 하신 말씀이 있다. "경기를 하려면 신발 끈을 묶어. 단단히 묶고 제대로 뛸 준비를 하렴."

자, 이제 우리도 제대로 해볼 준비를 시작해보자.

---

원칙 1
내 앞을 가로막는 세상의 편견이 무엇인지 먼저 파악하자.

---

# 1부

Enrich
나의 가치를 드러내고
상황을 바꿔라

## 2장

# 내가 싸울 경기장의 윤곽 파악하기

단순함은 출발점이 아니라 오랜 노력의 결과물이다.

– 프레더릭 메이틀랜드Frederick Maitland

자신과 조직을 위해 엣지를 얻는 방법은 사실 간단하다. 여기에는 두 가지 구성요소가 있다.

1. 당신이 가치를 제공하여 상황을 개선한다.
2. 사람들도 이 사실을 인정한다.

이게 전부다. 정말 간단하지 않은가? 그러나 역사학자 프레더릭 메이틀랜드가 앞서 말한 노력이 가져오는 단순함은 '미묘한 차이'가 있는 모든 과정을 경험한 뒤에야 비로소 이해할 수 있다.

그렇다면 '미묘한 차이'란 무엇일까? 바로 두 요소를 연결하는

'그리고'이다.

> 당신은 가치를 제공하여 상황을 더 나아지게 만든다.
> '그리고'
> 사람들은 당신을 가치를 제공하며 상황을 개선하는 사람이라고 믿는다.

여기서 일이 복잡해진다. 어떤 사람은 실제로 그렇지 않더라도 타인에게 가치를 제공한 것처럼 인식되어 두 번째 요소를 충족시키고 엣지를 얻는다. 짜증나지만 그들은 누군가를 설득하는 데 꽤 재주가 있다.

그들은 아부해서 승진하는 경우가 많다. 상사에게 주말 계획을 묻고 함께 스쿼시를 친다. 안타깝게도 그들이 공로를 가로챌 일들의 뒤치다꺼리를 해야 하는 사람은 다름 아닌 나다.

이런 경우는 어떤가? 시장에 최초로 제품이나 서비스를 출시했는데 판매량에서 경쟁사에게 참패한다면? 심지어 경쟁사가 아이디어를 파렴치하게 훔친 거라면? 당신의 회사는 정말 독창적인 아이디어를 개발했지만 오히려 그 아이디어가 자사 것이라고 주장해야 하는 처지가 된다.

아니면 당신이 앙리 푸앵카레Henri Poincaré라고 상상해보자. 이 사람은 1904년부터 1912년까지 8년 동안 이론 물리학과 천체 역학 분야에서 획기적인 연구 업적을 남겨 노벨 물리학상에 무려 쉰한 번* 지명되었고, 1910년 한 해에만 서른네 번이나 지명받았다. (1910년에 총 쉰여덟 건의 추천이 있었는데 그중 59퍼센트가 푸앵카레에게 해당하는 건이었다.) 하지만 그해 노벨상은 지명을 단 한 번만 받은 요하네스 디데릭 판데르 발스Johannes Diderik van der Waals에게 돌아갔다. 푸앵카레는 왜 노벨상을 받지 못했을까?[1] 노르웨이 오슬로 대학교에서 과학사를 가르치는 로버트 마크 프리드먼Robert Marc Friedman 교수는 그 이유를 이렇게 설명한다.

> 푸앵카레는 가장 영향력 있는 위원의 지지를 얻지 못했다. 그 사람은 바로 노벨상 위원회 위원장인 스반테 아레니우스Svante Arrhenius였다. 그의 학계 라이벌이 푸앵카레를 지지하는 캠페인을 벌이자 아레니우스는 크게 반발한 나머지 같은 지역 출신 후보자인 크누트 옹스트룀Knut Ångström을 밀었다.

노벨상 수상자를 발표하기 전 옹스트룀이 사망했을 때도 (사후에는 노벨상을 수여받을 수 없다) 푸앵카레는 여전히 아레니우스의 지지

---

* 해당 연도에 지명권이 있는 사람들은 같은 인물을 추천할 수 있다. 지명권자 한 명이 여러 사람을 추천할 수도 있다.

를 받지 못했다. 프리드먼 교수는 말했다. "아레니우스는 오랫동안 후보에서 제외되었던 요하네스 디데릭 판데르 발스를 지지할 근거 자료를 찾아냈다. 그러나 그의 중요한 연구는 수상 한참 전인 1870년대에 이루어졌다." (알프레드 노벨은 '전년도' 업적을 기반으로 수상자를 선정하라는 유언을 남긴 바 있다.) 푸앵카레는 1912년 사망 직전까지 끊임없이 노벨상 후보자로 지명되었고 질량—에너지 관계, 상대성, 중력파 연구 등의 과학적 업적으로 계속 찬사받았다. 하지만 결국 노벨상을 받지 못했다.

이는 매우 불공평해 보인다. 푸앵카레가 그랬듯 사람들 대부분이 엣지는 첫 번째 구성요소를 충족하는 것, 즉 가치를 제공하여 현 상태를 개선하는 일이라고 생각한다. 그리고 본인이 착실히 일하여 특별한 가치를 제공한다면 그것으로 충분하며 사람들도 이를 저절로 느끼게 될 거라 생각한다. 하지만 현실은 그렇지 않다.

우리는 종종 '눈에는 눈 이에는 이'로 맞서야 할 것 같은 기분을 느낀다. "저 사람들이 상사에게 아부한다고? 그럼 나도 해야지." 하지만 남들처럼 하다 보면 점점 에너지 소모만 커지다가 결국 엣지를 갖지 못하도록 스스로 방해하는 상황에 빠질 수 있다.

타인에게 가치를 제공하는 척하며 보이는 것에만 집중하면, 가치를 실제로 제공하는 행동은 최소화하거나 잊게 된다. 자신을 향상하려는 노력도 멈추게 되고, 외부에 가치를 제공하는 자신의 능력도 방해받는다. 상황을 개선할 때 필요한 노하우를 습득하는 일도 멈춘다.

실제 가치를 제공하지 않으면서 능숙하게 그런 척하는 일을 모든 사람이 잘 해내는 것은 아니다. 그런데 이러한 사실을 우리는 간과한다. 어쩌면 당신은 이 전략을 교묘히 구사해내는 사람을 알고 있을지도 모른다. 그렇게 할 수 있는 사람도 많기 때문이다. 하지만 나를 비롯한 많은 이는 그렇게 할 수 없을 것이다. 그래서 나는 이 같은 교묘한 방법을 동원하려고 애쓰지 않는다.

엣지를 가지려면 둘 중 한 가지를 잘해야 한다. 실제로 가져온 가치는 없지만 당신이 상황을 개선하여 가치를 제공했다고 믿을 수 있게끔 말하거나, 가치를 실제로 제공하여 사람들이 납득하도록 만드는 것이다.

어떤 쪽을 잘하든 당신은 사람들에게 인정받아야 한다. 다만 실제로 가치를 제공하여 인정받는 쪽은 엣지를 훨씬 쉽게 얻을 수 있고 그 가치가 오래 지속되며 영향력도 크다. (게다가 마음도 편하다.) 그러니 먼저 자신이 지닌 가치부터 살펴보자. 물론 인정받는 방법도 다룰 예정이다.

## 가장 기본적인 것들로 이루어낸 가치

상황을 개선하고 가치를 제공하는 행위가 의미하는 바는 무엇일까?

*en·rich* /inˈriCH/

무엇의 질이나 가치를 나아지게 하고 높이다


현 상태보다 발전하고 향상하려면 모든 힘을 쏟아부어야 한다고 생각하는 이가 많다. 우리는 스스로의 가치와 능력의 질을 높이는 일을 '전력을 다하는 것'과 동일시하고 있다.

오늘날 많은 이가 모든 것을 거는 일에 집착하고 몹시 노력한다. 어떤 일을 잘한다는 말이 하늘이 열리고 천사들이 노래할 정도로 그 일에서 뛰어난 것을 의미한다고 생각한다. 우리는 어떤 일에서든지 보통 수준에 머무르면 불안해한다.

그러나 사실 막강한 강점 한두 가지만 있으면 충분하지 않을까? 모든 일에 보통 이상의 능력이 있어야만 괜찮은 걸까?* 배트맨은 뛰어난 지능과 체력을 지녔지만 다른 슈퍼히어로와 비교하면 여러 면에서 상대적으로 제약을 받는다. 스파이더맨에게는 벽을 타고 오르는 능력과 놀라운 민첩성, 반사 신경이 있지만 그렇다고 그가 슈퍼맨의 초인적인 능력을 따라갈 수는 없다. 슈퍼히어로들도 한두 가지 특별한 능력으로 유명할 뿐이다.

특별한 강점 한두 가지로도 충분하다는 사실이 비단 슈퍼히어

---

* 이 이야기를 할 때면 친구가 자동차 범퍼에 붙이고 다니던 '이 세상 가장 보통의 엄마'라는 스티커가 생각난다.

로들에게만 해당하는 것은 아니다. 2년 전 나는 남편과 함께 아이들을 데리고 텍사스 여행에 나섰다. (남편의 고향이자 시부모님이 거주하는) 휴스턴Houston을 출발해 오스틴Austin과 샌안토니오San Antonio를 거쳐 여러 시골 지역을 둘러보는 여행이었다. 출발하기 전에 시어머니가 우리에게 큰 소리로 당부했다. "버키스Bucee's에 들르는 거 잊지 마라!" 내가 어리둥절해하자 남편은 "버키스는 주유소야"라며 그다지 도움되지 않는 귓속말을 했다.

몇백 킬로미터쯤 달렸을 때 정말 버키스가 나왔고 남편은 그곳에 잠깐 들러 주유하자고 했다. 그때 나는 버키스에 완전히 반하고 말았다. 장관이었다. 그곳은 흡사 경의를 표해야 하는 왕궁 같았다. 화장실은 티끌 하나 없이 깨끗했고, 수많은 탄산음료 디스펜서와 우리의 아이스박스를 채울 얼음이 산더미처럼 쌓여 있다. 매장에는 텍사스를 주제로 한 기념품이 가득했다. 매우 기발해서 인스타그램에 모두 올리고 싶을 정도였다. 훔쳐 쓰고 싶을 정도로 재치 넘치는 문구가 적힌 티셔츠, 자체 브랜드 제품으로 만든 육포나 캐러멜 팝콘처럼 맛있는 간식도 눈길을 끌었다. 나는 몇 시간이고 구경할 수 있을 것 같았다. 하지만 빼곡히 늘어선 주유기 덕분에 우리는 기다릴 필요가 없었다.

나는 온통 마음을 뺏긴 나머지 이 영광스러운 주유소에 관해 검색해보았다.[2] 첫 매장은 1982년 텍사스주 레이크잭슨Lake Jackson에 생겼다. 공동 창업자인 아치 '비버' 애플린 3세Arch 'Beaver' Aplin III와 돈 바섹Don Wasek은 딱 두 가지에 집중했다. 값싼 얼음 그리고 깨끗한 화장실. 그들은 이 두 가지를 기본 제품이라고 불렀다. 그렇게 결정한 이유 중 하나는 대부분의 사람이 주유 후에 화장실에 가려고 버키스에 들르기 때문이었다. (한편 텍사스 사람들은 주유소에 닥터페퍼Dr Pepper에 넣을 얼음을 가지러 간다고 말한다.)

애플린과 바섹은 우선 주유소 필수품인 휘발유가 떨어지는 일이 없도록 했다. 그런 다음 깨끗한 화장실과 값싼 얼음을 제공하는 데 집중했다. 이것이 바로 버키스가 자동차 여행의 필수 경유지가 된 비결이다. 가장 기본적인 두 가지가 버키스의 이용 경험을 확실히 풍요롭게 만들어주었다.

텍사스시티Texas City의 버키스에는 남성용 소변기만 서른세 개가 있다. 기다릴 일이 거의 없다는 뜻이다. 가장 훌륭한 공중화장실 상을 받은 적도 있다. 고객들은 오후 4시에도 이곳 화장실이 깨끗하다며 감탄한다. 뉴브라운펄스New Braunfels의 버키스에는 주유기 120개가 있고 매장 면적이 6만 7,000제곱피트(약 1,900평)에 달한다. 텍사스주 케이티Katy의 버키스는 가장 긴 자동 세차 시설로 기록을 보유하고 있다. 버키스는 텍사스주에만 서른 곳 이상 있으며, 플로리다주와 앨라배마주를 비롯한 다른 지역으로도 확장 중이다.

버키스는 주유소로 시작했지만 현재는 회사 매출에서 휘발유 판매가 차지하는 비중이 60퍼센트 정도다. 40퍼센트라는 적잖은 매출은 이윤이 높은 자체 브랜드 제품을 비롯한 편의점 판매 수익에서 나온다. 버키스는 소비자가 '주유소'를 생각하는 방식을 바꿔놓았다. 그들이 제공한 가치 덕분이다. 주유 서비스와 함께 새 것 같은 화장실과 값싼 얼음을 제공하여 주유소계의 절대 강자가 되었다. '미국에서 가장 좋은 화장실'로 인정받았고 "버키스는 어른들의 놀이동산이야!" "버키스에서 훌륭하지 않은 건 없어!"라는 고객의 칭찬을 들었다.[3]

＊＊＊

나는 이런 특성을 '막강한 강점'이라고 부르지만 이 표현은 왠지 그런 강점이 훨씬 갖기 어렵고 모호한 것처럼 느끼게 한다. 상황을 개선하는 능력은 당신을 도드라지게 만들어줄 몇 안 되는 요소 중 하나다. 화장실이 넓으며, 주유기가 많고, 얼음이 풍족하게 구비된 것들 역시 복잡하지 않은 기본 요소다. 그래서 나는 내가 가진 '기본적인 특성'이 무엇인지 생각하게 되었다.

대만 사람인 어머니가 부엌에서 요리할 때 반드시 구비해두는 기본 재료는 생강, 쪽파, 참기름, 간장이다. 한편 이탈리아 사람인 남편은 기본 재료로 마늘, 양파, 올리브오일, 치즈를 챙겨둔다. (영감을 얻으려면 레드와인 한 잔과 파르마산 프로슈토도 조금 있어야 한다.)

마찬가지로 우리는 개인이나 조직이 가진 기본 재료가 무엇인지 알아야 한다. 요리할 때처럼, 살아가는 동안 그것들을 계속해서 찾기 때문이다. 또한 이 재료는 당신의 생존과 생활, 주위를 개선하는 능력을 보장해줄 핵심 요소다.

스스로 질문해보자. 사람들은 당신 혹은 당신이 속한 조직과 언제 상호작용하는가? 그들이 당신에게 기대하는 가장 기본적인 것은 무엇인가? 당신이 무엇을 제공해야 영향력의 사다리를 계속 올라갈 수 있다고 생각하는가?

비버 애플린 3세와 돈 바섹이 생각한 버키스의 기본 재료는 자동차 연료와 깨끗한 화장실이었다. 버키스는 기본적인 요소를 탄탄하게 다진 후부터 음식, 기념품, 티셔츠를 판매하며 사업 영역을 다각화할 수 있었다. 그렇지만 사람들이 버키스를 다시 찾는 가장 중요한 이유는 여전히 기본 때문이다.

우리는 자신의 기본 재료를 파악하기 위해 강점뿐 아니라 약점도 인정해야 한다. 약점을 알고 받아들일 때 내 경기장의 윤곽이 보이기 시작하기 때문이다. 약점과 기본 재료를 알면 어디에서 엣지를 만들어야 할지 파악하는 데 도움이 된다.

나는 기업가정신을 가르치는 교수로, 스타트업 아이디어를 가지고 찾아오는 학생들을 종종 만난다. 그중 어떤 아이디어는 꽤 괜찮다. 한 학생은 911에 처음 전화가 걸려온 시간과 응급구조팀이 현장에 도착하는 시간의 간극을 영상 기술로 줄일 수 있는 아이디어를 가져왔다. 응급구조사나 구급차 운전자가 영상으로 의사소통하면서 환자를 안정시키고, 부상 정도나 상태를 미리 파악할 수 있다고 했다.

평범하지만 영리한 아이디어도 있었다. 이를테면 신용카드 이벤트나 연회비를 알려주고, 어떤 신용카드를 없애고 유지하는 게 좋을지 효율적으로 결정할 수 있도록 도움을 주는 앱 같은 것이었다.

아이디어가 무엇이든 많은 학생이 사업 설명을 이렇게 시작한다. "저에게 정말 멋진 아이디어가 있습니다." 그리고 이렇게 부탁하며 끝낸다. "이 아이디어를 구현하려면 기술 전문가가 필요한데 혹시 도와주실 수 있을까요?"

911 출동 개선에 관한 아이디어를 낸 학생은 다른 분야 경력이 있었지만 의료나 기술에 관한 지식은 없었다. 신용카드 앱 아이디어를 낸 학생 역시 다른 쪽 경력이 있었지만 금융이나 기술 지식은 없었다. 추진하려는 일의 기본을 이해하지 못한다면 어떻게 엣지를 얻을 수 있겠는가?

이는 어렴풋이 떠오르는 생각을 아이디어로 내서는 안 된다는 말이 아니다. 그런 방식으로도 아이디어를 얻을 수 있다. 다만 창업하려는 사람이 사업의 핵심 요소를 다른 사람에게서 찾으려 한다는 말을 들을 때 나는 그들이 엣지를 찾지도, 상황 개선 능력을 기르려 하지도 않는다고 생각할 수밖에 없다. 그들은 자신이 가진 기본 재료가 가장 핵심이 된다는 사실을 간과하고 있다.

누군가가 내게 와서 이렇게 말하는 것과 마찬가지다. "베스트셀러 소설이 될 만한 기막힌 아이디어가 있어요. 이를 글로 써줄 작가를 찾아야 해요." "걸작이 될 그림에 관한 끝내주는 아이디어가 있어요. 이걸 그림으로 그려줄 화가를 찾아야 해요."

당신의 생각이 세기의 아이디어라고 믿는데 그 아이디어를 구현하기 위해서는 프로그램 개발이 관건이고 당신은 프로그래머가 아니라면 필요한 근육*을 스스로 만들어야 한다는 사실을 깨닫고 받아들이자. 당신은 강점뿐 아니라 약점도 꺼내야 한다.

강점과 약점을 모두 발견하고 정확히 집어낼 때 내 엣지가 어디에 있는지 파악할 수 있다. 어디에서 가치를 인정받을 수 있고 없는지도 알 수 있다. 세계적으로 손꼽히는 부자 워런 버핏Warren Buffett은 이 과정을 자신의 능력 범위circle of competence를 이해하는 일

---

* "아이디어가 기술에 좌우된다면 어떤 식으로든 기술 전문가가 돼라." 내가 학생들에게 하는 말 중 가장 인기 없는 조언이다. 다시 대학에 들어가 컴퓨터공학을 전공하라는 뜻은 아니다. 하지만 최소한 네 시간짜리 프로그래밍 특강은 들을 수 있을 것이다. 아이디어의 '핵심적인' 부분이 당신의 전문 분야가 아니며 노력하더라도 소화할 수 없다면 그 일은 당신에게 맞지 않을 수도 있다. 결국 당신은 엣지를 갖지 못할 것이다.

이라고 설명했다.[4] 버핏은 자신의 능력 범위를 인지한 덕분에 불필요한 문제를 피하고 나아질 기회를 파악할 수 있었다고 말한다. 이것이 바로 개선 능력이다.

우리는 각자의 고유한 경험을 바탕으로 특정 영역이나 한정된 분야에서 유용한 지식을 쌓는다. 어떤 분야는 일반적이지만 또 어떤 분야는 전문화되어 있다. IBM을 창업한 토머스 왓슨Thomas Watson은 이렇게 말했다. "나는 천재가 아니다. 특정 분야에서 현명할 뿐이다. 그래서 그 분야를 떠나지 않는다." 이것이 바로 능력 범위다.

한번은 버핏이 한 관리자의 능력 범위를 언급한 적이 있다.[5] 그가 B 여사라고 부르는 러시아 이민자 출신 여성(로즈 블럼킨Rose Blum-kin)이었다. "B 여사는 주식을 몰라요. 하지만 가구는 잘 알죠. 아마 제너럴 모터스 주가가 50센트밖에 안 되더라도 그녀는 주식

[도표 2] 인식과 현실의 차이

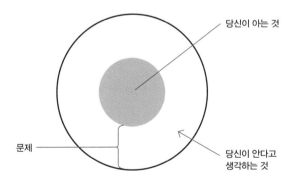

당신이 아는 것

문제

당신이 안다고
생각하는 것

2장 내가 싸울 경기장의 윤곽 파악하기

을 단 100주도 사지 않을 겁니다. 모르는 시장이니까요." B 여사가 주식 시장을 모른다고 문제가 되는 것은 아니다. 그녀는 자신이 가진 기본 재료에 집중하여 네브래스카주에서 가장 큰 가구 매장을 세웠다. 능력 범위가 얼마나 넓은지는 그녀에게 중요한 점이 아니었다. 그보다는 능력 범위의 '경계'가 중요했다. 자신의 약점을 분명히 알면 그것은 절대 짐이 되지 않는다. 오히려 당신의 강점이 밝게 빛날 기회가 될 것이다.

자신이 가진 기본 재료를 파악하고 있으면 중요한 질문에 대답할 수 있다. 탁월한 성공을 거두려면 인생의 제한된 시간을 어디에 투자해야 할까? 워런 버핏의 오른팔인 찰리 멍거Charlie Munger가 적절한 대답을 내놓았다.[6] "적성이 무엇인지 파악해야 한다. 다른 사람의 적성에는 맞지만, 본인 적성에는 맞지 않는 게임을 한다면 당연히 질 수밖에 없다."

## 적을수록 좋다

더 크거나, 더 좋거나, 더 극단적인 것. 이 세 가지 중 우리 사회는 대개 더 큰 것에 집착한다. 명성 높은 구글의 래리Larry와 세르게이Sergey, 애플의 스티브 잡스Steve Jobs와 스티브 워즈니악Steve Wozniak, 리처드 브랜슨 경Sir Richard Branson과 버진 그룹, 제프 베이조스Jeff Bezos와 아마존이라는 그의 제국, 인도의 타타Tata 가문, 마윈과 신화적인 알리바바. 예는 얼마든지 들 수 있다.

하지만 우리는 베이조스나 마윈 같은 전설적인 유니콘들이 자사의 기본 제품이나 핵심 제품 그리고 서비스의 중요함을 얼마나 자주 강조하는지는 알지 못한다. 이들이 크게 성장할 수 있었던 비결은 바로 기본에 충실했기 때문이다. 우리는 그 사실을 간과한 채 이들을 모방하고 여기에 무언가를 더하려고 맹목적으로 애쓰기 때문에 힘들어진다. 이들이 눈부시게 성장하여 놀라운 규모를 이루고도 여전히 성공을 이어가는 이유는, 모든 일을 잘하면서 보통 수준의 성과를 추구하기보다는 몇 가지 탁월한 일에 집중하기 때문이다.

버진 그룹 회장 리처드 브랜슨처럼 한 가지 일만 선택하는 것은 어떨까? 물론 여러분은 그가 일궈놓은 버진이란 기업이 사업 분야가 여러 가지인 거대한 곳이라는 사실을 가장 먼저 떠올릴 것이다. 그는 버진 애틀랜틱Virgin Atlantic과 버진 갤럭틱Virgin Galactic이라는 회사를 세워 각각 항공 여행과 우주여행 산업에 진출했고 음악과 엔터테인먼트, 건강과 의료, 금융서비스 등 여러 분야에서 존재감을 떨치고 있다.

하지만 브랜슨이 버진 애틀랜틱을 설립하게 된 이야기를 들으면 그가 매우 기본적인 핵심 요소에서 시작했으며 나아가 회사를 성장시킬 때 이 기본을 꾸준히 중요시했다는 사실을 금방 알 수 있다. 그는 어떻게 이 회사를 시작하게 되었을까? 그것도 영국 런던 개트윅 공항과 미국 뉴저지 뉴어크 국제공항을 오가는 보잉 747 비행기 단 한 대만 가지고 말이다. 그는 비행기 여러 대를 갖추고 다양한 노선을 운항하며 사업을 시작할 수도 있었지만 그렇게 하지 않았다. 왜일까? 그는 자신이 생각하는 버진 애틀랜틱의 능력 범위, 즉 특별한 비행 경험을 시험해보고 싶었기 때문이다.

억만장자 기업가인 리처드 브랜슨*은 다소 즉흥적으로 항공사를 시작했다.[7] 그가 타기로 한 항공편이 취소된 것이 사업의 발단이었다. (우연히도 목적지는 영국령 '버진'아일랜드였다.) 목적지에 가야 했던 그는 우리 대부분이 그렇게 하듯 개인용 전세기를 빌리기로 했다.** 전세기를 예약하려고 통화하던 중에 담당자가 물었다. "몇 분이 탑승하십니까?" 그는 이 말을 듣고 버진아일랜드에 가야 하는 다른 승객들이 떠올랐다. "잠깐만요"라고 대답하고 (농담 같은 그의 말에 따르면) 그는 종이판에 '버진 항공'이라고 쓴 다음 승객을 모았다. 어떤 이야기에 따르면 'BVI 편도 39달러'라고 종이판에 쓰고 한 사람당 39달러를 받았다고도 전해진다.[8] 또 다른 버전에서

---

* 혹시 리처드 브랜슨이 가장 먼저 시작한 회사가 무엇인지 아는가? 바로 출판사였다. 그의 첫사랑 상대는 다름 아닌 시였다. 그는 시를 써서 잡지사에 보내 발표하고 싶었지만 계속 거절당했다. 그래서 스스로 잡지를 발행하기로 한 뒤 무엇을 싣고 무엇을 싣지 말아야 할지 고민했다. 그는 자신의 시와 다른 사람들의 작품을 출판하기로 했다.

** 오해 마셔라, 이건 풍자다.

는 그가 가격을 정하지 않았다고 한다. 관심 있는 승객이 너무 많아서 입찰 경쟁이 벌어졌고 개인 전세기로 그는 오히려 돈을 벌었다고 전해진다.

버전이 조금씩 다르지만 이 이야기는 공통적으로 브랜슨과 다른 승객들이 함께 비행기를 타고 가면서 너무나 즐거웠고, 그가 이 경험을 통해 깨달음을 얻었음을 알려준다. 브랜슨은 다른 항공사가 제공하는 비행기를 타는 데 진저리가 난 상태였다. 그는 보잉에 전화를 걸어 747기 한 대를 구입했고 자신이 세운 가설을 시험해보기로 했다. 첫째, 항공 여행은 즐겁고 특별한 경험이 될 수 있다. 둘째, 버진은 가격이 합리적이면서 회사에 이익을 가져오는 방법을 사용하고도 고객에게 특별한 경험을 제공하는 항공사가 될 수 있다.

이렇게 브랜슨의 항공사가 시작되었다. 그리고 이 회사가 제공하는 서비스는 결코 기본적이지 않았다. 은은한 조명과 편안한 가죽 시트, 개인용 스크린, 폭넓게 선택할 수 있는 기내 엔터테인먼트를 어느 항공사보다 앞서 제공했다. 하지만 이 회사가 제공하는 '기본적인 것'은 크게 보면 딱 한 가지, 즐겁고 특별한 경험이었다.

아직도 확신이 들지 않는가? 그렇다면 스티브 잡스가 애플에서 한 일을 생각해보자. 이 회사의 대표 제품인 아이폰은 분기별 매출이 890~930억 달러에 이른다.[9] 하지만 나는 한 번도 아이폰의 기본 요소에 관한 애플의 설명을 들어본 적이 없다. 우리는 얼굴 인식, 생체 인증 프로세서, 스테레오 음향, 버스트 모드burst mode, 완벽한 카메라 노출 같은 아이폰의 근사한 기능들을 잘 알고 있다.

하지만 잡스가 중요하게 생각한 것은 아이폰의 기본 성격이었다. 아이폰은 통합 기기이다. 사람들이 기본적으로 가치 있게 생각하는 것은 기기 하나로 전화와 카메라, 인터넷 접속까지 가능하다는 점이다. 애플이 처음 아이폰을 출시했을 때는 거기에 얼굴 인식이나 생체 인증, 스테레오 음향 같은 근사한 부가 기능은 없었다. 심지어 잘라내기와 붙여넣기, 연락처 검색 기능도 없었다.

알다시피 애플은 아이폰이 이렇게 크게 성공하리라 전혀 예상하지 못했다. 오히려 여러 기능이 탑재된 기기를 대중이 원하지 않거나 실제로 사용하지 않을까 봐 걱정했다. '디지털카메라로 찍은 사진이 더 선명하게 잘 나온다고 생각해 아이폰 카메라 기능을 사용하지 않으면 어떻게 하지?' '여전히 노트북을 이용한 온라인 검색과 기능 활용만을 선호하면 어떻게 하지?'

그래서 애플은 아이폰의 기본 성격인 '통합 기기의 우아함'을 테스트하기로 했다. 새로운 과정을 반복하고 신기능을 추가할 때마다 아이폰의 기본 성격은 제품이 나아갈 방향의 기준이 되었다. 그들은 아이폰X로 세련됨과 우아함을 전달했다. 애플TV플러스로는 쉽고 군더더기 없으며 매끄러운 TV 시청 경험을 제공했다. 애플은 앞으로도 처음에 세운 기준대로 나아간다면 신제품을 출시할 때마다 고객에게 우아함, 간결함, 유용함이라는 기본 성격을 전달하는 데 실패하지 않을 것이다.

지금까지 버키스와 버진 그리고 애플의 사례를 살펴봤다. 이 기업들은 더 크고, 더 좋고, 더 극단적인 것에 한눈팔지 않고 진정으로 발전하는 방법을 우리에게 제시했다. 엣지 창출은 자신이 가진 기본 재료를 정확히 파악하여 능력 범위를 정의하고 그 범위 안에서 노력하는 데서 시작한다. 물론 시간이 지나면 버키스처럼 범위를 확장할 수도 있다. 하지만 엣지의 토대가 되어줄 '기본'을 결코 잊어서는 안 된다.

---

원칙 2

모든 것을 다 하려고 하지 말라. 기본적인 재료가 모든 것을 얻게 해준다.

---

## 3장

# 예리한 안목으로 찾는 나만의 돌파구

씨앗에게서 열매를 보는 능력, 그것이 천재성이다.

— 노자Lao Tzu

모든 사람이 성공에 이르려고 공통된 방식으로 같은 공식만을 따르면 결국 진짜 돌아오는 보상은 줄어들게 마련이다. 그렇다면 진정한 보상은 필연적으로 다른 곳에 있을 수밖에 없다. 세상에는 아직 발굴되지 않은 광맥이 있고 그곳에 접근하려면 다른 방법이 필요하다. 다른 시장, 다른 가치, 다른 네트워크가 있어야 하고 다른 삶의 경험에서 얻은 사고방식이 필요하다. 현명한 내 친구는 이렇게 말했다. "다르다고 항상 더 좋은 것은 아니지만 더 좋은 것은 항상 다르다."

## 심어진 곳에서 성장하라

브라이언 스쿠다모어Brian Scudamore는 고등학교 졸업장을 받은 적이 없다. 졸업식 날 그는 당연히 졸업장을 받으리라 생각했지만 학교에서 그에게 준 것은 졸업장 대신 안내문이었다. 수학 수업을 너무 많이 빠져서 졸업장을 받으려면 여름 동안 수업을 다시 들어야 한다는 내용이었다.

그는 고교 수업을 듣는 대신 고향 몬트리올에 있는 2년제 도슨 대학Dawson College에 바로 지원하기로 마음먹었다. 그는 입학을 간청하는 편지를 썼다. 12학년(고3) 수업에 집중하지 못했던 것을 인정하며 그렇지만 지금은 노력할 준비가 됐다고 설명했다. 편지는 효과가 있었다.

나중에 그는 이 방법으로 몬트리올 소재 4년제 대학인 컨커디어 대학교Concordia University에 들어갔고 (2년을 다니고 그만뒀다) 뒤이어 브리티시컬럼비아 대학교University of British Columbia에 들어가지만 다시 한번 중퇴한다. 대학교는 그를 위한 곳이 아니었다. (입학하는 데는 분명 재능이 있었다.) 그 무렵 스쿠다모어는 쓰레기 수거 회사를 시작한 상태였다. 맥도날드 드라이브스루를 통과하면서 본 쓰레기 운반 서비스 광고 속 낡아빠진 트럭 한 대에서 영감을 얻었다. 그리고 "내가 저것보다는 잘할 수 있지"라고 생각했다. 그는 러비시보이즈Rubbish Boys라는 회사를 세웠고, 지금은 연 매출 2억 달러가 넘는 회사로 성장시켰다.

그가 걸어온 성공의 길은 간단해 보이고, 그에게 고등학교 졸업장이 없는 것도 이미 지난 일처럼 보이지만 이 사실은 여전히 스쿠다모어를 따라다닌다. 사실 그는 러비시보이즈를 시작했던 1998년 이후 매달 한 번 이상 누군가에게 '고등학교 중퇴자'나 '대학 중퇴자'라는 말을 들어왔다고 말했다.

처음 러비시보이즈를 시작할 때 은행부터 친구나 가족까지 그에게 투자할 만한 사람들은 모두 다음과 같이 질문하며 돈을 빌려주지 않았다. "무슨 일을 하죠? 어디서 할 건가요? 대학도 제대로 끝내지 못했는데 이 일이라고 잘할 수 있겠어요?"

스쿠다모어는 절대 다른 사람이 대화의 주도권을 갖거나 자신에게 '중퇴자' 꼬리표를 달지 못하도록 만들어야겠다고 결심했다. "오히려 저는 이 꼬리표를 인정하고 장점으로 사용하기로 했습니다. 사람들이 나를 잊지 않게 하려면 이 또한 제가 가진 것으로 받아들여야 합니다. 어떤 사람들이 숫자 감각이나 의사소통 능력을 강점으로 생각하는 것처럼 말이죠." 이후 그는 자신의 학력을 화제 삼아 자랑스럽게 말했다. "저는 직접 해봐야 배우는 사람이었습니다. 제가 한 모든 행동이 중퇴를 염두에 둔 건 아니었어요. 다만 그 과정은 제가 할 수 있는 일을 찾는 방법이 되어줬어요."

그런데도 꼬리표는 쉽게 떨어지지 않았다. 5년 뒤 회사 매출이

50만 달러가 됐을 때도 여전히 그는 비아냥거리는 소리를 들어야 했다. 사람들은 그에게 말하곤 했다. "당신은 고등학교 중퇴자에 지금은 쓰레기 사업을 하고 있죠. 정말 평생 그 일을 할 건가요?"

스쿠다모어는 이 꼬리표를 인정했고 심지어 더 끈질기게 고백했다. 그래도 몇몇 사람은 그를 편견 어린 시선으로 보았지만, 그는 누구에게나 자신만의 기술과 재능이 있다고 말했다. 이제 그는 중퇴자 꼬리표를 '명예 훈장'이라고 부른다. "심어진 곳에서 성장하세요." 그는 말한다. "지금 저는 사람들이 고등학교 중퇴자인 저를 향해 움직이도록 만듭니다. 피하지 않습니다. 오히려 저를 낮춰 보는 이유를 최대한 활용합니다. 사람들이 생각하는 쓰레기로 저는 아름다운 것을 심습니다."

당신의 역사와 스토리는 당신이 가진 기본 재료의 일부다. 당신이 심어진 곳을 낮춰 보지 말고 그곳에서 성장하라. 여러 식물이 빼곡히 심기지 않은, 덜 붐비는 토양에서 성장하라. 밀려날 가능성은 줄어들 것이다.

**줄이 가장 길다고 해서 언제나 최고인 것은 아니다**

어릴 때 부모님과 차이나타운에 가던 기억이 난다. 그 시절 사람들이 많이 찾는 식당이 어딘지 확실치 않을 때 차이나타운에 도착한 우리가 하던 일은 줄을 살펴보는 것이었다. 부모님은 가장 그럴듯해 보이는 (사실은 가장 긴) 줄이 있는 식당 두 곳을 찾은 다음 둘로 나뉘어 각자 다른 줄에서 기다렸다. 나는 아버지와 함께 줄을 서고, 남동생은 어머니와 다른 줄로 갔다. 그리고 나와 동생은 두 식당을 오가며 부모님께 줄이 어느 정도 줄어들었지 알려주는 '정보원' 역할을 했다. 식당 입구에 줄이 가까워지면 우리는 식당 주인에게 이름과 인원수를 알려주었고 (이것이 뉴욕시 차이나타운 방식이었다. 적어도 1980년대에는 그랬다) 그제야 어느 식당에서 식사할지 결정이 내려졌다.

"가장 좋은 식당이 줄도 제일 긴 법이야." 여전히 어머니는 이렇게 말씀하신다. 수십 년 동안 내가 경험하며 얻은 교훈도 마찬가지다.

나는 매년 타이완에 간다. 타이베이 도심의 식당 풍경은 1980년대 뉴욕시의 차이나타운과 다르지 않다. 그렇다면 줄이 가장 긴 곳은 어디일까? 언제나 딘타이펑Din Tai Fung이다. 이곳은 크지 않으며 절제된 스타일의 식당으로, 작은 대나무 통에 쪄내는 육즙이 진한 만두 요리 샤오롱바오와 화이양淮揚 요리를 전문으로 한다.

딘타이펑은 한국, 중국, 일본, 홍콩, 마카오, 필리핀, 인도네시아, 태국, 싱가포르, 호주, 미국, 영국, 아랍에미리트에 지점이 있지만 타이베이 다안Da'an 지구 신이Xinyi에 있는 본점이 가장 인기 있고 붐빈다. 이 딤섬 전문점 바깥에는 시간대와 상관없이 줄이 늘어서 있다. 나 역시 일 년에 몇 번은 줄을 서서 기다렸다.

그러던 어느 날 남편이 작고 평범한 딤섬 가게 한 곳을 더 발견했다고 말했다. 처음에는 귀담아듣지 않았다. 타이베이 어딜 가도 있는 것이 딤섬 가게였기 때문이다. 우리는 그 가운데 수십 군데를 가보았고 대부분 맛이 괜찮았다. 대개 한 끼 식사로 좋았지만 특별하지는 않았다. 그래서 특별하게 식사하고 싶을 때는 딘타이펑에 갔다.

남편은 흔들리지 않고 계속 설명했다. "거긴 특별해. 정말로 딤섬이…… 딘타이펑보다 맛있어." 소름이 돋았다. 그곳이 딘타이펑보다 낫다고 말하는 것은 신성모독이었다. 하지만 나는 즉시 그 신비로운 식당을 향해 길을 나섰다.

식당은 몹시 작았다. (우리가 갔을 때는 그렇지 않았지만) 열 명에서 열두 명이 앉으면 꽉 찰 것 같았다. 메뉴는 고작 열 개 남짓이었지만 모두 내가 좋아하는 것이었고 딘타이펑에서 주문하던 음식들이었다.

음식 맛은…… 여기가 나았다. 심지어 훨씬 좋았다. 이제껏 먹어본 샤오롱바오 중 가장 맛있었다. 그리고 지금까지도 최고라고 말할 수 있다. 맛도 좋았지만 모양새마저 그중 가장 예뻤다.

부부가 운영하는 이 평범한 식당*은 기다리는 줄이 없었을 뿐 아니라 세계적으로 이름난 딘타이펑보다 나았다. 알고 보니 남자 사장이 한때 딘타이펑에서 견습생으로 일했다고 했다.[1] 그는 게살 샤오롱바오를 새롭게 바꿔보려다 해고되었고 다른 곳에서도 일 자리를 구할 수 없었다. 하는 수 없이 집 부엌에서 딤섬 여섯 개를 대나무 통에 담아 쪘고, 바깥에 간이 테이블을 놓고 판매한 것이 식당의 시작이었다.

나는 세 가지 교훈을 얻었다. 첫째, 음식에 관한 한 남편을 믿자. (고백하건대 이 교훈을 받아들이기가 가장 어려웠다.) 둘째, 놀이동산의 줄도 딤섬 가게 앞으로 늘어선 줄과 크게 다르지 않다. 항상 가장 길게 줄 선 놀이기구만이 최고는 아니다. (디즈니랜드에서 덤보Dumbo 를 타려고 몇 시간씩 기다리는 다른 부모들에게 동의를 얻을 수 있을지 모르겠지만.) 셋째, 군중이 모이면 대체로 현명하지만 어떤 상황에서는 지혜를 발휘하는 데 한계가 있다.

사람들은 복잡한 곳에 주목하는 경향이 있다. 군중은 가장 빛나는 것 주위로 모이기 때문이다.[2] 이런 형태의 군중심리는 어떤 휴대전화를 살지 말지 결정할 때와 같은 여러 상황에 유용하다.[3] 하

---

* 이 식당은 찾아가는 방법조차 설명하기 어렵다. 간판이나 전화가 없고 영업시간을 붙여놓지도 않았다. 내가 아는 한 다른 어느 플랫폼에서도 평가된 적 없다. 타이완 토박이 방언으로 대화해야 했던 건 언급하지 않겠다. 이곳에서는 영어란 존재하지 않는 언어나 마찬가지이고 표준 중국어도 확실하게 통하지 않았다. 그래도 한번 찾아가보고 싶다면, 타이베이 구팅 (Guting) 지하철역에서 도보 5분 거리에 있으니 참고하자.

지만 어떤 경우에는 이런 움직임이 산업 전체를 잘못된 길로 끌어 내릴 수도 있다. 2000년 봄에는 닷컴 버블로 주식 시장 전체가 추락했고, 불과 몇 년 전 모기지 사태 때는 그 여파로 많은 일들이 일어났다. 우리는 이를 지켜봤다.

군중을 뚫고 나가는 일은 정말 힘들고 어렵지만, 우리가 다져온 기본기를 가장 효과적으로 사용할 수 있는 시기는 바로 군중을 뛰어넘어 자신만의 변별적 특징을 파악했을 때다. 이때 정말 특별한 일이 벌어진다.

엔젤투자자*들도 정확히 똑같은 전제를 따른다. 내가 연구와 인터뷰를 계기로 만난 투자자들도 이 부분을 인정했다.[4] 투자자 모두가 똑같은 기회를 찾아 모든 사람이 성공하리라 전망하는 스타트업에 투자한다면, 어느 수준의 성공은 거둘 수 있을지 모른다. 하지만 다이아몬드 원석, 즉 초대형 수익을 가져다줄 비범한 스타트업을 발견하려면 그들은 사람들이 가지 않는 곳으로 가야 한다. 다른 사람들이 낮게 평가하고 간과하는 기회를 찾아야 한다.

**반대로 가는 사람들**

1981년 혁신적인 신제품이 나타났다. 세계 최초로 노트북 컴퓨

---

* 기술력은 있으나 창업 자금이 부족한 초기 단계 벤처기업에 투자금을 제공하는 개인

3장 예리한 안목으로 찾는 나만의 돌파구

터'가 개발된 것이다. 오스본 Ⅰ Osborne Ⅰ이라는 이름의 이 노트북은 일반적인 인덱스카드 크기(가로 15cm, 세로 10cm)만 한 화면이 있고 무게는 약 11킬로그램에 배터리 팩이 별도로 필요했다. 본체 뚜껑을 열면 키보드가 되었고 가격은 1,795달러였다. 크기도 거대하고 무게도 엄청났지만 이 제품은 혁신적이었다. 다른 컴퓨터가 할 수 없는 것, 바로 휴대성을 제공했기 때문이다. 민간 항공기에 가지고 탈 수 있었던 이 컴퓨터는 분명 휴대할 수 있는 물건이었다.

오스본 Ⅰ은 초기에 성공을 거뒀지만 그 뒤 치열한 경쟁에 시달렸다. 시장 기대와 수요가 증가하자 디지털 전압계를 발명한 앤드루 케이 Andrew Kay나 애플을 공동 창업한 스티브 잡스와 스티브 워즈니악 그리고 로널드 웨인 Ronald Wayne 같은 경쟁자들은 일제히 자체 노트북 생산에 뛰어들었다. 이 회사들의 기술적 사고방식은 제품의 발전을 계속 밀어붙였고 노트북 기술은 급속히 발전했다. 그 결과 메모리와 처리 능력이 급격하게 빨라지고 노트북 외형은 더 작고 가벼워졌다. 그리고 더 많은 회사가 이 기회에 편승하려고 뛰어들었다.

1986년에는 IBM PC** 컨버터블 IBM PC convertible이 출시되었다.[5]

---

* 적어도 업계 전문가들은 이 제품을 노트북으로 간주한다. 휴대할 수 있었기 때문이다.
** PC는 개인용 컴퓨터 personal computer를 의미하며 IBM 덕분에 이 용어가 대중화되었다.

에이콘Acorn이라는 작전명 아래 윌리엄 로William C. Lowe가 이끄는 엔지니어 열두 명이 설계와 생산을 담당했다. 상업적으로 성공할 만한 최초의 노트북이었다. 무게가 약 5킬로그램으로 오스본 I 무게의 절반도 되지 않았다. 가격은 3,500달러였고 256킬로바이트 메모리와 플로피 디스크 드라이브 두 개, LCD 화면, 내장용 모뎀 공간과 오늘날 노트북에 사용되는 클램셸clamshell 디자인이 특징이었다. IBM PC는 엄청난 성공을 거뒀다. 그리고 출시된 지 4개월도 지나지 않아 컴퓨터인데도 〈타임Time〉에서 '올해의 인물'로 선정됐다.

휼렛패커드Hewlett-Packard, 컴팩Compaq, 마이크로소프트Microsoft 같은 회사들이 이 분야에서 한 자리를 차지하러 뛰어들면서 기술은 더욱 발전했다. 엔지니어들은 손목 받침대 공간, 트랙볼 같은 포인팅 디바이스, 터치패드, 선택적 컬러 디스플레이, 내장형 오디오 같은 기능 향상과 진보를 더욱 활발히 이루어냈다. 이들 회사는 조기 다수자early majority와 후기 다수자late majority라고 부르는 고객 시장을 활용하고자 했다. 이 방법은 적중했다. 노트북은 점점 주류가 되었고 기업이 돈을 벌 가능성도 덩달아 커졌다.

하지만 2000년대 초반부터 기업 대부분이 노트북 구매 경험이 없는 후기 소비자들에게는 관심을 두지 않고 계속 고급 기술을 개발해나갔다. 이 회사들이 고급 노트북 타깃 고객에게 집중하는 동안 고객들의 관심은 다른 곳을 향했다. 길게 늘어섰던 줄이 노트북에서 태블릿 PC으로 이동하고 있었던 것이다. 차세대 대세는 태블릿 PC인 것 같았다.

아이패드와 삼성 갤럭시 탭 같은 태블릿 PC의 영향력이 커지면서 군중은 정말 이 방향으로 움직였다. 그사이 상대적으로 잘 알려지지 않았던 에이수스Asus라는 회사에서 일하던 몇 명이 노트북 시장에 진입했다. 에이수스는 기존에 컴퓨터를 제조하던 회사가 아니라 IBM 같은 기업에 부품을 공급하는 회사였다. 하지만 에이수스 엔지니어들은 기존 업계가 인식하지 못하는 점을 간파했다. 발전도, 기능도, 개선도 '더 많은 것'만 지향하며 시장에 진입하는 전략은 효과적이지 않아 보였다. 그런데도 업계 주요 회사들은 배터리 기술, 절전 프로세서, 디스플레이 화면, 저장 기술, 연결성, 영상 기능이 탑재된 카메라, 지문인식 센서와 같은 주변 장치들을 추가하며 기능의 사용성과 성능을 향상시키는 데만 집중했다.

에이수스팀은 반대로 더 적게 가는 편을 선택했다. 노트북을 사려고 '아직 줄지어 서 있는' 사람들은 고사양 제품만 원하는 고객군이 아니었고, 에이수스팀에게 이들은 중요한 시장 기회였다. 남아 있는 사람들은 뒤늦게 노트북을 알게 된 고객층이었다. 보기 좋은 부가 기능에 연연하지 않는 부모나 조부모 연령대의 소비자들은 이메일 확인과 웹 검색을 할 수 있고 솔리테르$^{Solitaire*}$나 지뢰찾기, 프리셀(카드 게임) 같은 몇 가지 간단한 게임을 할 수 있는 기기를 찾았다. 그래서 2007년 6월 에이수스는 자체 제작 노트북을 출시했다. 작고 가볍지만 이런 기본 기능에 전혀 모자람 없이 충실한 노트북이었다. 가격은 300달러 정도로 다른 노트북(평균 2,300달러)보다 훨씬 저렴했다.[6] 이 제품은 화려하게 등장하여 대성공을 거뒀다. 에이수스는 계속 저가, 저전력 노트북을 제조했다.[7] 모바일 컴퓨팅에서 가장 큰 패러다임 전환이라고 할 수 있는 넷북을 거의 단독으로 창출한 공로를 인정받아야 할 제품 라인이 있다면, 그것은 바로 에이수스의 Eee PC 넷북이라고 업계 전문가들은 입을 모았다.

*＊＊＊*

덜 복잡한 곳에 먼저 갈 때 얻는 혜택 중 하나는 복잡한 시장으로 진출하기 전에 경쟁이 덜한 곳에서 기본기를 연습할 수 있다는 점이다. 덜 붐비는 곳에서 시작하면 능력 범위를 확장하기 전에 핵심 역량을 연마할 수 있다. 또한 조직의 유명세와 자신의 탁월함

---

* 흥미롭게도 솔리테르나 지뢰찾기 같은 추억의 게임은 초기 개인용 컴퓨터에 포함된 뚜렷한 목적이 있었다. 두 게임은 최신식 컴퓨터를 사용하고 친숙해지는 데 필요한 기술을 가르치기 위해 고안되었다고 알려져 있다. 솔리테르는 카드 게임을 통해 마우스 사용법과 드래그 기능을 알려주는 목적이 있었다. 지뢰찾기도 사람들이 마우스에 익숙해지도록 돕는 게임으로 구체적으로는 오른쪽 클릭과 왼쪽 클릭 개념을 알려주는 것이 목적이었다.

3장 예리한 안목으로 찾는 나만의 돌파구

을 동일하게 여기는 경향을 피할 수 있다.

뛰어난 경영학자 라이언 라파엘리Ryan Raffaelli는 아시아의 저가 시계 업체와 전자 기기의 성장으로 인해 큰 타격을 입은 스위스 시계 산업[8]이 다시 부상할 수 있었던 이유를 정확히 포착했다.[9] 라파엘리의 주장에 따르면 시계는 스위스 공학으로 놀랍도록 복잡하고 정밀하게 만들어진 기계로, 원래 매우 귀중한 물건이었다고 한다. 많은 시계 제조사가 가장 큰 시장을 차지하고 있는 저가 시계나 스마트폰과 경쟁할 때, 스위스 시계 제조사들은 기본기에 더욱 몰두했다. 그들은 자신의 제품을 그저 '손목에 차는 물건'과 구분하기 위해 고유한 시계 스타일과 깊은 의미, 뛰어난 기술 전통을 재차 강조했다. 그 결과 현재 스위스 시계 판매량은 세계 시장에서 그 어느 때보다 강세를 보이고 있다. 시계 가격대는 일반적으로 1,000~5,000달러이지만 실제로는 가격 피라미드의 최상층에 있는 제품이 가장 많이 팔린다. 5,000달러 이상 가격대의 시계가 전체 시계 판매량의 절반을 차지한다.

자신의 기본기를 잘 파악하면 군중이 보지 못하는 기회를 발견하여 복잡한 경기장에서도 자신을 차별화할 수 있다. 또한 군중이 눈부신 아이디어에 사로잡혀 판단력이 흐려졌을 때도 당신은 문제를 정확히 파악할 수 있다.

## 잘못된 기회를 예리하게 찾아내는 안목

테라노스Theranos라는 회사를 설립한 엘리자베스 홈스Elizabeth Holmes는 매력적이고 인맥도 넓은 데다가 스탠퍼드 대학교 공대 출신(화학과 중퇴)이어서 실리콘밸리에서 인기를 끌었다. 2003년 그녀가 설립한 테라노스의 성장 스토리는 아마 많이들 알고 있을 것이다. 이 이야기는 2018년 베스트셀러 도서 《배드 블러드Bad Blood》의 배경이 되었다. 홈스의 회사는 놀라운 문제를 해결하며 창업 생태계에서 촉망받는 스타트업이 되었다. 손가락 끝을 살짝 찔러 얻은 피 한 방울로 수십 가지 질병을 정확히 검사할 수 있는 기술을 개발한 것이다. 이 기술의 유일한 대안은 정맥 혈관에 주삿바늘을 찔러 넣어 많은 혈액을 직접 뽑는 방법뿐이었다.

이 기술은 엄청난 기회가 되었다. 홈스는 대표적인 벤처캐피털 기업 드레이퍼 피셔 저벳슨Draper Fisher Jurvetson과 오라클Oracle의 창업자 래리 엘리슨Larry Ellison을 비롯한 수많은 유명 투자자를 만나 4억 달러가 넘는 자금을 모았다. 테라노스의 가치는 최고 90억 달러까지도 치솟았다. 전 국무장관 헨리 키신저Henry Kissinger, ATA 벤처스ATA Ventures의 벤처캐피털리스트 피트 토머스Pete Thomas, 제약회사 파마시아Pharmacia Corp의 전 회장 로버트 셔피로Robert Shapiro처럼 크게 성공한 인물들이 테라노스 이사회에 합류했다. 투자자들과 언론, 심지어 클리블랜드 클리닉Cleveland Clinic과 월그린Walgreens 같은 업계

기관과 회사들까지 홈스라는 사람과 혈액 검사의 미래를 향한 그녀의 비전에 매혹되었다.

여기까지는 진부할 정도로 많이 알려진 이야기다. 하지만 잘 알려지지 않은 사실 가운데 일군의 과학자들이 테라노스의 출현을 막으려 했던 이야기가 있다.

이 모든 일이 펼쳐지기 전인 테라노스 초창기에 홈스의 사업 설명을 들은 핵심급 의료 전문가들은 앞뒤가 맞지 않는다는 생각을 떨칠 수가 없었다. 이들은 홈스가 고안한 기기로 얻은 손끝의 피한 방울이 어떻게 이토록 광범위한 검사를 할 수 있는지 이해할 수 없었다. 말이 되지 않았다. 게다가 이렇게 다양한 검사가 어떻게 미국 식품 의약국FDA이 승인하는 의료 검사 정확도 안에 모두 부합할 수 있는지 알아낼 수 없었다.

이 의료 전문가들이 확실히 아는 지식은 그들의 능력 범위 안에 있는 기본적인 인간 생리학이었다. 손가락에서 얻은 피는 정맥 혈관에서 뽑은 혈액과 다르다는 것이 그들의 생각이었다. 손끝에서 나온 피는 지방 세포를 통과하고 여러 인체 부위를 지나 피부 표면에서 가장 가까운 모세혈관을 통과한다. 포도당 같은 저분자는 이 경로를 통과하므로 혈당검사에서 정확하게 측정할 수 있다. 하지만 호르몬을 구성하는 단백질이나 콜레스테롤을 구성하는 지질처럼 더 큰 고분자는 손가락 끝이 아니라 정맥 혈관에서 혈액을 뽑아야 균일하게 파악할 수 있다.

그 후 몇 년 동안 의료 전문가들은 테라노스를 까마득히 잊고 있다가 언론 보도를 보고서야 그때 품었던 의문점들이 떠올랐다. 언론 역시 처음에는 이 회사에 찬사를 보냈지만 기술적 의문이 표면에 드러나자 점차 회의적으로 변했다. 〈월 스트리트 저널Wall Street Journal〉은 테라노스가 데이터를 조작하고 자체 개발한 기기 대신 기존 검사 장비를 사용해 결과를 얻고 있었다는 사실을 보도했다. 사건의 진실이 알려지자 연방 보건당국은 최소 2년간 홈스가 업계에서 일할 수 없도록 금지했고, 테라노스는 투자자들을 오도한 혐의로 검찰 수사를 받았다.

그런데 홈스는 어떻게 정상 궤도까지 올 수 있었을까? 일군의 과학자들이 처음부터 문제의 소지를 파악했는데도 널리 존경받는 유명인들은 왜 테라노스를 신뢰했던 걸까? 우선 홈스는 사람들을 사로잡는 젊고 카리스마 넘치는 창업자였다. 또한 투자자들이 성공적인 여성 창업자의 사례로 내세우기 좋은 기업가였다. 홈스는 지식 재산권으로 인해 '스텔스 모드(비밀보안 유지상태)'로 기업을 운영할 수 있는 환경에서 일했기 때문에 기술에 관해 보안 유지라는 태도로 일관할 수도 있었다. 하지만 그녀가 정상 궤도까지 가게 된 가장 큰 이유는 기회에 있었다. 투자 자금 수백만 달러와 수년간의 개발 기간. 이 모든 것이 믿기 어려울 정도로 굉장한 기회였

3장 예리한 안목으로 찾는 나만의 돌파구

기에 그녀가 얻은 기회의 가치는 부적합해 보이는 의문도 덮을 수 있었다.

혁신의 위험이나 잘못된 기회를 예리하게 파악하는 안목이 있는 사람은 때로 혁신가로 칭송받는 사람보다 훌륭한 엣지를 가질 수 있다. 부적합함을 찾아내는 눈은 아무도 보지 못하는 결함을 인식하는 데 도움이 된다. 잘못된 기회를 파악하는 능력은 '큰 그림을 그리는 일'pattern recognition과 관련 있다. 이는 기술, 인구통계, 사회 세력, 시장, 정부 정책, 생활 속 여러 요인에 일어나는 모든 변화 사이의 '점들을 연결하는' 능력이다. 패턴이나 패턴의 조화를 인식할 줄 아는 것은 중요한 조각들이 서로 잘 맞는지 확인하는 방법을 알고 있다는 뜻과도 같다.

패턴의 조화를 인식하는 일이라고 해서 분야 전문가여야 하거나 특별한 지식이 필요한 것은 아니다. 얼마 전 나는 우산에 관해 정말 멋진 아이디어를 생각해낸 한 발명가의 연락을 받았다. 때로 우산은 들고 다니기에 귀찮은 물건이다. 물론 비가 내릴 때 우리를 젖지 않도록 하는 데는 쓸모가 있다. 하지만 골칫거리이기도 하다. 우리는 우산과 관련된 성가신 일을 잠깐만 생각해도 몇 가지 댈 수 있다. 우산을 어딘가 내려놓고 건물 안으로 들어가기. 사방을 젖게 만드는 커다랗고 축축한 골칫덩이를 가지고 다니기. 사실 그러고 싶은 사람은 아무도 없겠지만 전용 주머니에 우산 넣기

(몇몇은 사람들이 쳐다볼 때만 사용한다). 우산을 펴고 접기. 비 오는 날 우산 들고 차 타기. 차 문을 연 뒤 우산을 접고 탈 때 비 맞지 않으려 애쓰기. 마지막으로 바람 부는 날도 잊어선 안 된다. 우산이 뒤집어지면 스스로 바보가 된 것 같은 기분이 들기 때문이다.

그래서 샘이라는 젊은 발명가가 이 모든 문제를 해결해줄 방법을 가지고 왔을 때 나는 귀를 기울였다. 그는 근사해 보이는 시제품을 보여주었다. 영화 〈스타워즈Star Wars〉에 나오는 광선검 손잡이를 상상하면 된다. 버튼을 누르면 강력한 공기 흐름이 나오면서 머리 위로 우산의 둥그런 모양처럼 공기층이 만들어진다. 이 공기층에 빗물이 부딪히면 천천히 옆으로 흘러내리게 된다. 정말 멋지지 않은가? 또한 안전 문제까지 고려하여 공기 흐름이 다른 사람의 눈을 향하지 않도록 설계되었다. 끝내고 싶을 때 버튼을 다시 누르면 공기 흐름이 안으로 사라진다. 더 이상 물이 뚝뚝 떨어지는 골칫거리는 없었다. 탐나는 물건이었다. 실제로 샘은 표적 집단 인터뷰를 수십 번 진행했고 그때마다 이를 체험해본 사람은 이 뉴에이지 우산을 원한다며 강력한 목소리를 냈다.

샘은 내게 자신의 회사에 투자하겠느냐고 물었다. 세련된 제품에 표적 집단 인터뷰 참가자들 다수가 긍정적인 찬사를 보냈지만 나는 거절했다. 한편 초기 단계 스타트업에 주목하는 엔젤투자자 몇 명은 이 회사에 투자했다. 그러나 첫 번째 물량을 제조하여 출시하고 몇 개월이 지난 뒤 샘은 사람들이 이 우산을 사지 않는다는 사실을 깨달았다.

이 우산이 팔리지 않은 이유를 설명하기 전에 내가 투자하지 않은 이유부터 설명해보겠다. 동료 엔젤투자자들이 눈치채지 못할 때 내가 점들을 연결해 도출한 결론은 무엇일까? 때론 형편없는 물건이 그 모습 그대로 필요할 때도 있다는 것이다. 모든 일에 우아한 해결책이 필요한 것은 아니다. 나는 일반적으로 우산을 쓰며 느끼는 성가심보다 큰 그림을 생각할 수 있었다.

우산이 골칫거리인 또 다른 이유를 아는가? 비가 내리기 시작할 때 우산이 없으면 열에 아홉은 불안해진다. 그럴 때 나는 근처 편의점에 들러 5.99달러짜리 우산 하나를 부담 없이 집어 든다. 그리고 그 우산을 잃어버린다. 늘 이런 식이다. 그래도 형편없는 5.99달러짜리 우산을 잃어버리는 편이 199달러짜리 광선검을 잃어버리는 것보다 덜 고통스럽다.

그렇다. 광선검 손잡이가 같은 그 우산의 가격은 199달러였다. 그것이 아무도 우산을 사지 않은 이유였다.

"이 물건을 얼마에 사겠습니까? 200달러를 낼 의향이 있나요?" 표적 집단은 이런 질문을 받지 않았다.

그래서 그들은 기회만 떠올렸을지도 모른다. 강력한 공기 흐름이 만들어내는 세련됨, 혁신적인 솔루션, 이것이 해결해줄 문제.

그들은 200달러짜리 우산을 잃어버리는 경우는 생각하지 않았다.

색다른 관점으로 부적합한 면과 근본적인 결함을 파악할 수 있는 사람은 몇 번이고 엣지를 발휘한다. 이들은 자신뿐 아니라 프로젝트와 조직까지 구하며 엄청난 금액을 아끼고 곤란한 상황마저 모면하게 한다.

우리 생각과 전혀 다른 관점은 생각보다 자주 접하기가 어렵다. 사람들은 자신과 비슷하며 신념, 가치, 습관을 공유할 수 있는 이들과 어울리는 경향이 있기 때문이다. 우리는 본인이 속한 범위 안에서 타인과 관계를 맺는다. 따라서 당신은 전형적이지 않은 목소리만 내어도 상황을 어느 정도 개선할 수 있다.

샘은 시장에서 참패당한 다음, 제품 디자인을 중점적으로 보완하여 다시 나를 찾았다. 나는 샘에게 그때 투자하지 않은 이유가 그저 우산 디자인의 문제에 있지 않다는 점을 분명히 설명했다. 샘은 내 피드백을 참고했고 다른 시장에 도전하는 데 자신의 재능을 활용하기로 마음먹었다. 지금 그는 라이프스타일 분야 기업을 성공적으로 운영하고 있다. 기능적이면서 디자인이 독창적인 아기 띠, 유모차, 자전거를 비롯한 여러 가지 아기용품을 판매하며 연간 매출 200만 달러 이상을 달성하고 있다. 그리고 모든 제품에는 덮개가 달려 있는데 이는 자외선 차단과 방풍 기능뿐 아니라 짐작하겠지만 비를 막아주는 기능도 포함되어 있다.

## 아이디어가 먹히지 않는 데는 이유가 있다

건강에 관심이 많은 똑똑한 사람들은 거의 다음 내용에 동의한다. 과일과 채소를 많이 먹을 것, 유기농 제품 그리고 방사해서 기른 고기류를 살 것, '나쁜' 탄수화물과 글루텐을 멀리할 것. 당신은 이런 유형의 사람을 알거나 어쩌면 본인이 그런 사람일 수도 있다. 나는 노력하지만 그쪽은 아닌 것 같다.

2013년 더그 에번스Doug Evans가 설립한 주세로Juicero는 건강을 중요시하는 사람들을 상대로 반향을 불러일으킬 만한 제품을 선보였다. 와이파이에 연결되는 이 착즙기는 누구나 집에서 편안하게 과일과 채소를 착즙해서 신선하게 주스를 마실 수 있도록 돕는 제품이었다. 침대에 누워서도 버튼 하나만 누르면 언제든지 작동했다. 소비자가 세련된 주세로 기기에 잘게 자른 과일과 채소가 담긴 1회 분량 포장 팩을 통째로 넣으면 그 자리에서 마실 수 있는 맛 좋고 영양가 있는 주스가 만들어졌다.

에번스는 클라이너 퍼킨스Kleiner Perkins와 구글 벤처스Google Ventures 같은 유명 벤처캐피털 회사에서 1억 2000만 달러를 투자받았다. 제품 가격은 699달러였고 과일과 채소가 담긴 전용 팩은 개당 약 6달러였다. 자기 집에서 편안하게 사용할 수 있는 착즙기를 마다할 사람이 있겠는가?

에번스는 실리콘밸리에서 베테랑은 아니었지만 그곳 사람처럼 말하며 스스로 베테랑이라고 생각했다. 그리고 기회가 있을 때마다 자기 제품에 도취하여 거창한 말들을 쏟아냈다. 한번은 이렇게 말했다. "모든 주스가 똑같지는 않죠.[10] 생명력을 측정할 수 있나요? 어떻게 기氣를 측정하죠?"

199달러짜리 우산과 699달러짜리 착즙기는 일반적으로 구매하기 쉽지 않은 가격이다. 하지만 클라이너 퍼킨스나 구글의 벤처캐피털리스트들은 이 부분을 고려하지 않았다. 그들에게 와이파이에 연결되는 착즙기는 새로운 기회로 보였다. 에번스는 작지만 강력한 이 기기로 투자자들을 사로잡았다. 그는 과일과 채소의 영양소를 파괴하지 않고 착즙하는 이 기기가 언젠가는 수백만 가정에 비치될 것이 분명하다고 말했다. 그는 이 제품을 원치 않는 사람은 전혀 고려하지 않는 듯했다.

하지만 심각한 문제는 투자자들이 제품 개발에 거의 관여하지 않아 (기자 두 명이 보도하기 전까지) 심각한 약점을 알아차리지 못할 정도로 현실과 동떨어져 있었다는 사실이다. 기사에는 주세로 전용 팩을 손으로 짤 수 있으므로 699달러 착즙기가 전혀 쓸모없다는 내용이 담겼다.

손으로 팩을 짜서 쉽게 주스를 만들 수 있었고 심지어 맛도 모양도 699달러짜리 주세로 착즙기로 만든 주스와 똑같았다. 복잡한 기술은 전혀 필요하지 않았다. 벤처캐피털리스트 벤 아인슈타

3장 예리한 안목으로 찾는 나만의 돌파구

인Ben Einstein은 "설계 과정에서 비용 제약이 전혀 없었다"고 말했다. 이것이 부자들의 기본적인 문제점이다. 부자는 자신이 가진 도구를 많은 이가 원할 것이라 생각한다. 그들은 자기 손을 대신할 멋진 기계가 있으면 직접 즙을 짜내려 하지 않는다.

이럴 때 상황의 내부자가 아니면서 여러 점들을 연결해줄 사람이 필요하다. 다르게 볼 수 있는 사람, 차이를 수용하고 일정 기준을 넘어 생각할 수 있는 사람이 있어야 한다. 최적화된 해결책이라고 해서 항상 명확한 것은 아니기 때문이다.

※ ※ ※

상황을 더 나아지게 하려면 자신에게 있는 기본 재료를 어떻게 사용해야 할까?

우선 덜 붐비는 곳에서 시작하라는 조언과, 초보에서 프로로 가려면 시간이 걸린다는 사실을 기억해야 한다. 그리고 기본을 쌓는 데 시간을 들여야 한다. 여기서 말하는 기본은 주위 사람 대부분이 가진 것이 아니라 자신만의 것이어야 한다.

어떤 일이든 잘하려면 시간이 걸린다. 그 시간 동안 매일 조금씩 더 나아지는 과정을 즐기면 복잡한 곳에서 고된 경험을 하지 않고도 결과를 즐길 수 있게 될 것이다.

마지막으로 자신의 기본기와 관점이 중요하다는 사실을 편안히 받아들이자. 테라노스에 의문을 품었던 의료 전문가들처럼 특별하고 전문적인 기술이 있는 사람이든, 주세로를 꿰뚫어 본 블룸버그 기자들처럼 평범해 보이는 사람이든 우리는 누구나 엣지를 만들 수 있다.

> **원칙 3**
> 당신의 기본기를 다르게 사용하려면, 남들이 가지 않는 곳으로 가서 경험을 쌓아라.

**4장**

# 걸림돌이 디딤돌로 바뀌는 순간

인생이 내게 레몬을 건네면 나는 초콜릿 케이크를 만들어 어떻게 그것을 만들었는지 궁금증을 남겨둘 것이다.

— 어느 티셔츠에 적힌 문구

나는 일 년에 한 번 막역한 대학 친구들과 긴 주말여행을 떠난다. 우리는 지금 모두 다른 도시에 살고 있다. 샌디에이고San Diego, 위스콘신Wisconsin, 콜로라도Colorado, 다른 한 명은 아일랜드에 있다. (사실 마지막 친구는 세계를 돌아다니는 아이리시 바이올린 연주자라서 언제 어디에 있을지 우리도 모른다.) 그래서 우리는 매번 장소를 변경해 만난다.

2년 전에는 라스베이거스에 갔다. 미리 말해두지만 우리 가운데 프로 갬블러는 없었다. 꽤 어설프게 슬롯머신도 당겨보고 블랙잭 판에 끼어 쥐꼬리만 한 돈도 땄지만 우리는 우스갯소리로 같은 테이블에 있던 신사 중 한 명이 쿨러cooler*였을 거라고 결론 내리고는 라스베이거스 관광객들이 많이 찾는 후버 댐Hoover Dam으로 발길을 돌렸다.

원래 볼더 댐Boulder Dam이라고 불렸던 후버 댐은 현재 세계적으로 설계, 공학, 건축 분야에서 성취한 가장 뛰어난 업적 가운데 하나로 평가된다. 미국 역사 관광지에 등재되었고 1994년에는 미국 토목 학회American Society of Civil Engineers가 선정하는 미국 7대 현대 건축물에 올랐다. 댐의 높이는 약 221미터, 길이는 379미터이며 7억 9,400만 리터의 콘크리트가 사용되었다. 댐은 자체 바닥만 해도 두께가 약 200미터(웬만한 축구장 두 개 길이)인데 이는 콜로라도강의 유량을 견디고 수력을 이용하여 전력을 공급하거나 미국 남서부 지역 각종 용수를 책임지기에 충분했다.

그 거대한 댐을 건설하려면 콜로라도강의 방향을 바꾸는 엄청난 과제를 해결한 다음에야 협곡 바닥으로 내려가 기초 공사를 시작할 수 있었다. 실제 댐 건설에 들어가기 전 이 작업만 꼬박 1년이 걸렸고 강물을 우회시키려면 터널을 네 개나 뚫어야 했다.

1933년 6월 6일, 드디어 첫 번째 콘크리트 타설이 이루어졌다. 콘크리트를 철도 차량으로 운반한 다음 현장에서 혼합하여 콘크

---

* 쿨러는 카지노에 고용되어 패를 약간 바꾸거나 판을 흔들거나 계속 이기는 갬블러를 방해하는 사람을 가리킨다. 쿨러가 실제 존재하는지에 대해서는 논쟁이 있다.

리트 통을 위에서 붓는 방식이었다. 78초마다 콘크리트 통 하나가 크레인으로 부어졌다.

가장 매력적인 부분은 지금부터다. 콘크리트가 빨리 부어졌다고 해도 구조적으로 안정되려면 냉각과 양생 과정이 필요하다. 댐에 들어갈 정도로 엄청난 양의 콘크리트를 기존 공법으로 안정화시켰다면 100년 이상이 소요됐을 것이다. (내가 콘크리트에 이렇게 관심을 갖게 될 줄 몰랐다.)

냉각과 양생 두 과정을 건너뛸 수는 없다. 콘크리트가 굳을 때 물 분자가 시멘트의 미세한 구조에 침투하는데 이때 더욱 단단해지면서 다량의 열이 방출된다. 엔지니어들은 100년 이상 걸리는 양생 과정을 단축하면서 냉각도 고르게 할 수 있는 방법을 찾아야 했다. 균형 잡힌 냉각이 이루어지지 않으면 열 충격이 발생하여 댐이 약해질 수 있기 때문이다. 그리고 냉각되더라도 콘크리트에 균열이 발생하면 댐은 결국 쓸모없어질 상황이었다.

과연 이 문제는 어떻게 해결되었을까? 그들은 콘크리트를 분할하여 붓는 거푸집 아이디어를 생각했다. 거푸집에 콘크리트를 부으면 이를 고르게 냉각할 수 있었다. 댐 공사 현장에 거대한 삼나무 구조물을 설치하고 냉각된 물이 그 안에 연결된 파이프를 순환하도록 했고, 물을 냉각하기 위해 현장 냉동시설에서 매일 얼음을 500킬로그램씩 생산했다.

그들은 하부 거푸집이 충분히 냉각되면 그 위에 추가 거푸집을 만들어 콘크리트를 채웠고, 순환한 냉각수를 방출하기 전에 주의 깊게 온도를 측정하여 관리했다.

나는 냉각 파이프를 보고 완전히 압도되었다. 콘크리트 안에 박혀 있는 파이프는 댐에서 돌출되어 눈으로 볼 수 있었다. 돌출된 파이프 대부분은 마지막 보강 과정에서 콘크리트로 채워졌다. 총 길이가 965킬로미터에 이르는 강철관이 콘크리트 덩어리 사이를 연결했다. 후버 댐은 1제곱인치당 최대 20.4톤 수준의 수압을 버틸 수 있었다. 그리고 댐은 일정보다도 무려 2년 앞당겨 완공되었다.

## 제약을 추진력으로 사용하다

앞 장에서 우리는 자신이 가진 기본 재료를 발견하고 이를 활용해 주위를 개선하는 방법들을 살펴보았다. 또한 우리가 맞닥뜨리는 제약은 오히려 자신의 강점을 발견하도록 돕거나 이를 더욱 풍요롭게 활용할 수 있는 특별한 기회가 될 수 있다는 사실을 알게 되었다. 우리에게 아무 선택권이 없는 것처럼 느껴지는 순간에도 우리는 제약을 정확히 이해함으로써 갈 길을 바꿀 수 있다.

나는 초등학교 4학년 때 느꼈던 위축이라는 감정을 또렷이 기억한다. 해마다 우리 학교에서는 수학, 독해, 언어 분야의 적성을 측정하는 시험을 쳤는데 나는 담임교사에게서 내가 이번 시험에서 월등히 높은 점수를 받았다는 소식을 전해 들었다. 이 점수대로라면 나는 학교에서 운영하는 영재 프로그램에 들어갈 자격이 충분했다. 하지만 당시 영재 프로그램에 시험 점수를 기준으로 들어간 학생은 없었으며, 참여 여부는 오직 교사 추천으로 결정되었다. 담임은 내가 영재 프로그램에 들어가기 전에 추가로 몇 가지 검사를 받아야 한다는 말만 강조했다. 추가 검사 후 받은 결과는 지난번과 다름없었다. 나는 수학에서 매우 높은 점수를 받았고, 독해와 언어 영역에서는 심지어 더 높은 점수를 받았다.

그러나 내 담임교사는 내가 영재 프로그램 중 수학 영역에 참여하는 것에만 동의했다. 나는 '반쪽'짜리 수업을 듣는 영재반의 유일한 학생이 되었다. 수학 과목은 영재반 수업을 듣고, 독해와 언어는 기존에 듣던 일반 수업을 들어야 했다. 영어는 내 모국어가 아니기 때문에 나를 독해나 언어 관련 프로그램에 합류시킬 수 없다는 게 이유였다. 나는 아홉 살이 설명할 수 있는 범위 안에서, 영어도 내가 모국어로 사용하는 언어 중 하나이고 여러 언어를 사용한다고 해서 영어 구사 능력에 방해받는 것은 아니라는 점을 잘 설명하려 부단히 애썼다. 이 일을 계기로 나는 아홉 살에 처음 제약이라는 개념을 정립했다.

세상은 내게 인생에서 반복되는 리듬을 가르치려고 작정한 것 같았다. 대학교 신입생 시절에도 비슷한 제약을 겪은 경험이 있기 때문이다. 1학년 필수 과목으로 모든 학생이 들어야 하는 대학 작문 수업에서 나는 첫 번째 과제를 제출하고 F 학점을 받았다. 성적에 충격받아 어디가 잘못됐는지 확인하고자 교수를 찾아갔다. 그때 들은 대답은 놀랍도록 친숙했다. "걱정할 것 없어요. 영어가 모국어가 아니니 능숙하게 쓸 수 있을 때까지 시간이 걸릴 거예요. 기다려봐요."

교수가 내 이름의 성을 보고 제약을 적용했으리라 추측했다.[1] 며칠 뒤 그 수업에서 나는 우연히 아시아인 학생과 마주쳤는데, 우리는 잠시 머뭇거리며 서로를 쳐다보다가 과제 점수에 관한 이야기를 나누었다. 예상대로 우리의 점수에는 일관성이 있었다.*

그래서 우리는 이 제약을 의도적으로 '인정'하기로 했다. 가능한 자주 '영어는 내 모국어가 아니라는 점'을 언급한 것이다. 나는 다음 과제에서 모국어가 영어는 아니지만 이를 사용하는 사람으로서 겪어온 어려움과 이를 극복하려고 노력해온 일들을 표현했다. 그리고 대학 작문 수업이 나에게는 구원이자 성공의 길로 이끄는 선물이라고 썼다. 교수는 내 빈정거림을 전혀 눈치채지 못하

---

* 몇 년 뒤 소니아 강Sonia Kang, 캐서린 드셀레스Katherine Decelles, 안드라스 틸시크András Tilcsik, 소라 준Sora Jun은 놀라운 연구를 통해 우리에게 필요한 증거를 제공했다. 연구 결과, 소수집단 출신 구직자 중 약 40퍼센트가 이력서를 '백인의 이력서처럼 보이도록' 작성하고 있었다. 그들은 선입견이 반영된 평가를 피해 직장에 첫발을 들여놓으려고 영어식 이름을 사용하고 인종에 관해서는 가볍게 언급했다.

고 B-를 줬다.

　제약을 인정하면 일이 긍정적인 방향으로 해결될 수 있다. 우리는 각자 겪는 어려움을 지렛대이자 성공을 향한 도구로 사용할 때 비로소 엣지를 만들 수 있다. 타인의 잣대에 흔들리지 않고 자신에게 온전히 초점을 두며 주위를 개선할 수도 있다. 우리는 자신의 제약을 다른 사람이 좌우하고 단정짓도록 내버려둬서는 안 된다.

## 5달러가 0달러보다 작을 때

학생들과 수업 시간에 종종 진행한 과제가 있다. 각 팀에 5달러가 든 봉투를 하나씩 나눠주고 그 돈을 시드 펀딩seed funding이라고 말한다. 어떤 형태로든 수익을 창출하는 벤처를 만들기 위한 창업자금이다. 그리고 한 주가 끝나는 수업 시간에 각 팀이 만든 벤처를 소개하며 얼마나 많은 수익을 냈는지 공개한다.

　수업의 목표는 학생들의 창업가 기질을 개발하는 데 있다. 학생들은 5달러라는 한정된 자원으로 기회를 파악하는 연습을 한다. 사실 학생들은 기업가정신이 뛰어나다. 내가 몇 해 동안 봤던 아이디어 몇 개를 소개해보겠다. 스펀지, 세제, 자동차 왁스 구입에 5달러를 투자해 세차를 하거나, 홍보비로 5달러를 사용하여 동네 벼룩시장과 창고 세일 판매자들에게 '자릿세'를 받거나, 5달러로 살 수 있는 재료로 빵과 케이크를 만든 후 판매한다. 팀 대부분은 5달러를 잘 활용하여 괜찮은 수익\*을 얻는다. 보통 400~500달러를 번다.

가장 큰 이익을 얻은 팀이 궁금한가? 이들은 5달러를 다 사용하지 않았다. 가장 높은 수익을 낸 팀들은 공통적으로 5달러를 한 푼도 사용하지 않아서 사람들을 놀라게 했다. (어느 해는 4,000달러를 넘게 번 팀도 있었다.) 가장 높은 수익을 창출한 팀들은 사용할 수 있는 자원을 완전히 다른 관점으로 바라보는 듯했다.

우리는 기회를 생각할 때조차 제약에 초점을 맞추는 경향이 있다.[2] 가치를 제공할 수 있고 확실히 기회가 될 만한 일을 찾아 주위를 살핀다. 5달러를 사용할 방법이란 방법은 모두 생각해보지만 정작 결과적으로는 다양한 기회가 배제된다. 4달러나 3달러로 할 수 있는 일, 돈 한 푼 없이도 할 수 있는 일은 고민하지 않기 때문이다. 더 주목할 만한 사실은 수천 달러가 드는 일도 선택지에서 지운다는 것이다. 5달러는 실제로 제약이 된다. 그래서 생각할

---

\* 단 한 번 예외도 있었다. 이익을 전혀 얻지 못한 아주 재미있는 팀이 있었다. 그들은 수업 시간에 결과를 어떻게 설명했을까? 팀은 5달러라는 제약에 집착한 나머지 수익을 낼 만한 한 가지 아이디어로 의견을 모으지 못했다. 결국 '수익의 양'보다 '삶의 질'에 집중하기로 하고 이 돈을 소중한 사람들과 데이트하는 데 사용하기로 한다. 이렇게 결정한 다음에도 제약 때문에 고민에 빠졌다. 그들이 생각한 5달러로 할 수 있는 일은 이런 것이었다. "꽃집에서 여자 친구에게 선물할 꽃 두 송이를 사거나 코스트코Costco에서 로스트 치킨 한 마리는 살 수 있을 거야."

4장 걸림돌이 디딤돌로 바뀌는 순간

수 있는 아이디어를 애초에 제한한다. 이처럼 초점이 5달러에 맞춰지면 기회도 그 수준에 머문다. 자동차 세차나 레모네이드 판매, 빵을 판매하는 데 그치는 것처럼 말이다. 이것이 바로 대다수가 생각하는 방법이다.

벤처캐피털리스트 알란 해밀턴Arlan Hamilton은 한때 자동차에서 생활했지만, 최근에는 1,000만 달러 규모의 펀드를 모집해 성공한 투자자이다.[3] 그녀는 이렇게 말했다. "아무것도 없는 0의 상태가 되어도 성취하는 데는 제한이 없습니다."

그렇다면 어떤 사람들이 모여야 자발적으로 아무것도 없는 상태를 이루며 '제약 따위 신경 쓰지 않고' 시작하는 팀이 될까? 어느 팀은 그들의 가장 귀중한 자산이 손에 쥔 5달러가 아니라 이 수업의 발표 시간이라고 생각했고, 계절 업무에 학생들을 투입하려는 한 회사에게 이 시간을 팔기로 했다. 그래서 주어진 발표 시간 동안 수업에 참석한 학생들에게 보여줄 짧은 회사 광고를 제작하는 일에 참여했다.

다른 팀도 마찬가지로 5달러 외에 가진 자산이 무엇일지 고민하는 데서 출발했다. 먼저 각자 기여할 수 있는 재능 목록을 작성했다. 서로 목록을 공유하며 전체적으로 이 재능들이 얼마나 다양하고 독특한지 살펴보면서 재미있는 생각들을 떠올렸다. 그들은 팀원들의 재능을 보여주는 프로그램으로 구성된 광고 영상을 아이폰으로 촬영했다. 그리고 이 영상을 모든 지인에게 보내며 그들이 아는 지인들에게도 전달해달라고 부탁했다. 이 방식으로 각자의 재능으로 진행하는 워크숍을 광고한 셈이다. 한 사람당 참가비는 20달러였고 스무 명 이상이 참석했다.

어떤 팀은 학교 광장에 부스를 설치하여 자전거 바퀴 무료 점검 서비스를 시작했다. 바퀴에 바람이 빠진 자전거 주인은 그 자리에서 1달러를 지불하고 공기를 주입할 수 있었다. 이미 학교 근처 모든 주유소에 무료 공기 주입기가 있었지만 학생들은 기꺼이 1달러를 내고 캠퍼스에서 편리하게 공기압 점검 서비스를 받았다. 하지만 서비스를 진행하며 팀은 약간 가책을 느꼈고 다음 날부터 1달러를 받는 대신 기부금 상자를 설치했다. 수익은 더 치솟았다.

가장 마음에 들었던 팀 중 하나는 '이동하는 저녁 식사'라는 행사를 주최했다. 애피타이저, 메인 코스, 디저트를 각각의 장소에서 다른 조합의 사람들과 먹는 프로그램이었다. 참여자는 오후 5시 30분에 애피타이저 식사 장소 안내 메시지를 받고 그곳에 가서 초면인 네댓 명의 사람을 만난다. 6시 30분이 되면 메인 코스 식사 장소를 안내받고 그곳에서 새로운 사람들을 만난다. 8시에는 디저트 제공 장소로 이동한다. 순서가 끝날 무렵에는 모두에게 참가자 50명 전원을 만날 수 있는 근처 바 상호명과 주소가 담긴 메시지가 도착한다. 이처럼 '이동하는 저녁 식사'에 참여하려는 사람은 학생들이 계획해서 정한 메뉴에 따라 금액을 미리 지불해야 한다. 이 팀은 수익을 내면서 동시에 해결해야 할 문제도 파악했다. 이들이 파악한 문제는 사람을 연결하는 일이 항상 즐겁지만은 않으며 새로운 사람을 만나는 일도 항상 쉽지만은 않다는 것이었다.

수업과 과제를 마무리하고 몇 주 뒤 나는 이 팀의 일원이었던 학생에게 초대받았다. 이들은 프로젝트 결과가 성공적이어서 이동하는 저녁 식사를 매월 진행하기로 하고 다음 행사를 준비하는 중이었다. 내가 참석했을까? (물론이다.)

## 자본보다, 스펙보다 중요한 것

제약이 무언가를 꼭 제한할 필요는 없다. 앞서 우리는 5달러에 연연한 팀보다 자본이 아무것도 없다고 생각한 팀이 오히려 더 좋은 성과를 낸 사례를 보았다. 그들은 5달러를 기댈 대상이나 제한 예산으로 보지 않고 기회에 집중했다. 그 덕분에 자신에게 있는 다른 자산이 무엇인지 자유롭게 생각할 수 있었고, 5달러 이상의 가치 있는 기회를 발견할 수 있었다. 만약 5달러를 사용해야 한다는 제한적 조건을 내세워 다른 사람이 우리를 좌우한다면 우리는 스스로 기회를 결정하기가 어려울 것이다.

한 학생이 이 점을 훌륭하게 표현했다. "돈을 좇지 말고 가치를 따라가세요."(여기에 차이가 있다.) 이런 사고방식은 개인에게도 적용된다. 우리는 타인이 나를 제한하도록 내버려두는 경향이 있다. 그들은 우리에게 족쇄를 채우거나 제약을 걸 뿐 아니라 생각조차 못 하게 방해한다. 그때부터 우리는 자신에게 없는 능력이나 약점에 연연한다.

이를 많은 연구가 뒷받침한다.[4] 사람들은 일자리에 지원할 때 종종 그 자리가 본인에게 적합하지 않다고 생각한다.* 그래서 정말 마음에 드는 일자리를 발견했을 때도 굳이 지원하려고 하지 않는다.

자, 당신이 정말 환상적인 채용 기회를 발견했다. 그런데 그 회사가 6~8년 경력직을 구하는 데 반해 본인의 경력은 고작 4년이거나, 아니면 산업 분야가 달라서 직무 기술서 항목에 당신이 한 번도 해보지 않은 일이 몇 가지 있다고 가정해보자.

이럴 때는 제약을 뛰어넘고 기회를 따라가라. 적어도 기준 세 개를 충족하는가? 그렇다면 당신에게 적합한 조건들의 중요성을 강조할 방법을 찾아라. 제약은 다른 사람들이 만들고 있다. 적어도 당신은 스스로 추가 제약을 지우는 대신 개선할 수 있는 기회를 살펴야 한다.

---

* 특히 여성이 이 함정에 더 자주 빠진다. 남성의 40퍼센트 이상은 스스로 자격이 부족하다고 생각하지 않는다. 따라서 상향 지원하는 것을 주저하지 않는다.

4장 걸림돌이 디딤돌로 바뀌는 순간

우리는 이미 정의 내려진 문제들을 생각하도록 훈련받았다. 하지만 실제 우리 인생에서 이미 정의된 문제란 없다. 미국 세인트루이스 워싱턴 대학교의 마커스 베어Markus Baer, 커트 더크Kurt Dirks, 잭슨 니커슨Jackson Nickerson으로 이루어진 연구팀은 정확히 이 점을 실험했다.[5] 많은 사람이 종종 스스로 제약에 갇히는 이유는 문제를 공식화하는 데 충분히 주의를 기울이지 않기 때문이다. 문제를 해결하고 가치를 제공하려면 문제가 무엇인지 명확하게 정의해야 하는데 제약에 갇힌 이들은 이를 실천하지 않는다.

가령 내가 고문을 맡은 한 고성장 스타트업에서는 언젠가부터 전반적으로 판매 실적이 정체되기 시작했다. 창업자는 자사에서 서비스 중인 제품이 시장에서 더 이상 매력적이지 않다고 생각했다. 그는 새로 출시할 제품을 기획하는 과정에서 내게 도움을 구했다. 나는 바로 제품팀을 찾아가 추가할 혁신적인 요소들을 논의할 수도 있었지만, 먼저 해당 팀의 팀원들과 앉아 전체적인 판매 과정에 대해 이야기를 나눴다. 이야기를 나눠보니 놀랍게도 실적 하락 원인은 판매 과정의 특정 부분인 마지막 단계에 있었다. 영업팀은 고객과 협상했던 가격을 유지하는 데 어려움을 겪고 있었다. 그래서 소비자가격을 높이기 위해 추가 기능을 제공하고 있었다. 이 원인을 알기 전에는 제품에 문제가 있을 거라 의심했지만 진짜 이유는 제품과 전혀 상관없었다.

대개 우리는 문제가 생기면 해결에 집중하는 경향이 있고, 일반적으로 이것이 합리적인 대처라고 생각한다. 전략적인 문제를 효과적으로 해결할 수 있는 사람을 찾고, 여러 배경과 분야의 사람들을 불러 모아 기술과 강점을 빈틈없이 갖춘 최고의 팀을 만들려고 한다. 하지만 이런 노력은 대부분 소용없다. 전략적 문제를 해결할 유용한 방법을 마련하기 전에, 우리는 해결해야 할 문제가 무엇인지를 정확히 파악해야 한다.

당신이 포뮬러 원Formula One이나 나스카NASCAR에서 사용하는 경주용 자동차 설계 업무를 맡았다고 생각해보자. (실제 각 경기에서 사용하는 경주용 차량은 서로 다르다.) 실제로 많은 모터스포츠 엔지니어들이 이 상황에서 문제를 겪는다. 엔지니어 대부분의 목표가 무엇이겠는가? 가장 빠른 자동차를 만드는 것이다. 다른 자동차를 이길 최고의 방법은 가장 빠른 속도 아니겠는가?

그런데 아우디Audi 수석 엔지니어는 이 문제에 다른 방식으로 접근했다.[6] 그는 문제 해결에 돌입하기 전에 문제를 재구성했다. 그리고 이렇게 질문했다. "우리 차가 가장 빠르지 않더라도 르망Le Mans*에서 우승하려면 어떻게 해야 할까?" 설계팀은 이처럼 문제

---

* 르망 24는 현재 세계에서 가장 오래된 자동차 경주 대회로 1923년부터 프랑스 르망이라는 도시에서 매년 개최되며 세계적으로 권위 있는 대회 가운데 하나로 인정받는다. 인디애나폴리스 500Indianapolis 500, 모나코 그랑프리Monaco Grand Prix와 함께 모터스포츠의 트리플 크라운으로 불린다.

를 조금 다른 시각으로 고민하여 새로운 해결책을 생각해냈다. 해답은 바로 연비가 좋은 자동차였다. 아우디는 주유하는 횟수를 줄인 덕분에 가장 빠르지 않은데도 이 권위 있는 대회에서 4년 연속 우승을 거머쥐었다.

일반적으로 '성급하게 결론 내리는 경향이 있다'라는 통념은 좀 더 정확히 설명하자면 '문제 해결에 무작정 뛰어드는 경향이 있다'라고도 볼 수 있다. 우리가 학교에서 배운 것도 마찬가지다. 학생일 때는 미리 정해진 일을 완료하거나, 이미 결정되었지만 더 생각해봄직한 사례를 주로 고민한다. 그러나 학교 밖 조직과 세상에서는 일이 무엇이고 문제가 무엇인지 직접 판단하는 과정이 포함된다.

워싱턴 대학교 연구자들은 문제의 세부사항을 더 신중하게 파악해야 성급한 판단을 피할 수 있다고 제안한다. 특히 다음 두 가지 단계를 주의 깊게 생각해야 한다. 첫째, 일단 징후를 가려내고 파악한다. 둘째, 문제를 공식화한다.

이 학문적인 표현을 나의 현명한 친구 스탠 반 브리Stan van Bree의 말을 빌려 이렇게 바꿀 수 있다. "지랄 맞은 네 문제를 빌어먹을 내 문제로 만들지 마."

제약에 기대보자. 제약을 이리저리 피하기보다 받아들이고 수용해서 개선해보자. 타인이 만든 제한이 본인의 문제를 파악하고 해결하는 데 방해되지 않도록 하라. 오히려 제약이 자신을 더 나아지게끔 만들어라. 제약을 유리하게 사용하라. 제약을 여느 사람과 다르게 대하는 사람은 엣지를 가질 수 있다.

제약은 지렛대처럼 혜택이나 원천 역할을 할 수도 있다. 제약이 없으면 상황을 개선하거나 가치를 제공할 기회가 함께 적어지기 때문에 오히려 문제가 발생할 수도 있다.

## 기업 인큐베이터

1959년 미국 뉴욕주 바타비아Batavia의 한 창고에서 조지프 L. 맨쿠소Joseph L. Mancuso는 바타비아 산업 센터를 시작했다. 이곳은 최초의 비즈니스 인큐베이터였다. 그는 아이디어와 혁신을 배양할 수 있는 공유 공간이나 법률, 회계, 컴퓨터 서비스, 자금 조달처럼 회사들이 쉽게 갖추기 어려운 부분을 해결할 수 있도록 규모의 경제를 제공하고 싶었다.

인큐베이션은 1980년대 미국에 확산되었고 혁신 센터, 창업 인큐베이터, 기술과학 연구단지 등 다양한 형태로 영국과 유럽에 퍼져 나갔다. 그 무렵 특별한 부류의 비즈니스인 기업 인큐베이터가 등장하기 시작했다. 특정 기업의 범위 안에서 운영되는 인큐베이터는 오늘날 많은 대기업이 하나씩 보유하고 있다. 인텔Intel의 인텔 캐피털Intel Capital, 구글의 구글 벤처스Google Ventures, 페이스북의

페이스북 스타트업 개러지Facebook Startup Garage, 세일즈포스의 세일즈 포스 벤처스Salesforce Ventures를 비롯해 록히드마틴, 듀폰, 코카콜라, 로우스Lowe's, 오라클, 심지어 월마트도 운영 중이다. (월마트의 인큐 베이터 스토어 넘버 8Store No. 8은 초기 진열방식을 실험했던 매장을 기념하며 이름 붙였다.)

기업 경영진들은 인큐베이터 시스템이 아이디어 구상이나 콘셉트 테스트를 더 유연하고 쉽게 만들어낸다는 의견을 지지했다.[7] 인큐베이터는 외부의 참신한 아이디어와 혁신을 기존 조직 안으로 끌어들일 수 있는 통로가 되었다. 이들 기업에는 혁신가와 창의적인 사람을 끌어들일 만한 자원이 있었다. 게다가 인큐베이터는 전통적인 조직 외부에 있기 때문에 아이디어 구상이나 실험을 장려하는 문화를 쉽게 만들 수도 있었다.

인큐베이션팀이 스폰서 기업의 기존 비즈니스 모델과 역량에 맞는 혁신적인 아이디어를 제안하면 해당 기업으로 전달된다. 기업은 기존 조직과 풍부한 자원을 사용하여 인큐베이션팀에게 새로운 사업 기회를 제안받고 이를 신속히 탐색할 수 있다.

이 모든 것이 훌륭하지 않은가? 아이디어도 좋고 의도도 좋다. 하지만 문제는 이것이 예상처럼 잘 작동하지 않는다는 데 있다.[8]

그 이유가 무엇일까? 사실 정말 훌륭한 기업은 차고에서 탄생했다. 그곳에서 시작한 사람들은 절박했고 돈이 바닥날까 봐 두려

위했다. 경쟁자보다 먼저 제품을 출시하려고 열심히 노력했고, 고객의 반응 예측이나 타깃 설정 등 여러 불확실한 문제들을 감수해야 했다. 한마디로 이들에겐 제약이 있었다. 한편 제약이 없는 기업 인큐베이터는 성공률이 낮았다. 대개 제약이 없으면 혁신에 문제가 생기기 때문이다.

기업 인큐베이터에 속한 회사들은 어떨까? 연구조사에 따르면 이런 회사는 모기업에서 운영 자금을 지원받고 있으며 처음부터 고객층과 그들의 니즈를 알고 있다. 그리고 원하면 오후 5시에 퇴근할 수도 있다. 이들은 스타트업 창업자 대다수가 마주하는 앞날에 대한 걱정과 두려움에서 자유롭다.[9]

한편 기업은 자사가 추구하는 혁신이 무엇인지 잘 안다며 스스로를 지나치게 과대평가하는 경향이 있다. 가령 구글 벤처스는 세상의 정보를 체계화하고 정보에 보편적으로 접근하여 유용하게 만드는 솔루션을 찾기 위해 인큐베이터 스타트업과 소통할 것이다. 구글은 미국 온라인 검색 시장의 75퍼센트를 장악하고 있으며, 매달 순 이용자 수백만 명이 검색 수십억 건을 실행하는 대기업이다. 구글 인큐베이터 안에 속한 스타트업들은 이처럼 분명한 사업 맥락에서 벗어나기 어렵다.

스타트업 구성원들은 그들이 발견한 훌륭한 아이디어나 가치 있는 비즈니스 기회 대부분이 스폰서 기업 안에서 서서히 사라지고 있다는 사실을 금세 알아차렸다. 그 아이디어는 기업이 기존에 가지고 있던 가치 흐름이나 고객 경험, 비즈니스 역량과 달랐기 때문이다. 더 큰 기업 구조에서는 스타트업에서 제시한 방안을 효과적으로 모방할 수도 없었다. 최악의 경우 스폰서 기업의 기존 제품들을 스타트업의 아이디어가 대체하거나 잠식할 우려도 있었다. 구글 벤처스의 스타트업 구성원들은 구글이 유튜브를 인수하는 데 16억 5000만 달러, 웨이즈Waze에 9억 9600만 달러, 네스트랩Nest Labs에 32억 달러를 들였다는 사실을 알게 됐다. 그리고 의문을 품기 시작했다. 스타트업에는 온라인 검색 시장에 집중하라고 방향을 제시하더니 동영상 공유, 내비게이션 정보, 온도·습도 자동 조절 분야 회사를 인수하는 데 수십억 달러를 사용한다?

이 지점에서 대개 기업 인큐베이터는 시작 의도와 정반대되는 결과를 얻는다. 스폰서 기업은 스타트업의 혁신 동력을 본의 아니게 약화시킨다. 게다가 기업이 스타트업을 지원하면서 제약까지 없어지고 나니 그들은 스스로 개선하고 가치를 창출하는 능력마저 발휘하지 못했다.

＊＊＊

제약은 우리가 할 수 있는 일을 제한하고 통제한다. 그러나 제약은 피할 수 없는 삶의 일부분이므로 우리는 이를 외면하기보다 오히려 찾아내고 관심을 기울여야 한다. 우리는 제약의 가치를 인식하지 못하지만 사실 살아가는 데 여러 면에서 제약은 필요한 것이다. 자신에게 가해진 제약을 인식하고 이것이 우리의 가능성을 제한하지 못하도록 할 때 우리는 비로소 제약을 강점으로 뒤집을 수 있다.

---

원칙 4

낙담하기보다, 제약을 있는 그대로 받아들이자. 그리고 그 안에서 극복할 수 있는 문제들을 해결해나가자. 그러면 제약은 걸림돌이 아닌 기회가 되어줄 것이다.

---

## 5장

# 성공과 실패의 한 끗 차이

나무를 벨 시간이 8시간 주어진다면, 6시간은 도끼의 날을 가
는 데 쓰겠다.
— 에이브러햄 링컨Abraham Lincoln

한번은 미용실에서 머리를 다듬는 데 평소보다 시간이 조금 더 걸
리는 것 같았다. 미용사 제니를 보니 그녀는 내 이마 오른쪽에 생
긴 멍 자국을 유심히 살펴보고 있었다. 제니는 무심한 듯 자연스
럽게 물었다. "이런, 어쩌다 생긴 거예요?"

나는 평소처럼 자세하게 설명하기 시작했다. "손님 방 침대를
정리했어요. 침대 한쪽이 벽에 붙어 있어서 안쪽 시트는 제대로
맞추기가 쉽지 않거든요. 이번에도 시트를 정리하다가 침대 머리
에 이마를 부딪쳤지 뭐예요. 어찌나 욕 나오던지……"

제니는 자신이 예상한 바와 다른 대답이었는지 금세 내 말에 관
심을 잃더니 (눈에 띄게 새로 난 흰 머리카락 몇 가닥을 가리키고 나서) 시카

고에 사는 친구 미용사에게 들은 이야기를 해주었다.

"일리노이주 미용사들은 요즘 가정폭력과 성폭력 예방 교육을 받아야 하는 거 알아요?" 그 말에 나는 깜짝 놀라 물었다. "미용사 중에 가정폭력 피해자들이 많아요?"

제니는 가정에서 폭행당한 피해자들이 미용사에게 속마음을 이야기하거나 자세한 사정을 털어놓는 경향이 있어서 그렇다고 설명했다. 미용사를 비롯한 미용실 직원들에게는 고객과 가까워지는 특별한 능력이 있어서 그들이 뭔가 잘못된 것을 발견하면 고객에게 이를 묻거나 나아가서는 피해 사실을 확인하여 도와줄 때도 있다고 했다.

일리노이주에서 가정폭력 인식 개선 단체인 시카고 세즈 노 모어Chicago Says No More를 설립한 크리스티 파스크반Kristie Paskvan도 비슷한 말을 한다. "기본적으로 누군가가 나의 외모를 가꿔주면 그 사람과 특별한 관계가 형성됩니다. 마음을 열게 되죠."[1]

활동가들은 여기서 아이디어를 얻었다. 미용사와 미용 자격이 있는 전문가들이 학대 흔적을 알아챌 수 있도록 가정폭력과 성폭력 예방 교육을 진행한 것이다. 2017년에 시작한 이 훈련의 목적은 미용사를 상담사나 치료사로 전환하려는 게 아니다. 하지만 폭력 예방에 필요한 훈련을 받은 이들은 고객이 겪을 수 있는 가정폭력의 흔적을 확인하고 고민을 들어줄 수 있다. 그리고 필요하다면 피해자에게 도움될 만한 정보를 공유하거나 지원 서비스를 소개할 수도 있다. 미용사들에게 학대 사실을 신고하거나 상담을 제공해야 할 법적 의무가 주어진 건 아니지만 이들은 가정폭력과 성폭력 예방에 크게 기여할 수 있다.

나는 독창적이고 재치 있는 이 방법이 마음에 든다. 이 프로그램의 핵심은 피해자를 발견하고, 도움되는 중요 정보를 제공하며, 사건 재발을 예방하고 생명을 구하는 데 있다. 이처럼 훌륭한 아이디어는 예상치 못한 일을 직감하는 능력에서 비롯된다.

## 직감과 지수함수

미용사들은 질문을 건네고, 이야기를 듣고, 관계를 맺어 생명을 구한다. 어떻게 그런 일을 할 수 있냐는 물음에 제니는 "직감으로요"라고 아주 간단히 대답했다.

'직감을 사용한다'라는 말은 단순하게 들리지만 의외로 정확한 의미를 파악하기가 쉽지 않다. 의사결정을 연구하는 많은 과학자가 직감을 완전히 비이성적인 분야라고 말했다. 수백 년 동안 과학은 직감에 기초한 의사결정이 감정적이고 비논리적이며, 편향된 결과를 이끈다고 말해왔다. 나는 비즈니스에서 직감의 역할에 관해 쓴 첫 논문을 학회지에 제출한 다음 이런 피드백을 받았다.

논문 전체에 문제적 소지가 있다고 봅니다. 직감은 속어이자 사용하지 말아야 할 단어입니다. '직감'을 연구한다는 것 자체가 완전히 소모적입니다. 그뿐 아니라 이 논문을 읽는 내 시간도 낭비하고 있습니다. 우리는 연구하는 분야에 도움이 될 만한 영향력 있는 이론을 찾고 있습니다. 나는 이 논문을 비이론적이라고 정의하겠습니다.

(믿기 어렵겠지만 이 피드백은 블라인드 리뷰 과정에서 받은 것이다.)


당연히 나는 마음이 상했다. 메릴랜드 대학교University of Maryland의 훌륭한 학자 두 분이 아니었다면 나는 직감에 관한 연구를 포기했을 것이다. 이분들은 며칠 뒤 내가 연구를 발표할 수 있는 자리를 만들어 초대해주었다. 사실 나는 위축되어 소심하게 발표를 진행했다. 하지만 결코 잊지 못할 반응을 얻었다. 발표를 마치자마자 그들은 내 연구가 '최첨단' 주제를 대담하게 다루고 있다며, 내게 연구를 절대 포기하지 않겠다고 약속하라는 말까지 했다.*

이 연구는 우리가 직감을 대하는 방식을 재개념화했다. 우리가 직감이라고 부르는 것은 무의식적이거나 비이성적이라기보다 사실 감정적이면서 인지적이다.[2] (비이성적이라고 하면 사람들은 2005년 말콤 글래드웰Malcolm Gladwell이 그의 책《블링크Blink》에서 주장한 것처럼 흔히 생각

---

* 고마워요 브렌트. 데이비드. 라즈슈리. 제가 신세 졌어요.

없이 느껴지는 직감이나 '인식의 표면 아래에 있는 것'쯤으로 생각한다.) 하지만 느낌에는 생각이 포함된 경우도 있으며 '직감대로 행동하는 것'이 반드시 불확실성이나 결함 있는 의사결정을 암시한다고 말할 수는 없다.

조금 더 자세히 설명하자면 직감은 극단의 경계에서 일어난다. 어떤 세탁기나 건조기를 사야 할지 고민할 때나, 특정 업무에 가장 적합한 지원자를 판단할 때와 같이 일상적이고 평범한 일을 결정할 때는 보통 직감을 사용하지 않는다. 직감은 가끔 우리를 잘못된 길로 이끌기도 하지만 이례적이고 특이한 결정을 내릴 때 우리가 진가를 발휘하도록 돕기도 한다.[3]

그 예 중 하나로 나는 직감으로 움직이는 엔젤투자자가 투자금의 서른 배 이상 수익을 가져다줄 만한 회사나 대박 기회를 포착할 가능성이 높다는 점을 알아냈다.[4] 물론 직감이 모든 투자에 도움되는 것은 아니다. 주식 시장에 200달러를 넣고 당일에 220달러가 되기만을 바라는 사람에게는 통하지 않는다. 하지만 다 잃을 위험 요소를 충분히 고려하고도 가능성을 찾아내어 기꺼이 200달러를 투자한 다음 결국 2만 달러를 버는 사람*에게는 도움이 된다.

야구 용어로 말하자면 당신의 직감은 타율을 높이는 데 도움이

---

* 그러나 이런 경우 또 다른 종류의 편견이 영향을 미칠 수도 있다. 이 부분이 까다롭다. 한 사람의 직감이 내린 결정으로 인해 다른 사람이 시스템적 불이익을 겪을 수도 있기 때문이다. 이것 또한 고려해볼 부분이다.

되지 않는다. 1루타나 2루타 대신 홈런을 치더라도 타율은 0.125가 될 수 있기 때문이다.[5]

직감은 자신만의 경험과 독특한 능력의 조합이다. 이는 비선형적이기 때문에 우리는 예상치 못한 즐거운 방식으로 다양한 상황을 연결하는 직감을 발휘하게 된다.

물리학자 앨버트 바틀릿Albert Bartlett은 "인간의 최대 약점은 지수 함수를 이해하지 못하는 것이다"라고 말했다. 우리는 여러 과정을 정해진 단계에 따라 선형적으로 생각하는 경향이 있다. 기하급수적으로 증가하는 비선형적 지수 함수가 더 나은 방법이지만 이를 거의 인식하지 못한다. 경영학자 로버트 코스티건Robert Costigan과 카일 브링크Kyle Brink는 선형적 사고방식linear thinking이 규칙에 기반하기 때문에 표면적이고 논리적이며 복제하기 쉬운 방식이라고 설명한다.[6] 선형적 사고방식이 직선상에서 한 번에 한 단계씩 진행되는 형태라면, 지수적 사고방식exponential thinking은 도약과 반등, 지그재그를 그리며 대상을 시각화한다. 선형적으로 생각할 때는 실현할 수 있는 일도 과소평가하게 된다. 그러나 경험 그 이상을 개발하는 지수적 사고방식은 개선 능력을 연마하는 가장 강력한 방법이 될 수 있다.

지수적 사고방식은 일리노이주 미용사들이 받은 훈련처럼 혁신적인 방안의 배경이 되기도 하지만, 일회용 기저귀 같은 일상적인

(하지만 혁신적인) 제품 속에도 스며들어 있다.

　기저귀는 설명할 필요가 없다. 기본적으로 배설물을 흡수하고 새지 않게 하는 일종의 '속옷'이다. (기저귀 업계는 이 속옷이라는 말을 '모욕'으로 생각한다. 농담이 아니다.) 기저귀는 일반적으로 천(면, 마, 대나무, 극세사, 세척해서 다시 쓸 수 있는 PLA와 PU 같은 합성 섬유)이나 일회용 합성 물질로 만든다.

　기저귀라는 개념은 1590년대 잉글랜드로 거슬러 올라가면 찾을 수 있지만, 현대적 형태의 일회용 기저귀가 나타난 것은 (그리고 정말 생활을 풍요롭게 한 것은) 1940년대 이후이다. 1946년 매리언 도너번Marion Donovan은 욕실 샤워 커튼을 사용하여 기저귀 바깥을 감싸는 비닐 커버를 만들었고 이것이 오늘날 우리가 알고 있는 일회용 기저귀의 시작이 되었다. (나중에 보터boater라고 이름 붙였다.)[7]

　이 이야기는 빅 밀스Vic Mills로 이어진다. 그는 피앤지Procter & Gamble의 화학 엔지니어였고 현대적인 일회용 기저귀(훗날 기저귀 브랜드 팸퍼스Pampers가 된다)뿐 아니라 프링글스 칩, 아이보리 비누, 던컨 하인즈 케이크 가루를 비롯한 제품 다수를 개발했다. 밀스는 기저귀를 감싸는 비닐 안을 목재 칩으로 채우면 흡수력이 높아진다는 사실을 알게 되었다. 목재 칩은 내용물을 새지 않게 하면서 부분적으로 흡수하는 역할도 했다. 이 목재 칩은 특별한 방식으로 절단되어 흡수력이 높으면서도 차지하는 공간은 적었다. 이는 오늘날에도 여러 곳에서 사용하는 방식이며 프링글스 칩도 같은 방식으로 절단된다.

이후 1980년대에 존슨앤드존슨Johnson & Johnson의 패브릭 연구 책임자였던 칼라일 하몬Carlyle Harmon과 다우 케미컬Dow Chemical에서 일했던 빌리 진 하퍼Billy Gene Harper가 폴리머에서 얻은 고흡수성 물질로 비닐 커버를 채우는 방법을 발견했다. 오늘날 이 물질은 유출된 기름을 제거할 때도 사용된다.

## 브리콜라주

목재 칩 절단 방식이라는 단순한 아이디어가 조합을 이루고 연결되면서 프링글스와 기름 유출에도 적용됐다. 지난 수십 년 동안 일회용 기저귀 산업은 급성장했다. 빅 밀스와 하퍼, 하몬이 알아낸 사실들이 연결되어 진보와 혁신의 바탕이 되었다. 그들이 한 일은 바로 브리콜라주bricolage였다. 그들은 각자의 경험을 한 맥락에 조합하여 기발하고 흥미로운 것을 만드는 행위에 참여했다. 미술이나 음악, 문학에서 브리콜라주란 다양한 범위에서 얻은 재료를 사용하여 구성하거나 창작하는 행위를 일컫는다. 펑크 록 밴드가 클래식 음악을 재해석하는 경우가 여기에 해당한다. 또한 비즈니스에서는 회사의 자원을 탈전통화하고 재조합하여 가치 있는 새로운 제품이나 혁신을 창출하는 활동을 가리킨다. 이를테면 에

어비앤비Airbnb는 숙박 공간을 내어주는 호스트, 숙소를 찾는 여행객, 스마트폰, 위치 정보, 결제 플랫폼을 조합하여 새로운 서비스를 세상에 내놓았다.

나는 어릴 때 즐겨보던 TV 드라마 〈맥가이버MacGyver〉가 브리콜라주를 이해하는 가장 좋은 방법이라고 생각한다. 멋지고 매력 넘치는 주인공 맥가이버는 세상의 온갖 문제 해결을 요청받는다. 한 에피소드에서는 맥가이버가 과학 연구실에서 도난당한 치명적인 바이러스를 되찾아 왔다. 다른 에피소드에서는 엄청나게 큰 가짜 보석반지를 파괴하거나 전 세계를 날려버리려는 악당을 막아낼 때도 있었다. 프로그램이 방영되는 1시간 동안 그는 문제를 해결하려고 뛰어난 지능과 온갖 지식, 기술을 동원한다. "아, 여기 클립이 있군. 성냥과 껌도 있으니……" 이런 식이다. 그는 영리하게 주위에 있는 물건들을 조합하여 폭발 30초를 남겨두고 정지 버튼을 누른다. 소리 내며 움직이던 폭탄은 그제야 작동을 멈추고 세상은 다시 안전해진다.

이런 것이 브리콜라주다. 자신이 가진 것을 즉흥적이지만 혁신적인 방식으로 조합하여 새롭고 특별한 것을 만들어낸다.[8] 브리콜라주를 할 수 있는 기업은 자원의 한계, 즉 제약을 뛰어넘고 제도적 장벽에 도전하여 무에서 유를 창조한다.[9]

이런 연결고리를 만들어 개인의 경험 '그 이상'의 혜택을 거둬들이려면, 때로는 일리노이주 미용사들이 받은 형태의 정규 교육도 필요하다. 성공적인 브리콜라주가 꼭 불이익이나 고통, 투쟁에서만 비롯되는 것은 아니다. 그러나 장애물과 역경을 극복하면 분명 경험 그 이상과 패턴을 읽어내는 능력이 우리 안에 생기고, 이때 문제를 개선할 수 있는 특별한 방법이 나타난다. 이제부터는 기회를 포착하는 능력을 어떻게 연마하는지 설명하려고 한다.

### 당신이 느끼는 불편함이 곧 타인의 불편함이다

열렬한 자전거 애호가인 마이클 아이드슨Michael Eidson은 1989년 텍사스주 위치토폴스Wichita Falls에서 열린 하터 엔 헬 100Hotter 'N Hell 100 자전거 경주 대회 참가를 앞두고 있었다. 그는 자전거에 달린 물병 거치대 위치 때문에 불편함을 겪었다. 물병을 꺼내려면 엉거주춤하게 몸을 숙여야 했고, 뚜껑을 열어 물을 마신 다음 뚜껑을 닫고 다시 불편한 위치로 물병을 가져다 놓아야 했다. 여간 성가신 일이 아니었다. 아이드슨은 임시방편으로 해결책을 마련했다. 구급차 운전기사였던 그는 구급차 안에서 수액 팩과 튜브를 가지고 왔다. 그러고는 팩에 물을 채워 이를 긴 양말 안에 넣고 윗옷 뒤쪽에 고정했다. 그는 수액 팩에 튜브를 연결해서 어깨 위로 당긴 다음 빨래집게로 고정했다. 이것이 수분공급용 배낭인 카멜백Camel-Bak의 시작이었다. 그는 브리콜라주를 행동으로 옮겼다.

이 배낭은 몇 달 만에 인기를 얻었다. 아이드슨은 작고 폭이 좁은 용기를 사용해 무게를 줄이고 안정성을 높였다. 제품의 공기저항도 최소화했다. 그는 자신의 발명품을 대대적으로 판매하기 시작했다. 사람들은 처음으로 물을 어깨에 메고 다니며 마시게 되었다. 특히 운동선수들에게는 신체 활동 중에도 편리하고 효율적으로 수분을 공급받는 방법이었다. 선수들은 이제 물을 마시려고 운동을 멈추거나 속도를 줄일 필요가 없었다. 물병을 손으로 더듬거리며 찾을 필요도 없었다. 배낭 안 물통과 연결된 튜브를 잡아당기기만 하면 됐다. (이 물통을 방광이라고 부른다는 말을 듣고 무척 웃었다.)

요즘은 제품이 더 다양해졌다. 장거리 하이킹, 자전거 라이딩, 스노보딩 등 활동 목적에 따라 디자인된 제품도 있고, 크기(단거리 하이킹용 소형 배낭부터 초경량 야간용 대형 배낭까지), 용량(물과 장비를 넣을 공간), 형태(체형, 상체 길이, 엉덩이 크기 맞춤식), 추가기능(바이트 밸브 스위치나 원터치 연결 튜브)에 따라 구분하기도 한다.

처음에 아이드슨은 개인적인 불편함을 해결하려고 했다. 불편함은 어떻게 보면 간단하고 단순한 문제다. 당신에게 문제가 된다면 다른 많은 사람에게도 마찬가지다. 아이드슨은 구급차와 사이클링이라는 두 가지 배경에서 영감을 얻어 사람들에게 단시간에 인기를 얻게 된 카멜백을 세상에 선보였다.* 그리고 이 제품은 다른 종목 운동선수나 아웃도어 애호가들에게도 사랑받았다. 전투에 참여하는 군인과 군대에서도 사용했다. 제1차, 제2차 걸프전과 아프가니스탄 전쟁 동안 이 제품은 '개인용 수분 공급 시스템'으로 채택되었다. 현재 카멜백은 미국을 포함한 각국 정부와 맺은 계약이 전체 사업 규모의 40퍼센트 이상을 차지한다.

지수적으로 사고하여 특별한 존재가 되는 일은 생각만큼 어렵지 않다. 우리가 이미 알고 있는 것을 기초로 삼으면 된다. 아이드슨은 사이클링과 구급차 용품을 알고 있었고 이를 간단히 연결했을 뿐이다. 문제는 우리 스스로 지수적 사고방식에 종종 장벽을 만든다는 데 있다. 이를테면 우리는 체중을 조금씩 감량할 방법을 고민할 뿐 건강한 몸과 마음에 대한 생각을 바꾸려고 하지 않는다. 또 회사들은 대개 점진적으로 성장하는 전략에 초점을 맞춘다. 이전 제품보다 조금씩 개선된 제품, 나아진 가격, 업그레이드된 프로세스, 인재들의 실력 향상 등에만 관심을 기울인다. 그러나 다행히도 우리가 지수적으로 사고하는 능력을 연습하고 기를

---

\* 사이클링에서 시작된 패턴 매칭과 혁신에 관한 또 다른 사례가 있다. 에너지바 제품인 파워바PowerBar 식감이 왜 그렇게 고무처럼 쫄깃하고 끈적끈적한지 생각해본 적 있는가? 그리고 타 제품들과 비교했을 때 유독 식감이 독특한 이유를 생각해본 적 있는가? 이 이야기는 파워바 개발자들이 자전거를 탈 때 먹으려고 가져온 그래놀라 바가 꽤 먹기 성가셨다는 데서 시작된다. 껍질을 벗기고 한 입 먹은 다음 나중에 꺼내 먹고 싶은데 이런 경우 어떻게 해야 할지 몰랐다. 그들은 부엌에서 첫 번째 파워바 시제품을 만들어보았다. 이것은 두껍고 끈적한 제형이라서 제품 포장지를 벗기고 베어 문 다음 다시 포장지에 싸서 자전거 핸들 주위에 붙여둘 수 있었다. 다시 배가 고파지면 핸들에서 파워바를 떼어내 한 입 더 먹고 붙여뒀다. 좀 비위가 상하지만 무척 혁신적인 제품이다.

방법이 있다. 이 과정에서 우리는 진정으로 상황을 개선시킬 수 있다.

## 반대편에서 출발하기

탈점진적이고 지수적인 생각은 '공식을 뒤집을 때' 종종 일어난다. 일의 순서를 바꾸거나 위아래를 거꾸로 뒤집을 때 우리는 성공을 방해하는 장애물을 파악하고 제거할 수 있다. 우리를 발전시키는 이 방식은, 당연하다고 생각하는 출발점의 정반대편에서 상황에 접근해보는 것을 의미한다.

다시 직감에 관한 연구로 돌아와서 내가 논문을 준비하면서 겪었던 이야기를 해보려 한다. 우리 대부분은 문제를 바라볼 때 앞으로 생길 일을 고민하는 방식으로만 생각한다. 당시 내가 직면한 문제는 솔직히 논문을 어떻게 써야 할지 막막했다는 것이다. (직감의 가치를 연구한다는 아이디어 자체는 불안하지 않았다.)

나에게 학문적 글쓰기는 지금껏 배운 글쓰기 방식과 완전히 달랐다. 나는 자기 의심에 가득 찬 상태로 내가 연구하는 분야의 저명한 학자 한 분을 찾아가 솔직하게 털어놨다. "이제까지는 제가 운이 좋았나 봐요. 앞으로는 거절당할 일만 남았어요." 이 말을 듣고 그가 답했다. "나는 첫 논문이 게재되기까지 열여덟 번 거절당했어." 훗날 나는 그가 누구에게도 이런 일을 말한 적 없다는 사실을 알게 됐다. 그러나 당시에는 그 말에 담긴 의미를 알 길이 없었다. 그날 저녁 나는 그의 대답을 생각하면서 내가 직면한 문제를 뒤집어 생각해보았다. 그 결과 논문을 승인받으려고 발버둥 치는 대신 반대로 거절당하기 위해 노력해보기로 마음먹었다. 그것도 정확히 열여덟 번.

유명하고 왕성한 연구 결과를 내는 학자도 열여덟 번이나 거절당하는데 내가 그러지 않아야 하는 이유가 무엇이 있을까? 물론 이처럼 거절당하며 배우는 것은 시간이 오래 걸리기 때문에 대부분이 실패에 질려 그만둔다. 하지만 이 과정을 극복해야 (적어도 합의 정도는 봐야) 당신이 원하는 곳에 갈 수 있다. 나는 여유를 갖고 배우면서 나아지기로 마음먹었고, 단 한 번의 승인을 기대하기 전에 열여덟 번의 거절을 목표로 삼았다.

나는 거절 열네 번과 수정 네 차례를 거친 뒤 마침내 제출 의견을 받았다. (우리 분야에서 수정 후 제출은 거의 승인에 가깝다. 이 시점에서는 최종 승인 혹은 거부를 판단받기 위해 논문을 다시 제출해야 한다.) 솔직히 지쳤지만 거절을 열여덟 번 받을 때까지 계속 전념했다. (통과한 횟수는 신경 쓰지 않았다.) 그러다 나는 그다음에 제출한 논문이 거절되지 않아 깜짝 놀랐다. 동시에 내가 제출한 논문들을 살펴보면서 더 놀랐다. 거절 열네 번과 승인 다섯 번, 그 과정을 추적하면서 흥미로운 패턴을 발견했다. 여러 번 거절당하는 논문의 패턴을 발견한 것이다. 이 패턴은 직감을 기르는 데 도움이 되었다. 빨리 포기하거나 끝까지 붙들고 가야 하는 프로젝트가 무엇인지 알 수 있었다.* 어떤 공동 저자가 논문 게재를 확실히 거절하는지, 협업을 잘할 수 있는 사람이 누구인지, 내가 가진 능력과 상호 보완이 되는 사람이 누구인지 (또는 그렇지 않은 이는 누구인지) 알게 되었다.**

상황을 뒤집어 생각하면 나만의 전략을 세울 수 있다. 지금도 내가 사용하는 방법이다. 나는 한 번에 한 가지 논문만 집중해서 작업한다. (다른 사람들은 논문 승인율이 10퍼센트 아래로 떨어지지 않도록 한 번에 예닐곱 개씩 진행하기도 한다.) 그리고 모든 논문이 게재될 수 있도록 노력한다. 만약 논문이 내 생각대로 진행되지 않고 조사 결과도 탄탄하지 않으면 즉시 중단한다. 나는 늘 이런 방식으로 작업했다.

사고 전환이란 처음보다 끝에서 시작하는 편이 더 유리할 수도 있다고 생각해보는 것이다. 이를테면 큰 계약을 수주하기 전에 이 계약을 어떻게 관리하고 이행할지를 먼저 고민해보는 것이다. 그

---

* 예컨대 나는 연구 경험이 있는 사람들에게 '너무 모험적인' 주제를 선택하지 말라는 조언을 들어왔다. 하지만 여러 번 거절당하며 내가 발견한 패턴은 정반대였다. 오히려 모험적인 주제가 관심을 끌었고 결국 이런 주제로 논문 게재 승인을 얻을 수 있었다.

** 다시 한번 말하지만 여기에는 다른 방법으로는 결코 깨달을 수 없는 경향과 패턴이 있다. 논문 게재 시 얻은 성과가 좋은 예시이다. 뭔가 알아내려고 지속적으로 노력하는 동료와 연구할 때보다, 좋은 결과를 많이 낸 학자나 전문가와 협업했을 때 오히려 성과가 훨씬 좋지 않다는 사실을 알 수 있었다.

렇게 하면 계약 조건과 논의 내용을 미리 구체적으로 그려보고 살필 수 있다.

기업의 사고 전환이란 문제를 발견한 뒤 해결책을 찾는 것보다 이루어진 현 상태를 놓고 거기서 발생할 수 있을 법한 문제를 찾아 대비하는 것을 말한다.

### 3D 프린팅과 문제를 찾는 해결책

문제에서 해결책을 찾는 것과 '발생할 법한' 문제를 미리 찾는 것의 차이를 설명할 때 나는 사고 실험을 활용한다. 학생들에게 3D 프린터가 무엇인지 설명한 다음 (이 기계로 거의 모든 것을 만들 수 있다*) 제한 조건을 다음과 같이 제시한다. (1) 3D 프린터로 전자레인지보다 작은 물건은 무엇이든지 만들 수 있다. (2) 아이템 하나당 재료비 포함 제조 원가는 1달러로 한다. (3) 최종 제품은 영리 목적으로 판매한다.

그러고는 만들 수 있는 상용 제품을 브레인스토밍해보라고 말한다. 여러분도 잠깐 시간을 내어 자신만의 제품 목록을 생각해보면 좋겠다.

잠시 후 나와 학생들은 도출된 아이디어를 바탕으로 토론한다.

---

* 3D 프린팅은 일반적으로 첫 번째 층에 유동적인 다공성 물질을 쌓고 그다음 층에 굳게 하는 성질의 물질을 쌓아 부품이나 물건을 만드는 과정을 일컫는다. 이런 과정은 완성품이 나올 때까지 반복된다.

토론 전에는 밀봉한 봉투 하나를 교실 앞 눈에 띄는 곳에 놓아둔다. 나는 그 봉투 안에 학생들이 낼 아이디어를 미리 예상해서 목록을 적어둔다. 그런 다음 학생들은 자신이 브레인스토밍한 아이디어를 칠판에 적는다. 그 가운데 몇 가지는 다음과 같다.

- 자동차 부품
- 액세서리
- 선글라스
- 장난감
- 악기
- 의료 및 치과용 부품
- 교체용 부품
- 건축 모형 및 레이아웃
- 콘퍼런스 증정품이나 기념품

내가 봉투를 열면 학생들은 놀란다. 그들이 생각한 물건 중 최소 80~90퍼센트를 내가 맞췄기 때문이다.

나는 학생들의 아이디어를 어떻게 이처럼 많이 예상할 수 있었을까? 학생들은 내가 이 수업을 여러 번 진행했기 때문이라고 대답한다. 하지만 그 이유는 접근 방식에 있다. 그들의 패턴을 바탕으로, 즉 문제를 미리 예상하고 거기서 해결책을 찾아낸다는 관점으로 아이디어에 접근했기 때문이다.

나는 학생들에게 3D 프린터를 해결해야 할 문제의 관점이 아니라 문제를 찾아내는 해결책으로 바라보라고 조언한다. 그리고 3D 프린터는 문제를 해결하는 수많은 물건을 만들어낼 수 있다고 설명한다. 관점을 전환하여 3D 프린터를 해결책으로 사용해보면 문제의 본질을 충분히 이해할 수 있다. 해묵은 문제 해결에 시달리는 대신 혁신적이고 독창적인 해결책으로 접근하여 문제 자체를 바꿔보면 어떤 일이 생길까? 3D 프린터는 물건을 즉각적으로 만드는 휴대용 솔루션이다. 이를 해결책이라는 관점으로 접근하자 학생들은 흥미로운 문제를 해결하는 아이디어를 더 생각해낼 수 있었다.

그중 몇 가지를 예로 들겠다. 가령 3D 프린터로 제작한 철사 구조물은 포도밭의 서리 피해를 줄일 수 있다. 와인 제조업자 대부분은 포도에 생기는 서리 피해를 고민한다. 결빙과 서리가 포도나무에 새로 난 싹을 심각하게 손상시키기 때문이다. 해결책은 대부분 고만고만하다. 열풍기를 가동해 따뜻한 공기를 지면으로 보내거나 양초로 만들어낸 열로써 공기를 순환시킨다. 선풍기, 스프링클러, 쟁기 같은 농기구, 심지어 헬리콥터가 동원되기도 한다. 하지만 애초에 포도밭 지면에 3D 프린터로 출력한 철사 구조물을 설치하여 온도를 균일하게 유지하는 방법도 있다.

디지퍼펫DigiPuppets도 있다. 아이들은 터치스크린에 집착한다. 그렇다면 부모나 교사가 어떻게 해야 이 화면을 생산적인 놀이 도구로 바꿀 수 있을까? 학생 몇 명이 아이들에게 터치스크린용 손가락 인형을 만들어주자는 아이디어를 냈다. 그들은 창업을 시작해서 사랑스러운 두 캐릭터(허니버니Honey Bunny와 집더제브러Zip the Zebra)와 네 가지 교육용 앱을 출시했다. 중요한 기술이나 내용을 배우는 동안 캐릭터들을 움직이며 스크린을 적절히 활용해보는 것에 아이들은 열광했다.

문제를 탈선형적인 관점으로 바라보면 틀에 박히지 않은 연관성과 아이디어를 얻을 수 있다. 이러한 관점으로 사고하려면 어디에 연관성이 있는지를 발견하는 능력을 연마해야 한다. 반대로 연관성이 없는 부분이 어디인지를 파악하는 능력 역시 중요하다.

## 스토리와 숫자

우리가 접하는 모든 상황, 산업, 회사, 개인에는 스토리와 숫자가 있다. (개인 간 상호작용에도 숫자와 지표가 있다. 앞으로 보게 될 것이다.) 그렇지만 이런 것들을 처음부터 발견하고 읽어내는 것은 어렵다.

먼저 기업 환경에서의 스토리와 숫자를 살펴보자. 예컨대 항공업계에서 저가라는 숫자로 대변되는 라이언에어Ryanair, 사우스웨스트 항공Southwest Airlines에 대해 이야기해보자.

라이언에어를 이용해본 사람이라면 지금 아마 깊은 한숨을 내

쉴 수도 있겠다. 내가 그렇다. 이 항공사를 이용했을 때 굉장히 고통스러웠다. 좌석이 작고 비좁고 딱딱해서다. 말 그대로 무릎이 앞좌석에 닿았다. 내 키는 딱 167센티미터인데 말이다. 게다가 런던에서 더블린으로 가는 라이언에어 비행기를 탔을 때 탑승권을 미리 출력하지 않은 승객은 추가로 20파운드를 내야 한다는 것을 알게 됐다. 탑승 과정마저 소 떼를 모는 것 같았다.

라이언에어가 어느 날 기내 화장실을 사용하는 데 돈을 지불하라고 해도 탑승객들은 크게 놀라지 않을 것이다. 실제로 이 항공사는 몇 년 전 기내 화장실 유료화를 검토한 적도 있다. 이런 시설의 사용이 '필수가 아니라 사치'라는 이유 때문이었다.[10]

얼마 전 나는 라이언에어가 입석 도입을 고려한다는 뉴스를 접했다.[11] 항공기에 사람을 더 많이 태우려는 의도였다. 그들은 탑승객이 비행하는 동안 똑바로 설 수 있도록 자전거 안장 같은 장치와 놀이기구를 탈 때처럼 위에서 내려오는 안전 바를 특정 구역에 설치할 계획이라고 했다.

한편 저가 항공사 중에는 사우스웨스트 항공도 있다. 이 회사는 라이언에어와 느낌이 전혀 다르다. 승무원들은 기꺼이 탑승객을 도와주려 하고, 이들이 제공하는 비행 경험은 유쾌하며 정말 재미있다. 재치 있게 안내하고, 기내에서는 음식을 제공하며, 즐거운 비행 경험을 선사하려고 노력한다. 수속 과정은 간단하며 지금도 여전히 무료로 수하물을 실을 수 있다.

　사우스웨스트 항공과 라이언에어는 모두 저가 항공사이지만 서로 다른 스토리를 내세운다. 먼저 라이언에어는 다른 필요한 것들이 일절 없이 A 지점에서 B 지점을 가장 저렴하게 가고 싶을 때 떠오르는 회사다. 이 회사는 저가 항공사로 기억되길 원한다. 그래서 서비스 가격도 저렴하다. 편안한 좌석 같은 불필요한 서비스에 돈을 낭비하지 않는다. 입석과 기내 화장실 유료화에 관한 부정적 언론 보도는 이 회사 상품이 얼마나 저가인지를 의도적으로 알려준다. 라이언에어는 꼭 필요한 것만 있는 비행 경험 위주로 자사를 소개하는 기사를 선호한다.[12] 가장 저렴한 항공편을 원한다면 고민할 필요 없이 이 회사를 선택하고 미리 탑승권을 출력해둔 다음 뿌듯해하며 자기 어깨를 두드려주면 된다.

　사우스웨스트 항공 역시 자사가 저가 항공사라는 점을 강조하는 것은 마찬가지이다. (솔직히 이전만큼 매우 저렴하지는 않다.) 이 회사도 별다른 기내 서비스를 제공하지는 않지만 제공하는 서비스만큼은 모두 무료라고 강조한다. 이들은 탑승객에게 즐거운 비행 경험을 제공하고자 노력하고 수하물 서비스를 제공하며 좌석이 있으면 항공편을 바꿀 수도 있다. 이런 일들은 사측 비용이 드는 부분이 아니기 때문에 그렇게 하지 않을 이유가 없다. 탑승객 역시 비용을 지불할 필요가 없다. 이 회사는 비용 절감을 강조하지만 비행 과정을 즐겁게 만들고자 노력한다. 즐거운 비행 경험에는 사실 비용이 들지 않기 때문이다.

사우스웨스트 항공이 이런 서비스 정책을 운영한다고 해서 재정 손실이 발생했을까? 그들의 숫자는 라이언에어와 거의 비슷하다. 재정 상태도 마찬가지다. 이 모든 차이를 만드는 것은 숫자가 아니라 스토리다.

스토리를 들여다보면 이런 차이를 많이 발견할 수 있다. 스토리를 숫자에 맞추느냐, 숫자를 스토리에 맞추느냐에 따라 상황을 바라보는 시각 자체가 달라진다. 허점과 오류를 찾는 것은 스토리와 숫자를 적절하게 맞추는 행동이다. 연결성 없고 부적합한 부분을 찾아내는 것은 대단한 능력이다. 새로운 광선검 우산의 경우라면, 사람들이 이 제품을 원하는지 그리고 얼마를 지불하고 구매할지를 판단하는 일, 즉 스토리와 숫자를 동시에 고려하는 일이 능력인 셈이다. 착즙기 주세로의 경우도 제품 기능에 관한 스토리를 고려할 때 숫자는(사람들이 돈을 주고 살 만한 가격인가?) 확실히 중요하다. 주세로가 파악한 시장은 과연 정확할까? 정말 미국의 모든 가정이 고객군에 포함될까? 한 집도 빠짐없이? 이 회사의 스토리는 타당하지 않았다. 가격도 말이 되지 않았다. 옳지 않은 스토리와 숫자가 한데 묶였으니 잘될 리가 없었다.

스토리와 숫자 개념은 직감적으로 드는 의문점을 확인하는 방법이다. 언뜻 들으면 이 개념은 무엇이 '적합한지'를 판단하는 방법 같지만 사실은 정반대다. 스토리와 숫자 개념을 키우는 건 '적합하지 않은' 일을 직감하는 능력을 기른다. 이를 통해 우리는 결함을 예측하고 포착할 수 있다. 피 한 방울만으로 광범위한 검사를 가능하도록 만들었다던 '테라노스의 거짓말'을 알아본 의료 전문가들이나 착즙기 '주세로의 문제'를 파악한 기자들처럼 말이다. 이 개념은 사람들이 상황을 개선하도록 만드는 아이디어와 혁신, 즉 엣지를 갖고자 더 현명하게 생각하도록 돕는 기술이다.

## 성공과 실패의 한 끗 차이

성공적인 카쉐어링 기업 집카Zipcar의 설립자 안체 다니엘슨Antje Danielson과 로빈 체이스Robin Chase는 대도시 거주자가 자동차를 소유할 필요 없다는 스토리를 내세웠다. 그가 내세운 스토리에 따르면 차는 매일 필요한 것이 아니라 이케아에 가구를 사러 가거나 마트에서 식료품을 잔뜩 사야 하거나 공항에 친구를 데리러 가야 할 때처럼 주로 특별한 경우에 필요했다. 그래서 집카는 필요한 시간만큼 자동차를 빌려 쓸 수 있는 서비스를 제공했다.

설득력 있는 스토리였다. 2000년 다니엘슨과 체이스가 투자자들에게 사업을 설명할 때는 집카가 처음부터 꽤 탄탄하게 준비된 회사처럼 보였다. 하지만 오늘날 집카의 성공은 이 스토리 덕분이 아니었다. 오히려 그들이 제시한 숫자가 스토리와 잘 맞지 않았던 점이 큰 역할을 했다.

초기 사업 계획에서 그들이 제시한 숫자 가운데는 예리한 사람이라면 금방 알아챌 만한 잘못된 수치가 있었다. 바로 차량 이용률이었다. 집카는 이용률을 약 85퍼센트로 제시했다. 터무니없는 숫자는 아니었다. 집카는 렌터카 산업을 비교 대상으로 삼았고 렌터카 회사 대부분은 비슷한 이용률을 보였기 때문이다. 하지만 이 숫자를 조금만 생각해보면 85퍼센트는 현실적으로 말이 되지 않았다. 이 숫자는 집카의 스토리와 맞을 수가 없었다.

생각해보자. 85퍼센트라는 숫자는 무엇을 의미할까? 하루를 시간으로 환산한 24시간 동안 세상에선 무슨 일이 일어날까? 오전 2~6시를 포함한 이 모든 시간 동안 과연 집카 고객은 어떤 일과를 보내게 될까?

당신은 새벽 시간에 얼마나 많은 사람이 집카를 이용할 것 같은가? 그 시간에 얼마나 많은 사람이 장을 보러 가고 이케아에 운전해서 가겠는가? 자동차를 사용하기는 할까? 이용률이 85퍼센트가 되려면 오전 2~6시 사이에도 차가 필요한 사람들이 있어야 하고, 새벽 외 모든 시간대는 차량 사용이 최대치에 가까워 이용률이 거의 100퍼센트가 되어야 한다.

말이 되지 않는다. 카쉐어링은 렌터카 산업과는 엄연히 다르다.

렌터카는 이용자가 실제 운전하지 않는 시간도 포함한 비용을 지불하기 때문이다.

이 숫자는 도심 지역에서 자동차가 필요한 사람들에게 서비스를 제공하겠다는 집카의 스토리와 맞지 않았다. 따라서 초기 투자자들은 외면했고 사업은 성공하기 어려워 보였다.

다행히도 두 설립자는 그들의 스토리가 숫자와 일치하지 않는다는 사실에 주목했다. 회사가 똑바로 운영되려면 스토리를 숫자에 맞게 수정하거나 숫자를 스토리에 맞게 바꿔야 했다. 이용률뿐아니라 성장 전망과 목표, 재무제표 같은 숫자도 수정해야 했다. 두 설립자는 이를 행동으로 옮겼다. 차량 이용률을 바라보는 관점을 전환하고 예약 시스템을 개편했다. 물론 목표치와 재무 상태도 조절했다. 그 결과 그들은 놀라운 성과를 만들어냈고 이후로도 굳이 설명할 필요가 없을 정도로 성공했다. 요즘은 집카 차량을 미국의 거의 모든 주요 도시에서 찾아볼 수 있다. 캐나다, 프랑스, 스페인, 영국도 마찬가지다.

＊＊＊

일관성이 없어 보이는 일에서 어떤 것을 알아차리는 직감을 기르기란 쉽지 않다. 연구자들이 흔히 인지 부조화라고 부르는 상태를 사람들은 매우 불편해한다. 이것은 신념, 생각, 가치 등 두 가지가 상반되거나 모순될 때 나타난다. 이때 사람들은 심리적으로 심한 스트레스를 받기 때문에 적극적으로 회피하여 불편한 감정을 줄이거나, 심지어 조화로운 상태를 유지하려고 정보 자체를 변경하기도 한다. 심리학자 레온 페스팅거Leon Festinger는 인간이 기본적으로 스토리와 숫자의 불일치를 알아차리지 못하도록 태어난다고 말했다.[13] 사람들은 인지 부조화에서 오는 불편함을 제거하려고 잘못되어 보이는 것을 외면하고, 긍정적인 것은 과장하는 방식으로 인식의 일부를 수정한다.

하지만 부조화를 찾아내려고 의식적으로 노력하면 개선할 기회를 만들 수 있다. 없는 것을 파악하고, 있는 것은 신뢰하는 방법을 배우자. 자신이 만드는 가치를 깨닫고 본인의 관점을 신뢰할 수 있게 되는 것이 엣지의 기초다. 기초를 쌓으면 당신이 개선해온 과정을 다른 사람에게 보여줄 수 있다. 그것이 바로 다음 장에서 살펴볼 내용이다.

---

원칙 5

분별력은 자신의 직감과 경험을 신뢰하는 데서 비롯된다.

---

5장 성공과 실패의 한 끗 차이

2부

Delight
타인에게 진짜 기쁨을 줄 때
생기는 변화

## 6장

# 기쁜 곳에 놀라운 기회가 있다

모든 사람은 천재다. 그러나 당신이 물고기를 나무 타는 능력
으로 판단하면 그 물고기는 평생 당신을 바보라 여기며 살 것
이다.

— 앨버트 아인슈타인Albert Einstein

내 딸도 서너 살 무렵에는 여느 또래 아이들처럼 공주에 집착했
다. 어떻게 그런 집착이 생겼는지 모르겠다. 나는 딸을 키우면서
한 번도 공주 이야기를 꺼낸 적이 없었다. 오히려 전형적인 성 역
할에 기대지 않으려고 노력했다.

그런데 웬걸, 매일 밤 남편이 딸의 머리맡에서 "오늘은 어떤 책
을 읽어줄까?" 하고 물을 때마다 아이는 책장을 보며 "공주 책 읽
어도 돼요?"라고 말했다.

딸의 대답에 남편은 이렇게 말했다. "《큐리어스 조지Curious George》
시리즈 중에 이 책을 읽는 건 어때? 그리고 나서 원한다면 아빠가

지어낸 특별한 공주 이야기를 들려줄게."

영리한 남편은 매일 밤 공주 이야기를 지어냈다. 그것은 흔한 공주 이야기가 아니었다. 이야기 속 공주는 멋진 왕자가 구해주어야 하거나 아름다운 성에 사는 긴 금발 머리 여인이 아니었다. 남편의 공주 이야기는 이런 식이었다. 엔지니어 공주 애슐리가 할머니를 뵈러 가는 길에 생긴 기술적 문제를 해결한다. 사업가 공주 크리스틴이 망칠 뻔한 오빠의 생일파티를 구할 획기적인 방법을 생각해낸다. 화학자 공주 에이미가 산과 염기를 이용하여 중요한 화학 문제를 해결한다. 고생물학자 공주 레이철이 고생물학과 고고학의 차이*를 배우고 대단한 공룡 화석을 발견한다.

공주들은 전형적인 인물과는 조금 달랐다. 남편은 공주별로 직업을 정하고, 성공을 이루는 데 필요한 몇 가지 중요한 성격적 특성을 연결 지어 딸에게 들려주었다. 이를테면 힘든 상황에서도 침착함을 잃지 않고, 자신을 믿으며, 인내심을 발휘하는 자세였다.

딸은 이 시간에 푹 빠졌다. 누군가 나타나서 구해주는 전형적인 공주 이야기보다, 인내심 강한 고생물학자나 독립적인 화학자 이야기보다, 공주라는 신분에 여러 직업과 성격적 특성이 연결된 이야기들을 훨씬 좋아했다.

---

* 혹시 궁금한 사람을 위해 설명을 덧붙이자면 고생물학은 동물이나 식물 화석처럼 과거 지질 환경에서 살았던 생물을, 고고학은 인간이 남긴 유물, 유적 등의 흔적과 과거 문화를 연구하는 데 중점을 둔다.

딸에게 꼭 맞는 공주라는 관심사와 엔지니어나 과학자 같은 남편 관심사의 연결고리를 찾자 남편은 딸에게 아주 특별한 방법으로 기쁨을 줄 수 있었다. 이 이야기는 당신이 타인에게 어떻게 기쁨을 주며, 그 기쁨이 어떻게 당신을 풍요롭게 만드는지 보여주는 간단한 사례다. 그 후 아이는 남편이 만든 공주 이야기에 푹 빠진 나머지 자기 나름의 버전으로 이야기를 만들어 학교 친구들에게 들려주기 시작했다. 그리고 글을 쓸 수 있는 나이가 되자 이야기를 직접 쓰고 내용에 어울리는 그림도 조금씩 그리기 시작했다.

이야기를 하나하나 책으로 쓰다 보니 지금은 모든 이야기가 책으로 출간되어 《프린세스 히어로_Princess Heroes_》라는 어린이 책 시리즈가 되었다. '공주 그 이상이 되어라'라는 메시지가 담긴 이 책은 많은 아이에게 용기를 준다. 물론 아이들이 공주를 좋아한다는 사실이 전혀 문제 될 것은 없다. 하지만 상당수 이야기 속 공주들이 정형화된 패턴을 벗어나지 못하며, 아이들이 현실에서 성공하는 데 도움되는 특성을 보여주지 못하는 경우가 많다고 생각해왔다. 그래서 우리 부부는 어린 아이들이 공주에게 갖는 자연한 호감을 아우르되 그 인물들에게 엣지를 가질 만한 능력이 있다는 점을 책으로 강조하고 알려주려 했다.

남편은 딸의 관심을 끌 방법을 찾던 끝에 딸이 세상을 살아갈 힘과 자립심을 기르는 데 도움되는 이야기를 만들었다. 남편은

'어떤 것'을 더 풍요롭게 만드는 방법을 깨우쳤다. 그리고 이 모든 방법이 좋은 결과로 이어진 것은 전달 방식 덕분이었다.

## 타인의 마음을 움직이는 일

1부에서는 현 상황을 개선하는 방법을 다루었다. 그런데 우리는 개선할 기회조차 얻지 못할 때가 있다는 사실을 자주 간과한다. 이는 우리가 기회를 포기했기 때문일 수도 있지만 어떤 관계나 사회 집단에 소속되지 않은 듯 보였기 때문에 기회를 얻지 못한 것일 수도 있다.

기쁘게 하는 능력을 발휘하면 이런 기회를 얻을 가능성이 높아진다. 자신이 누구이고 주위를 어떻게 개선해야 할지를 이해한다면 유명한 말처럼 '기회의 문지기를 기쁘게 할 자신감'이 생긴다. 다시 말해 상황이나 주변을 개선할 가능성이 생기는 것이다.

책 초반에 소개했듯 나는 머스크를 기쁘게 한 덕분에 그와 대화를 나눌 수 있었다. 일어나기 힘든 일이었다. 머스크를 처음 만났을 때 나는 그에게 내가 도움을 줄 수 있는 사람이라는 사실을 알릴 방법이 없었다. 하지만 그를 웃게 하자 그는 내게 기회의 문을 열어주었다.

또한 남편은 딸이 공주에 빠졌다는 점을 잘 알고 있었지만 자신이 누군가에게 기쁨을 주는 방법과 원칙을 효과적으로 실천하고 있다는 사실은 알지 못했다.

de·light /dəˈlīt/
기쁨을 주다
만족을 주는 것

기쁨은 만족을 뛰어넘는다. 기쁨의 핵심에는 사람들 대부분이 놓치는 요소가 있다. 바로 놀라움이다. 기쁨은 주로 예기치 못한 데 있다. 그런 면에서 유머와 여러모로 비슷하다.

나는 최근 유머와 기쁨의 유사성을 증명하는 과정에서 하산 미나즈Hasan Minhaj에게 어떻게 사람을 웃길 수 있느냐고 질문했다.[1] 미나즈는 미국의 코미디언으로 작가, 시사평론가, 배우, 방송 진행자로도 활동하고 있다. (내가 엉뚱한 질문을 한 것처럼 보일 수 있어 변명하자면, 더 엉뚱한 질문을 먼저 한 사람은 미나즈였다. "어떻게 교수들은 계속 배울 수 있죠?" 이 질문을 받고 너무 재미있어서 나도 응수했다. "어떻게 코미디언들은 계속 웃길 수 있죠?" 그렇게 우리의 기분 좋은 동맹이 시작되었다.)

나는 미나즈의 대답을 듣고 놀랐다. 코미디에는 핵심이 있어야 한다는 것이 그의 대답이었다. 나는 유머에는 핵심이 없을 거라고, 오히려 핵심이 없어야 한다고 생각했다. 이어서 그는 관심 있는 일은 진심으로 대해야 한다고 말했다. 유머를 진심으로 사용하면 사람들이 문을 열고 마음을 움직인다는 것이다.

논리와 증거는 설득력이 있는 수단이지만 딱 그만큼만 움직일 수 있다. 한편 훌륭한 농담은 문을 활짝 열어젖힐 수 있다. 심리학자 브래드 비털리Brad Bitterly, 앨리슨 우드 브룩스Alison Wood Brooks, 모리스 슈바이처Maurice Schweitzer는 유머가 인상을 관리하는 강력한 도구가 될 수 있다고 말한다.[2] 협상이나 면접에서 적절한 농담을 하면 사람들이 당신을 더 유능하게 보거나 중요한 사람이라고 판단할 가능성이 높아진다. 이때 농담은 거짓되지 않은 진짜여야만 한다. 억지로 지어내거나 그 수준이 저속해서는 안 된다.

유머는 사람들을 집중시킨다. "나는 내가 무슬림이라거나 무슬림이 '쿨하다'라고 말한 적이 전혀 없어요"라고 미나즈는 말했다. 대신 사람들의 인식을 미묘하게 바꾸는 방법으로 무슬림으로 살면서 관찰한 것을 어떻게 유머에 사용하는지 설명했다.

"미국 입국이 허락된 시리아 난민은 고작 열한 명입니다. 골든 스테이트 워리어스 플레이오프팀에 있는 사람들이 이보다 많죠."

그는 한 사람의 미국 시민으로서 인종주의와 평등에 대한 의견을 밝히기도 한다. 하지만 그의 피부색 때문에, 사람들은 그의 이야기를 있는 그대로 받아들이지 않는 경우가 많다.

> "내 아버지가 생각하는 인종주의는 제 의견과 완전히 다릅니다. 이민자인 아버지는 인종주의를 단지 '세금'이라고 생각합니다. '이민세'라는 거죠. 그는 이민자로서 인종주의와 차별을 견디는 것이 일종의 세금 납부라고 생각해요.
> 하지만 나는 미국에서 나고 자랐습니다. 나는 인종주의가 영수증을 확인하는 일과 같다고 생각합니다. 베스트 바이Best Buy에서 내가 산 물건의 가격과 실제로 지불한 금액을 맞춰보는 것뿐이죠."

그는 사례를 소개하고 이민 정책에 대한 의견을 밝히면서 대화를 이어가거나 사람들이 시리아의 이슬람을 이해하도록 돕는다.

미나즈의 코미디 지론은 유머를 주제로 한 학문적 이론이 뒷받침한다. 호의적 위반 이론benign violation theory은 세 가지 조건을 충족하는 상황에서 유머가 생긴다고 설명한다. (1) 소란이나 예상 밖의 행동, 기대와 상충하는 말 등 어떤 형태로든 위반이 발생한다. (2) 그러나 그 위반이 호의적이다. (3) 이 두 가지가 동시에 일어난다. 이 이론으로 어떤 농담이 재미없는 이유도 설명할 수 있다.[3] 진부할 정도로 많이 사용된 표현이라 나중에는 '또 그 말이야?' 하는 지경에 이르는 농담은 재미없다(그러니까 너무 '농담만 하려고 하면' 지겨워진다). 또는 농담이 지나치게 공격적이거나 불쾌할 때다(호의적인 것과는 거리가 멀다). 이런 농담은 재미있을 리 없다.

기쁨도 비슷하다. 사람들에게 기쁨을 주면 그 사람은 당신에게 가지고 있는 인식을 호의적으로 뒤집을 수 있다. 기쁨은 맥락에 대한 인식을 흔들고 바꾼다.[4] 문지기의 관심을 끌고 당신의 능력을 보여줄 기회를 만든다.

기쁨은 매력적이거나, 즐거움을 주거나, 겉만 치장하려는 것이 아니다. 방금 언급한 기쁨의 특징들은 진정으로 상황을 좋게 만드는 일이 무엇인지 알려주는 요소이다.

기쁨을 주기 위해 우선 의외성을 찾아라. 1부에서 단서를 준 것처럼 일상에서 낯설고 색다른 면을 찾는 연습을 하자.

지나친 준비는 피하자. 대신 타인을 기쁘게 하거나 주위를 개선할 수 있는 상황 또는 모범 사례를 머릿속에 장착하고 편견이나 실패, 불이익을 겪을 수 있는 상황으로 (실제든 상상이든) 들어가보자.

기쁨은 진심으로 사람들과 상호작용하는 곳에 있다는 사실을 기억해라. 상황의 맥락을 적절히 이해하고 대처하는 반사 신경을 길러 알맞은 반응을 전달할 수 있도록 연마하자.

즐겁다는 생각이 떠오르는 사람, 물건, 상황을 찾아보라. 기분 좋은 일에 도전해보고 무엇이 당신을 기분 좋게 하는지 파악하려고 의식적으로 노력하라. 이런 과정은 기쁨을 느끼도록 할 뿐 아니라 당신이 타인을 기쁘게 하는 감각을 기르는 데 도움이 된다. 예상하지 못한 기쁨과 가식적인 느낌이 드는 억지 기쁨이 무엇인지 분별하는 데 그 감각을 사용하라.

무엇을 더 좋게 만드는 능력은 누구에게나 있다. 여기에 기쁨까지 더할 수 있다면 마법이 일어난다. 이것이 바로 당신이 어떤 세계에 발을 들여놓고 능력을 증명할 기회를 얻기 위해 사람들을 움직이는 방법이다.

### 안도와 기쁨의 설득

영화 〈크레이지 리치 아시안Crazy Rich Asians〉은 2017년 4월 싱가포르와 말레이시아에서 촬영을 시작했다.[5] 케빈 콴Kevin Kwan의 동명 소설이 원작인 이 영화는 존 추Jon M. Chu 감독의 개인적인 프로젝트이기도 했다. 다른 두 문화에 동화되면서도 그 사이에서 자신의 목소리를 찾으려는 메시지는 감독 개인의 경험을 반영하고 있었다. 그는 중국인 아버지와 대만인 어머니 사이에서 태어나 캘리포니아주 팰로앨토Palo Alto에서 성장했다.

이 영화는 모든 배역에 아시아인이 캐스팅된 것으로 유명하다. 1993년 영화 〈조이 럭 클럽The Joy Luck Club〉이 제작된 이후 할리우드 메이저 제작사에서 처음 있는 일이었다. 추 감독은 여기서 멈추지 않았다. 영화의 모든 면에서 아시아인과 아시아계 미국인 사이의 문화적 교류가 일어나도록 힘썼다. 각본은 말레이시아계 미국인 아델 림Adele Lim이 맡았다. 푸드팀은 싱가포르 요리사이자 음식컨설턴트인 존 시John See가 맡았는데 그는 영화 속에 등장하는 모든음식의 풍미와 색상을 생생하게 표현해냈다.[6]

추 감독은 영화음악에도 공을 들였다. 〈크레이지 리치 아시안〉에 삽입된 모든 노래에 그의 말대로 표현하자면 '우리를 구성하고있는 미친 듯이 뒤섞인 다양한 정체성과 문화'를 담으려고 노력했다.[7] 미국과 아시아 문화를 혼합해줄 음악을 찾았고, 중국 전통 연가와 인기 팝송을 선곡해 이를 중국어 가사로 개사하고 아시아 가수가 부르게 했다. 선곡 목록 상단에는 세계적으로 사랑받는 록밴드 콜드플레이Coldplay의 〈옐로Yellow〉가 있었다.

추 감독과 음악감독 게이브 힐퍼Gabe Hilfer는 〈옐로〉를 최종 선택했다. 이 파워풀한 노래는 영화 마지막 부분에서 다양한 감정을불러일으키기에 완벽했다.

그러나 콜드플레이는 이를 거절했다.

여기에는 콜드플레이가 주저할 만한 이유가 있었다. 2012년 이밴드는 가수 리애나Rihanna가 중국 전통 의상을 입고 출연한 뮤직비디오와 함께 〈프린세스 오브 차이나Princess of China〉라는 곡을 발표했다. 당시 그들은 중국계 네티즌들로부터 문화를 상업적으로 도용하고, 중국 관습에 둔감했다며 비난받았다. 설상가상으로 2016년에도 그들에게 비슷한 일이 일어났다. 〈힘 포 더 위크엔드Hymn for the Weekend〉 뮤직비디오에서 비욘세Beyoncé가 인도의 힌두교 축제인 홀리Holi 기간에 입는 인도 전통 의상을 입고 등장한 것이다. 이 영상을 본 사람들은 격분했고, 저명한 힌두교 지도자는 콜드플레이가 종교를 '경박하게' 다뤘다고 비판했다.

아시아 문화를 무감각하게 차용했다가 이미 반발을 겪은 적 있었던 콜드플레이는 〈크레이지 리치 아시안〉에 그들의 음악을 사용하고 싶다는 추 감독의 요청을 당연히 거절했다. 노란색이 아시아 문화에 적용될 때 아시아인의 피부색을 비하하면서 생기는 부정적인 함의도 무시할 수 없었다.

하지만 추 감독은 다르게 생각했다. 콜드플레이 음악을 들으며 자란 그는 이 노래의 가사를 특히 좋아했다. 그는 아시아인을 향한 인종차별적 비방으로 노란색이 사용되는 것을 이 노래로써 뒤집고 싶었다.

"이 노래의 가사에는 함축된 의미가 있습니다. 개인적으로 들어온 말이나 문화적인 의미가 모두 포함되어 있죠. 적어도 제겐 가사 그 이상입니다." 감독은 말했다. "이 노래를 듣고 노란색의 아름다움을 알게 되었습니다. 태양과 사랑의 색깔이고 너무 멋진 색이었습니다. 노란색은 아름다워요. 이제 나를 노랗다고 해도 괜찮습니다. 난 앞으로도 그럴 거니까요." 추 감독은 이 노래를 통해 단어의 의미를 되찾고 싶었다.[8] "그 말을 우리 것으로 만들 겁니다. 우리가 노랗다고 불린다면 우리는 그 말을 아름답게 만들 거예요."

추는 포기하지 않았다. 콜드플레이 멤버 크리스 마틴Chris Martin, 가이 베리먼Guy Berryman, 조니 버클랜드Jonny Buckland, 윌 챔피언Will Champion에게 각각 〈크레이지 리치 아시안〉에 이 곡이 필요한 이유를 설명하는 편지를 보냈다.[9]

그는 노란색과 얽힌 '복잡한 관계'를 설명했다. 감독이 어렸을 때 이 단어는 자신을 깔아뭉개는 말이었다. 하지만 그때 콜드플레이의 노래를 만났다. "노란색을 이렇게 아름답고 황홀하게 묘사하는 걸 태어나서 처음 들었습니다. 별과 그녀의 피부와 사랑의 색이었죠. 제 자아상을 다시 생각하게 만드는 이 노래에 놀라운 끌림과 열망을 느꼈습니다." 그리고 이 노래는 금세 자신과 친구들의 '찬가'가 되었다고 말했다. 이 노래로 인해 그들은 노랗다는 단어의 긍정적 의미를 되찾고 자부심을 느끼게 되었다.

추는 '노란색'이 아시아인에게 불쾌감을 준다는 인식을 뒤흔드는 긍정적 위반을 일으켰다. 그는 자기의 생각이 기존의 인식과 다르다고 밝혔다. 자신은 이 노래와 가사를 무척 좋아하며 노란색을 인정하고 싶다고 설명했다. 동시에 영화 배경음악 사용을 호의적으로 부드럽게 요청했다. 추는 콜드플레이가 지탄받았던 인종주의를 넌지시 언급하며 자신은 그렇게 받아들이지 않았다고도 강조했다. 그는 '노랗다'라는 단어가 특정 인종을 비방하는 용도로 사용되는 대신 본래의 의미를 되찾길 바랐고, 아시아인을 위해 그 단어를 아름답게 만들고 싶었다.

추는 영화 설명으로 자연스럽게 넘어갔다. 이 영화는 '한 여성이 이제껏 받아온 교육이나 대우와 상관없이 자신은 충분히 훌륭하며 세상을 가질 만한 자격이 있다는 깨달음을 얻어, 결국 혼혈이라는 정체성을 자랑스럽게 생각하는 내용'이라고 자랑스레 설명했다. 그는 주인공이 집으로 돌아갈 때 흘러나오는 '힘을 주면서도 감성적인 행진곡'으로 〈옐로〉를 사용하고 싶다고 설명했다. 그뿐 아니라 이 곡은 영화 속 인물이나 추 감독처럼 세상에서 환영받지 못하더라도 자신의 정체성을 받아들이려고 애쓰는 사람들에게 어울리는 찬가가 될 것이라고 말했다.

그는 편지를 맺으며 다시 한번 밴드를 안심시켰고, 콜드플레이의 음악이 삽입될 장면을 이렇게 설명했다. "모든 세대의 아시아계 미국인뿐 아니라 다른 사람들에게도, 제가 이 노래를 들으며 느꼈던 자부심을 선사할 겁니다. 모두가 자신을 아름답게 느낄 수 있도록 도와주는 찬가로서 이 노래를 발견하게 되길 바랍니다. 다시 일어설 힘이 절실했던 내게 이 노래 가사와 멜로디가 가져다준 용기처럼 말이죠."

편지를 보낸 지 1시간 만에 콜드플레이는 추 감독의 요청을 승낙했다. 그리고 중국계 미국인 가수 캐서린 호<sup>Katherine Ho</sup>가 중국어로 부른 〈옐로〉가 삽입된 장면을 보며 밴드는 열광했다.[10] 노래는 주인공이 자신의 강점을 깨닫고 다양한 배경과 정체성을 인정하는 클라이맥스 장면에서 흘러나왔다. 감독이 의도한 가장 감동적인 장면이었다.

✳ ✳ ✳

추 감독의 편지는 콜드플레이를 기쁘게 했고, 이 일로 인해 어떻게 상황이 나아질 수 있을지 보여주었다. 영화에 〈옐로〉가 삽입된 뒤 콜드플레이는 그들의 스토리를 바꿀 기회가 생겼다. 그들은 인종과 정체성 그리고 미술, 음악, 문화에 존재하는 미묘한 뉘앙스를 알아차리는 섬세한 밴드로 인식되었다. 이제껏 받아온 비판과 부정적인 이미지를 고려하면 밴드가 〈옐로〉의 영화 삽입으로 얻은 가치는 엄청났다.[11] 하지만 추 감독이 의도를 설명하며 그들에게 안도와 기쁨을 주지 않았다면 콜드플레이는 삽입곡으로 얻게 될 가치를 결코 짐작할 수 없었을 것이다.

비판받을 때 기쁨을 만들 수 있는 사람은 새로 시작할 기회를 만들고, 가치를 제공하며, 상황을 더 나아지게 만드는 능력을 보여줄 수도 있다. 이는 본인을 향한 비난을 몰아내고 편견을 뒤집는 데 도움이 된다. 편견이 오히려 당신에게 유리하게 작동하도록 만들 수도 있다.

이것은 단돈 22달러를 손에 쥐고 미국으로 온 내 어머니 이야기를 자라는 내내 귀에 못이 박히도록 들으며, 내가 배운 교훈이기도 하다.

당시 어머니는 장학금을 받고 미국에서 공부하게 되었다. 하지만 장학금만으로는 학비를 제외한 책이나 하숙비, 다른 생활비를 감당할 수 없었다. 여느 이민자와 마찬가지로 어머니가 미국에 도착했을 때 가지고 있던 것이라고는 옷 몇 벌과 사진 몇 장 그리고 22달러가 전부였다.

미국에 도착해서 어머니가 가장 먼저 한 일은 강의 시간 사이에 일할 수 있는 파트타임 일자리를 찾는 것이었다. 당시 어머니는 영어를 거의 할 수 없었기 때문에 무척 고생했을 것이다. 하지만 지금까지도 어머니는 그 이야기를 할 때 고생과 노고에 초점을 두지 않는다. 대신 보석상 판매원이라는 완벽한 일자리를 어떻게 찾게 되었는지 설명하는 대목으로 빠르게 넘어간다. 어머니의 눈에는 완벽한 일자리였다. 직무 때문이라기보다 급여 조건이 좋으며 아파트가 제공되었기 때문이다. 단, 매달 보석을 일정 금액 이상 판매해야 한다는 조건이 있었다. 이 인센티브는 어머니에게 동기를 부여했다.

보석상 주인은 가게 바로 위에 위치한 아파트를 여러 채 보유하고 있었다. 어머니는 그중 방 하나 딸린 아파트에서 여자 세 명과 함께 살았다. 그들은 가장 친한 친구이자 지금도 여전히 연락하고 지내는 관계다. 그들 모두가 열심히 보석을 팔았지만 어머니는 유별났다. 강의를 듣는 시간 외에는 온통 보석 파는 일에 몰두했다. 늦은 밤까지 가게를 지키며 손님을 한 명이라도 더 잡으려 했다.

그러나 어머니는 매달 할당량을 채우기에 본인의 능력이 부족하다는 사실을 깨달았다. 열심히 일하고 보석 사업을 배우고자 최선을 다했지만 그 결과가 판매로 이어지지 못했다. 노력만으로는 할당량을 채울 수 없었다. 영어를 익숙하게 구사하지 못하는 판매원에게 보석을 사는 사람은 없었다.

어머니는 무엇을 어떻게 해야 할지 몰라 헤매다가 이제까지 했던 모든 일과 정반대로, 원래 본인의 성격을 살리는 방식으로 일해보기로 마음먹었다. 이전에는 고객이 매장에 들어서면 적극적으로 다가갔지만 이제는 담담하게 인사했다. 예전에는 보석 관련 지식을 아는 만큼 드러내곤 했지만 이제는 본인이 보석 품질이나 희소성을 판단하는 전문가는 아니라며 고객에게 진솔한 농담을 건넸다. 그리고 어떤 것이 예쁘고 별로인지 구분하는 자신만의 강점을 활용했다.

몇 주 후 어머니는 그 매장에서 실적이 가장 높은 직원이 되었다. 다시 찾아오는 고객도 생겼고 '판매에만 급급하지 않은 담백한' 보석 판매원을 만나게 해주려고 고객이 친구들을 데려오기도 했다.

어머니는 자신이 겪은 편견을 언급한 적이 없다. (사실 대놓고 질문해도 대답을 피하곤 한다.) 그녀는 이민자에 아시아 여성이었고 영어도 완벽하지 않았으니 분명 수없이 많은 편견을 겪었을 것이다.

하지만 어머니는 이런 편견을 오히려 자신에게 유리하게 활용하면서 극복했다. 어머니는 사람들이 젊은 아시아 여성 판매원에게 기대하는 기준을 깨트렸다. 순종적이고 공손한 태도를 상냥하지만 대담하고 해학적인 태도로 바꾸고, 고객이 구매를 결정할 때 동업자이자 협력자처럼 같은 편이 되어주었다. 그 결과 4년간 뉴욕에서 월세 한 푼 내지 않고 살았다. 다음 장에서는 이 방법을 좀 더 자세히 설명한다. (월세 없이 사는 방법은 아닐 수 있겠지만) 당신도 할 수 있다.

---

원칙 6

당신에게서 기쁨을 얻은 사람들은 당신을 기꺼이 자신의 문 안으로 들인다.

---

# 7장

# 진정한 여유와 위트를 갖는 법

그 무엇보다도 준비가 성공의 비결이다.
— 헨리 포드Henry Ford

기쁨은 우연히 즉흥적으로 일어날 때 더욱 와닿는다. 그렇다고 계획이나 준비가 전혀 필요 없다는 뜻은 아니다. 곧 알게 되겠지만 기쁨을 만들고 엣지를 창출하는 일이 어려운 이유가 바로 이 지점에 있다. 자연스러움과 준비된 상태가 섬세하게 균형을 이뤄야 하기 때문이다.

프랑스계 레바논인인 젊은 창업가 오사마 아마르는 이 사실을 꿰뚫고 있었다. 그래서 창업자금을 모으기 시작했다. 그는 기업의 중요한 R&D 문제를 해결하고 글로벌 기업과 전 세계 전문가 95만 명이 참여하는 네트워크를 조성하는 지식 크라우드소싱intelligent crowdsourcing 회사를 시작하려고 준비하고 있었다.

오사마는 파리에 근거를 두고 런던, 파리, 중부 유럽에 있는 투자자 수십 명과 접촉했다. 그러던 중 한 투자자가 눈에 들어왔다. 그는 여러 프랑스 에너지 및 전기 회사에서 임원을 역임한 뒤 직접 사업을 운영하며 젊은 인재를 양성하는 사람으로 유명했다. 그는 창업가에게 절실한 자금뿐 아니라 사업 전략과 통찰력을 모두 갖추고 있었다.

하지만 오사마의 노력과 달리 이 투자자에게 닿으려던 시도는 모두 실패했다. 투자자는 관심을 보이지 않았다. 오사마에게는 딱 한 번만 더 그와 대화를 나눌 기회가 필요했다. 이 투자자를 처음 만났을 때 누락했던 정보를 제대로 전할 기회 한 번이면 문제가 잘 해결되리라는 사실을 그는 잘 알고 있었다.

그러던 어느 날 오사마의 친구가 우연히 만났던 한 사람을 언급했다. 퇴근 후 들른 와인 바에서 옆에 앉아 있던 사람과 대화를 나누다 그와 명함을 주고받았다는 것이다. "그 사람, 대단한 회사 대표래"라며 친구는 대수롭지 않은 듯 이야기했다. 오사마는 궁금한 마음에 명함을 보여달라고 했다.

그런데 명함 속 이름이 이상하게 친근했다. 바로 오사마가 간절히 만나기를 바랐던 그 투자자였던 것이다. 그는 친구에게 말했다. "이 사람에게 전화해서 같이 저녁 식사하자고 제안해봐."

＊＊＊

며칠 뒤 그 투자자가 약속 장소에 나왔을 때 상대가 와인 바에서 만났던 사람이 아니라 오사마라는 사실을 알고 얼마나 놀랐을지 여러분도 짐작할 수 있을 것이다. 하지만 그는 잠깐 놀랐을 뿐 어딘지 아이러니하고도 유머러스한 이 상황과 오사마의 준비된 태도에 매력을 느꼈다. 그리고 즉석에서 오사마와 의기투합하여 가장 중요한 투자자 가운데 한 사람이 되었다.

오사마의 성공은 '준비된' 능력 덕분이었다. 이 장 첫머리에 쓰여 있던 헨리 포드의 말처럼, 준비된 상태가 성공 비결이라는 사실을 오사마 역시 잘 알고 있었다. 그렇다면 준비되었다는 것은 무엇을 의미할까?

필요한 기회가 생겼을 때 상대방에게 기쁨을 줄 준비가 됐다는 의미다. 본인에게 상황을 개선할 지식이 쌓여 있고 기회를 잡을 확신이 있으면 움츠러들지 않을 뿐 아니라 주체적이고 즉흥적으로 행동할 자신감이 생긴다.

그 투자자가 음식점 문을 열고 들어섰을 때 마주하리라고 기대한 사람은 분명 오사마가 아니었을 것이다. 하지만 이 경우 오사마의 뛰어난 준비성과 상황의 즉흥성이 균형을 이루어 기쁨을 유발하고, 관계를 형성하며, 서로의 상황을 더 나아지게 하는 결과를 낳았다. 때론 색다른 컬러의 렌즈로 세상을 보고 익살스러운 상황을 연출할 수 있을 때 마침내 우리는 타인과 긍정적으로 상호작용하며 그를 기쁘게 만들 능력을 얻게 된다.

## 준비와 즉흥적 반응의 만남

나는 잊지 못할 한 사건을 겪으며 사람들을 기쁘게 하는 행동의 즉흥적인 속성에 관해 배우게 됐다. 프랑스 퐁텐블로Fontainebleau와 싱가포르, 아부다비Abu Dhabi에 캠퍼스를 둔 세계적인 경영대학원 인시아드INSEAD에서 석사 과정을 밟을 때였다. 당시 수업과 관련된 한 회사를 알게 되었는데, 들어본 회사 중 가장 독특한 곳이어서 지금까지도 기억에 남아 있다.

ODIOptical Distortion Inc.라는 이 회사는 닭이 착용하는 콘택트렌즈를 생산한다.[1] 여러분이 방금 제대로 읽은 것이 맞다. 사업에 관한 아이디어는 백내장을 앓는 닭들이 공격성이 훨씬 낮다는 사실을 깨달은 한 농부에게서 시작됐다. 닭은 일반적으로 공격적인 성향을 가지고 있다. 그래서 당시 많은 농장주는 닭이 서로를 죽이거나 상처 입히는 상황을 예방하기 위해 부리를 자르는 비인도적인 방법을 사용하고 있었다. 그때 이 회사가 덜 폭력적인 예방책을 고안하다가 닭의 시야를 좁혀 공격성을 줄이는 콘택트렌즈를 개발했고, 이를 닭에게 착용시켜 유지하는 방법까지 알아냈다. 당시 이 발상과 제품이 매우 흥미로웠던 나는 제품 소개와 특징, 활용 사례, 기업 재무 관련 내용, 위험 요소와 완화 방안, 잠재적 문제 등 이 기업에 대한 모든 항목이 담긴 자료들을 찾아 열심히 읽었다.

ODI는 이 렌즈로 특허를 받았다. 그러나 농업계의 대기업들도 곧 이 시장에 뛰어들 것이라 짐작되는 상황이라 안정적인 판매 방법이 필요했다. 당시 대학원 수업에서 우리는 회사가 어떻게 개발에 착수하여 마케팅하고 제품 출시를 진행해야 할지 토론했다. 그때 수업을 담당했던 지브 카몬<sup>Ziv Carmon</sup> 교수는 내게 ODI 렌즈 판매 담당 사원 역할을 맡기며 농장주 역할을 맡은 동료 로버트에게 상품 홍보<sup>sales pitch</sup> 발표를 해보라고 했다.

나는 준비가 되어 있지 않아 몹시 당황스러웠다. 그 상태로 발표를 시작하자마자 노스다코타주에서 성장해 농장 일을 좀 알고 있던 로버트는 "내 닭들이 왜 콘택트렌즈를 끼고 싶겠어요?"라고 물었다. 예상 질문과 답변을 정리할 시간도, 발표 자료를 만들 시간도 갖지 못했지만 다행히도 나는 이 회사에 관한 중요한 자료들을 심도 있게 파악한 상태였다. 그 자료에는 닭 전용 콘택트렌즈에 대해 알아야 할 정보가 포함되어 있었다.

숙지한 정보가 있으니 이를 바탕으로 나는 농장주뿐 아니라 닭이 얻을 혜택까지 설명할 수 있었다. 닭도 소비자이자 고객이라고 생각하니 대답하기가 좀 더 수월했다. 로버트는 닭에게 콘택트렌즈를 착용시켰을 때 번거로운 문제가 발생하지 않느냐며 날카롭게 질문했는데, 나는 여기에 즉흥적이지만 재치 있게 대처할 수 있었다. "렌즈를 끼고 세상을 보는 닭들은 비록 시야가 좁아졌지만 평화를 찾게 되어 전보다 행복할 겁니다. 그런 닭들을 돌보는 농장주는 건강한 닭을 얻게 됩니다. 행복한 닭들 덕분에 행복한 농장주가 되는 거죠.(다시 말해 렌즈에 들이는 비용보다 건강한 닭으로 얻는 수익이 높다는 뜻이다.)" 이는 내가 사전에 숙지한 정보들이 발표 내용을 탄탄히 받쳐주고 있었기에 즉흥적으로 던질 수 있었던 유쾌한 유머였다. 덕분에 발표는 순조로이 끝났다. 담당 교수는 마지막에 내게 조용히 한마디 건넸다. "자네는 여기 있는 모두가 돈을 꺼내 닭 콘택트렌즈를 사게 할 셈인가?"

＊＊＊

당시 얻은 교훈은, 기쁨을 주고자 노력하고 있다면 준비가 충분하지 않다는 생각은 할 필요가 없다는 것이다. 물론 철저히 준비되어 있다는 것은 축복이다. 하지만 과도하게 준비하면 그 틀 안에서 옴짝달싹 못 하게 된다.

나폴레옹 보나파르트Napoléon Bonaparte가 말한 것처럼 "지나친 준비는 영감의 적이다."² 과하게 준비하면 역동적으로 조절하거나 묘수를 떠올려 수정하는 능력이 사라지기 때문이다. 이해가 느리고 둔감해지며 융통성 없이 변할 수도 있다. 마틴 셀리그먼^Martin ^Seligman이 준비를 주제로 연구한 바에 따르면 너무 많이 준비했다는 생각은 오히려 나쁜 결과를 낳을 수 있다고 한다.³ 그런 생각이 사람들을 안주하도록 만들기 때문이다. 가령 의사들은 특정 증상이나 임상적 관찰을 간과해 잘못된 진단을 내릴 수 있으며, 기상 관측자들은 지진이나 다른 자연재해의 징조를 놓칠 수도 있다.⁴

이 수업을 듣고 몇 년이 지난 뒤 나는 실제로 영업 컨설팅을 하게 됐다. 당시 토드라는 창업가는 막대한 가치를 제공할 수 있는 놀라운 회계 소프트웨어를 개발했지만 접촉하는 모든 고객에게 부정적인 대답만 들어야 했다. 그는 상심하여 제품 판매에 도움을 얻고자 내게 연락했다.

몇 주 동안 나는 그가 개발한 제품과 활용 방안, 비용 구조와 현재 연구 중인 기능, 회사 관련 세부사항과 제공할 수 있는 서비스 등을 파악했다. 그러던 중 제품에 관심을 보인 미국 태평양 연안 북서부 지역의 한 회사가 토드와 세일즈 미팅을 하기로 했고 나는 여기에 동행했다.

제품에 관한 대화를 나누고 따뜻한 농담을 주고받았을 무렵 고객은 확실하게 의사를 표현했다. "좋아요. 제품이 마음에 듭니다.

구매하죠." 나는 토드의 표정을 살폈다. 그는 들떠서 흥분한 기색이었다. 하지만 몇 초도 채 지나지 않아 당황한 표정으로 변했다. 구매 의사를 밝혔던 고객이 "얼마죠?"라고 물었기 때문이다.

토드는 순간 얼어붙었다. 가격을 몰랐던 것이다. 누군가는 토드를 자기 제품 가격도 모르는 바보라고 생각할 수도 있겠지만 이 제품은 6개월 이상의 긴 매출 주기가 필요하다는 점을 감안해주길 바란다. 기능과 성능에 관해 수많은 논의를 거친 다음에야 가격을 정할 수 있기 때문에 토드는 잠재 고객을 만날 때마다 기능을 시연하고 개선하고 이곳저곳을 수정하며 수없이 피드백을 받았다. 덧붙이자면 토드는 18개월 동안 제품 설계 과정에 몰두하느라 가격 책정에 거의 관심을 기울이지 못했다.

토드가 전혀 반응하지 못한 채 완전히 얼어붙은 걸 알게 된 나 역시 순간 놀랐지만 곧 정신을 차리고 그가 자신감을 되찾을 수 있도록 도와주었다. 나는 미팅 동행 전에 파악해둔 비용 구조와 회사 관련 세부사항을 고려하여 "약 1만 달러가 될 겁니다"라고 대답했다.

고객은 "좋습니다. 문제없어요"라고 대답했다.

"1년치 서비스 사용료입니다."

"괜찮아요. 문제 될 것 없어요."

"사용자별로 지불하셔야 합니다."

"아, 그 부분은 좀 얘기해봐야겠군요."

7장 진정한 여유와 위트를 갖는 법

우리는 고객에게 대략적인 비용을 제시하며 확실한 구매 의사를 재차 확인했고 사용자별 가격부터 협상할 수 있게 되었다. 그제야 나는 안도의 한숨을 내쉬었다.

토드가 가격을 묻는 고객의 질문에 크게 당황했던 이유는 제품에 대해 너무 많이 알고 있었기 때문이다. 기능과 향후 계획, 서비스 등 그가 아는 모든 지식 때문에 틀 안에 갇혀 오히려 옴짝달싹할 수 없었다. 그래서 가격을 대략적으로 짐작하는 유연함마저 발휘하지 못했다. 나는 토드와 다른 입장이었기에 오히려 융통성을 발휘할 수 있었고 협상 가능한 가격 범위도 짐작할 수 있었다. 게다가 몇 주 동안 회사 관련 정보를 파악해왔기에 회사 입장에 대해서도 당연히 자세하게 알고 있었다. 이 과정을 거쳐야 회사가 제공하는 서비스와 제품을 놓고 제대로 이야기할 수 있기 때문이다. 우리는 준비된 상태와 유연한 대처 사이에서 균형을 잡아야 한다. 그리고 다행히도 균형을 잡는 능력은 개발하고 연마할 수 있다.

### 프로토타입과 모범 사례라는 레퍼토리

내 딸은 몇 년째 바이올린을 배우고 있다. 이를 두고 내 친구는 정말 잘한 일이라고 칭찬해주었다. 맞는 말이다. 악기를 연주하면 유익한 점이 많다. 똑똑해지고 집중력이 높아지며 끈기와 절제력이 길러지고…… 아무튼 좋은 점이 한두 가지가 아니다.

하지만 딸이 계속해서 바이올린을 배우는 주된 이유는 내가 딸아이의 바이올린 교사 타티아나에게 반했기 때문이라고 자신 있게 말할 수 있다. (이는 남편도 보장한다.*) 타티아나는 뛰어난 바이올린 연주자이고 내 딸아이에게 바이올린의 기초도 기막히게 잘 가르친다. 하지만 그보다 잘 가르치는 것은 인생에서 엣지를 갖는 데 필요한 기초이다. 아마 가르치는 자신은 모르고 있을 수도 있지만 말이다.

타티아나는 새로운 곡에 접근할 때 생각해야 할 것들을 딸에게 알려준다. 이는 새로운 환경과도 연결된다. "먼저 이 곡이 행진곡인지 춤곡인지 가곡인지 생각해야 해." 자, 지금 타티아나는 새로운 곡을 시작하기 전에 이 곡이 일정한 리듬과 씩씩한 느낌이 필요한 행진곡인지, 듣는 사람을 자리에서 일으켜 세우는 밝은 춤곡인지, 아니면 사람의 목소리를 흉내 내는 불규칙성과 침묵이 있는 가곡인지 파악해야 한다고 설명했다. 무엇을 연주하는지 모르면 그 곡에서 어떤 느낌을 끌어내야 하는지, 듣는 사람이 무엇을 기대하는지 알 수 없다. 그리고 듣는 사람이 기대하지 않는 바가 무

---

* 남편은 내가 타티아나에게 푹 빠진 걸 알고 얼마나 웃었는지 모른다며 여러 번 말했다. 가끔은 언쟁 중에 남편이 타티아나 흉내를 내서 나를 웃기는 바람에 이긴 적도 많다.

엇인지를 모르는 것은 더 심각한 문제다.*

내가 크게 신세 진 멘토 가운데 한 분인 필 앤더슨$^{Phil\ Anderson}$이 비슷한 말을 했다. "질문할 때는 항상 어떤 대답이 돌아올지 미리 짐작해야 해. 그렇지 않으면 네가 예상치 못한 대답을 듣고서 당황한 건지 아니면 무엇을 배운 건지 내가 어떻게 알 수 있겠어?" 먼저 머릿속에 (뭐가 됐든) 자신의 생각이 있어야 한다. 그래야 이것을 기준으로 삼고 상황을 판단할 수 있다.

당신은 연주하는 곡이 행진곡처럼 들려야 할지, 춤곡처럼 들려야 할지, 가곡처럼 들려야 할지 먼저 스스로 이해해야 한다. 진부한 표현 같지만 이는 당연히 행진곡이나 춤곡, 가곡에만 해당하는 말이 아니다. 현실에서도 비슷한 일이 굉장히 자주 일어난다. 스타트업을 준비하는 학생들이나 투자자를 찾고 있는 기업가를 예로 들어보자. 나는 그들에게 이렇게 말한다. "어떤 방식으로 접근할지 먼저 생각하세요. 하이콘셉트로 사업을 설명할 것인지, 간결하게 설명할 것인지, 확장해서 설명할 것인지 말이죠."

---

* 나는 타티아나의 놀라운 교수법에 대해 얼마든지 이야기할 수 있다. 이를테면 타티아나는 딸에게 자신감을 이렇게 가르친다. "너는 말이야 아니면 당나귀야? 지금 당나귀처럼 연주하고 있거든. 네가 위풍당당하게 연주해야 사람들도 너를 위풍당당한 말처럼 생각할 거야." 그녀는 기초의 중요성을 이렇게 가르친다. "활을 크게 쓰는 연습을 매일 해야 해. 약 먹는 것처럼 매일 해야 할 일이야. 바이올린에서 가장 중요한 것이기도 해. 인생에서 가족이 가장 중요한 것처럼."

\* \* \*

하이콘셉트 피치high-concept pitch, 간결한 피치two-sentence pitch, 확장된 피치extended pitch를 생각해보자. 이것들은 실제 상황과 비슷하게 설정된 상태인 일종의 프로토타입으로 학생들이나 창업을 준비하는 사람들에게 스스로 생각하고 평가해볼 기회를 주는 접근법이다. 이는 기쁨을 주고 기회를 얻으려면 어떤 접근 방식을 취해야 할지, 어떤 프로토타입이 가장 적합할지 생각해보자는 의미를 가진다. 내가 머스크와 대화했던 방식은 하이콘셉트 피치에 가깝다. 문장 하나로 결과가 달라졌기 때문이다. 토드의 고객에게는 두 문장의 간결한 피치를 했다. 디테일이 조금 더 포함된 형태다. 닭 콘택트렌즈 세일즈는 확실히 확장된 피치였다. 많은 대화가 오가고 실질적인 의견 교환이 이루어졌다.

하이콘셉트 피치는 당신이 말하려는 내용을 적절한 서너 단어로 걸러내 적절히 짚어줘야 가능하다. 그리고 빠른 '충격' 요법을 이용하여 타깃 고객에게 일차적으로 필요한 정보를 전달해야 한다. 가령 내가 사람들에게 "전문직 종사자들의 페이스북은?"이라고 질문하면 대다수는 링크드인LinkedIn을 금방 떠올린다. 또한 전기차의 포르쉐Porsche가 무엇인지 물으면 테슬라를 떠올린다.

이 방법이 비즈니스 분야에만 국한되는 것은 아니다. 하이콘셉트 피치를 어떻게 적용할 수 있을까? 내가 머스크에게 했던 행동을 기억해보자. 본질적으로 나는 하이콘셉트 피치를 했다. 그의 재산 수준을 암시하는 짧은 재치를 발휘했다.

이제 토드의 피치와 비교해보자. (하이콘셉트 피치도 핵심을 전달할 수 있지만) 간결한 피치는 조금 더 길고 세부적인 내용을 포함한다. (그래서 간결한 피치를 엘리베이터 피치elevator pitch라고도 한다.) 약 300쪽 분량의 사업 계획서(구식인 거 나도 안다)에서 핵심 내용을 추려 기억하기 쉬운 내용으로 요약하는 방법이다.

나는 학생들에게 간결한 피치가 다음과 같은 형식을 갖춰야 한다고 가르친다. '원하는 것이 있는 타깃 고객에게 이 제품(제품명)은 중요한 혜택을 제공하는 제품 카테고리이다. 경쟁사나 유사 제품과 달리 우리는 제품의 특징, 특성, 차별점 등을 선보인다.'

예를 들어 일론 머스크는 테슬라를 이렇게 설명할 수 있다.

'테슬라 로드스터Tesla Roadster는 친환경적인 고급 스포츠카를 원하는 부유한 개인과 자동차 애호가를 위해 환경을 해치지 않고도 전례 없는 성능을 전달하는 전기자동차이다. 페라리나 포르쉐와 달리 우리는 직접적인 탄소 배출 없이도 놀라운 성능을 제공한다.'

당신의 간결한 피치는 무엇인가? 스타트업의 입장이 되어 공급업자, 잠재 고객, 잠재 투자자 등 다양한 사람을 대상으로 간결한 피치를 만든다면 당신은 누구를 겨냥하여 어떤 내용의 피치를 만들겠는가? 어머니를 기쁘게 하는 방법으로 상사를 기쁘게 할 수는 없다. 마찬가지로 고객을 기쁘게 하는 방법으로 상사를 기쁘게 할 수도 없다.

토드와 고객의 사례에서 살펴봤듯이 우리는 고객과 간결한 피치에서 벗어난 대화를 하게 될 가능성도 있다. 질문도 받게 될 것이다. 이때가 중요하다. 기쁨을 주는 단계에서 상황을 나아지게 하는 단계로 넘어갈 수 있기 때문이다. 당신은 간결한 피치를 하는 동안 상대방에게 관심을 일으키고 적절히 반응하며 자신을 빛낼 만한 질문을 끌어내어 스스로 포지셔닝해야 한다.

내가 코치하는 사람들에게 "이건 피치가 아니에요"라고 말하는 경우가 종종 있다. 그들은 흔히들 피치가 무엇을 파는 행위와 동일하다고 생각하는 경향이 있다. 그러나 피치는 대화다. 우리는 흥미를 유발하여 대화를 시작하려는 것이다.

세 번째 프로토타입인 확장된 피치에도 같은 내용이 적용된다. 두 문장보다 길고 1분보다 짧으면 모두 확장된 접근법으로 볼 수 있다. 어떤 피치도 1분을 넘겨선 안 된다. 피치를 한 다음 이와 별개로 본격적인 대화에 들어가야 한다.

내가 학생들에게 소개하는 확장된 피치의 두 가지 예가 있다. 한 가지는 모범 사례지만 다른 한 가지는 하지 말아야 할 사례

7장 진정한 여유와 위트를 갖는 법

다. 스스로 이 두 가지를 구분하고 이유를 파악할 수 있는지 살펴보자.

먼저 에버노트Evernote의 CEO 필 리빈Phil Libin이 쓴 글을 보자.

안녕하세요, 에버노트 CEO 필 리빈입니다.

에버노트는 바깥에 존재하는 당신의 뇌입니다. 중요한 일이 생길 때마다 에버노트에 저장할 수 있고 필요할 때마다 손쉽게 이용할 수 있습니다. 다양한 기기에서 에버노트를 지원합니다. 우리는 윈도Window 버전과 맥Mac 버전을 제공하며, 당신은 어떤 웹브라우저나 휴대전화, 카메라에서도 에버노트를 사용할 수 있습니다.

당신의 기억은 다양한 형태로 존재합니다. 기억하고 싶은 일도 아주 많을 겁니다. 그럴 때 에버노트를 사용해보세요. 이를테면 명함을 촬영해둘 수 있습니다. 기억하고 싶은 화이트보드 내용이나 와인 라벨 이미지를 보관할 수도 있죠. 아니면 자신에게 문자나 음성으로 메시지를 남길 수도 있습니다. 모든 정보는 서버로 이동하여 처리 및 색인됩니다. 이 과정을 거친 뒤에는 이미지 내 텍스트를 검색하거나 위치별로 자료를 찾아볼 수 있습니다. 그리고 정보는 다시 서버와 연결된 당신의 모든 기기와 동기화됩니다. 당신은 어디에 있든지 필요한 것을 항상 간편하게 찾을 수 있습니다.

에버노트에는 두 가지 구독 방법이 있습니다. 무료 구독과 프리미엄 구독입니다. 프리미엄 버전은 한 달에 5달러이며 무제한 저장 용량과 수많은 종류의 유용한 기능을 제공합니다.

다음은 C-크리트 테크놀로지C-Crete Technologies의 CEO 루즈베 샤흐샤바리Rouzbeh Shahsavari가 쓴 글이다.

지구상에서 가장 널리 사용되는 건설 재료는 콘크리트입니다. 평균적으로 한 사람이 1년에 사용하는 콘크리트는 3톤이 넘습니다. 안타깝게도 전 세계 이산화탄소 배출량의 10퍼센트 이상이 콘크리트 제조 과정 중에 발생합니다.

우리는 이산화탄소 배출량을 반으로 줄이면서 기존 재료보다 다섯 배나 강도 높은 콘크리트를 개발했습니다. 이것은 재료 고유의 나노 구조를 변경하는 방법을 통해 특별한 방식으로 제조되었습니다. 이 방법은 친환경적인 동시에 제조비용을 40퍼센트가량 절감합니다. 미국 콘크리트 시장 규모가 연간 1,000억 달러 이상인 점을 고려하면 우리가 개발한 콘크리트 제조 방식은 관련 제조업체에 막대한 수익성을 가져다줄 것입니다.

우리 팀은 연구원 다섯 명으로 구성되어 있고 이 가운데 세 명은 MIT의 슈퍼스타급 교수입니다. 저는 박사 과정 졸업예 정자로 혁신적인 콘크리트 개발 방법을 연구하고 있습니다. 우리는 완벽한 팀을 이룰 열정적인 인재 두 명을 찾고 있습 니다.

사실 두 가지 피치를 구별하는 단 한 가지 요소는 바로 세밀함 이다. 첫 번째 피치에는 세부사항이 너무 많다. 간결한 피치보다 확장된 피치가 길다고 하더라도 사실상 두 피치는 표현의 차이일 뿐이므로 같은 양의 정보를 담아야 한다. 우리는 확장된 피치가 일어나는 상황을 가장 자주 접한다. 그리고 확장된 피치를 할 때 시간 여유가 있다고 생각하면 결국 이런 말들을 덧붙이게 된다. "다른 사람의 명함을 찍거나 화이트보드, 와인 라벨도 찍을 수 있 습니다." "웹브라우저, 휴대전화, 카메라에서도 사용할 수 있습 니다." "가족 소유의 카메라, 자녀나 이웃 휴대전화에서도 사용할 수 있어요." 무슨 말인지 알겠는가?

우리는 상황을 나아지게 하는 것이라면 하나라도 더 말하고 싶 어 한다. 아직 상대에게 기쁨을 주지도 못한 채 말이다. 따라서 확 장된 접근법을 선택했을 때 주어진 시간이 넉넉하더라도 전달할 내용을 더 끼워 넣을 생각은 하지 말아야 한다. 우리가 해야 할 일은 같은 정보에, 표현하는 방식에 따라 알맞은 향기와 색채를 입혀 전달력을 높이려고 노력하는 것이다.

## 세 가지 요점

당신의 머릿속에 어떤 프로토타입과 모범 사례가 있는지는 중요하지 않다. 메시지를 전달하려는 수단이 행진곡이나 춤곡, 가곡일 수도 있고 하이콘셉트 피치, 간결한 피치, 확장된 피치일 수도 있다. 무엇이든 괜찮으니 당신이 적절한 방법으로 구성할 수 있으면 된다. 프로토타입의 형태는 다양하다. 그 가운데 한 가지를 선택하여 머릿속에 확실한 방법과 모범 사례를 몇 가지 미리 준비해두고 상황으로 들어가는 것이 중요하다. 지나친 준비는 피하자. 당신은 메시지를 자유롭게 수정하거나 바꿀 수 있다. 필요하면 미세하게 조정할 수도 있다. 나는 데이터나 사실처럼 기억해야 할 요점들을 프로토타입과 짝지어 연결한다. 닭 콘택트렌즈에 관한 세 가지 요점을 수업에서 설명할 때도 이 같은 방식을 사용했다.

내가 한 번에 인식하여 처리할 수 있는 양은 약 세 가지다. 물론 동시에 능숙하게 다룰 능력이 된다면 요점의 개수는 달라질 수도 있겠다. 나는 중요한 통화 전에도 이 방법을 사용한다. 5분 정도

시간을 내서 기억해야 할 항목 두세 가지를 적어둔다. 집중력을 잃지 않고 논리를 전개하면서도 즉흥적 상황에서 임기응변하기에 적절한 가짓수다. 또한 대화를 주도하는 데도 도움이 된다. 상대방이 기대하는 대답이나 중요한 해결책 두세 가지를 준비해두면 내가 원하는 방향으로 대화를 이끌어갈 수 있기 때문이다. 그리고 미리 적어둔 두세 가지 요점이 있으므로 뜬금없거나 인위적이라는 느낌 없이 자연스럽게 상대방의 관심을 주제와 연결시키면서 품위 있게 대화할 수 있다.

이 방법을 사용하면 준비된 사람이라는 인상을 줄 수 있다. 그 덕분에 침착함과 전문성에 깊은 인상을 받았다는 말을 여러 차례 들었다. 예기치 못한 상황에 반사적으로 적절히 임기응변*할 수 있는 사고방식을 기르면 상대방에게 기쁨을 주면서도 깊은 인상을 남겨 결국 상황을 개선할 기회를 얻을 수 있다.

---

* 반사적인 임기응변은 한 가지 일을 다른 일, 또 다른 일로 이어지게 한다. 닭 콘택트렌즈 사례를 토론하며 마케팅 수업을 진행했던 지브 카몬 교수는 그날 수업을 마치고 내게 연구 조교를 찾고 있는데 관심이 있느냐고 묻는 이메일을 보냈다. 이 계기로 다른 마케팅 교수 질 클라인Jill Klein과도 일하게 되었다. 덕분에 나는 학계로 들어와 지금까지 일하고 있다. 또한 그날 수업을 함께 들었던 크리스 이브드몽Chris Evdemon과 절친한 친구가 되었고 그는 나를 기업가 코칭 및 스타트업 컨설팅의 세계로 이끌어주었다. 이 일들은 내 엣지가 되었다. 내가 홍보한 닭 콘택트렌즈를 구매하겠다며 적극적으로 나섰던 '농장주' 로버트 더니건Robert Dunnigan도 빼놓을 수 없다. 그 역시 나와 친한 친구가 되었고 내게 심오한 책들을 소개해주었다. 그 책들은 성공과 일을 바라보는 내 사고방식을 전환시켜주었고 엣지의 중요성을 일깨워주었다.

원칙 7

지나치게 준비하지 말라. 대신 유연성을 갖추고 타인에게 기
쁨을 줄 기회에 초점을 맞춰라.

## 8장

# 거짓을 애쓰지 말고 진심을 보여라

*당신을 둘러싼 세상의 본질을 알아야 한다. 마치 당신이 식물인 것처럼…… 어떤 빛이 비치고 주위에 무슨 식물들이 있는지 살펴야 한다. 항상 그곳에는 당신을 집어삼키려는 식물이 있기 때문이다.*

*— 테리 이쪼*Terry Izzo

기쁨을 주는 능력이 예기치 못한 상황에서 즉흥적으로만 드러나는 것은 아니다. 어느 정도 시간이 지속되면서 드러나기도 한다. 당신이 속한 환경이나 배경에 대한 깊은 이해가 있으면 상황에 맞게 주위를 기쁘게 할 수 있다.

일론 머스크가 나와 바이런을 별 볼 일 없는 창업가로 오해했다는 사실을 알아차릴 수 있었던 것도 이 때문이다. 당시 그의 심경을 미리 헤아려보고 테슬라에서 자주 일어나는 일을 숙지한 덕분에 우리는 그에게 공감할 수 있었고, 그의 관심을 끌어 대화를 나눌 기회를 잡게 되었다. 보정속옷 브랜드 스팽스Spanx를 만든 세라 블레이클리Sara Blakely가 첫 거래처로 무려 니먼 마커스Neiman Marcus

백화점에 입점하게 된 이야기도 이와 비슷하다.[1] 구매 담당자를 만난 자리에서 별다른 관심을 끌지 못하자 블레이클리는 결정적한 방이 필요하다고 생각했다. 그러다 불현듯 담당자의 마음을 움직일 중요한 조건이 떠올랐고 그녀에게 같이 화장실에 가자고 제안했다. 블레이클리는 직접 스팽스를 입고 착용 전후의 모습을 보여주었다. 효과가 있었다. 구매 담당자는 제품의 뛰어난 기능과 그녀의 기발한 설명 방식 모두를 흡족해했다.

나 역시 적절한 즐거움을 만들 수 있는 상황과 배경을 이해한 덕분에 학자 경력을 시작할 수 있었다. 학문적 경력에서 가장 중요한 시기 중 하나는 박사 학위 소지자로서 구직 시장에 나가 플라이아웃fly-out을 할 때다. 플라이아웃이란 교수진으로 지원한 대학교에 이틀에 걸쳐 방문하고 최종 면접을 치르는 일을 말한다. 나에게 가장 흥미로웠던 곳은 말할 것도 없이 와튼 경영대학원Wharton School이었다. 이 학교를 방문하고 몇 달 뒤 나는 조교수로 채용되었다.

당시 나는 사실 교수직을 제안받게 될 거라 예상조차 하지 못했고 채용 결과를 기다리며 극심한 스트레스에 시달렸다. 하지만 한편으로는 고요하고 차분한 기분도 들었다. 아마도 내게 와튼은 가능성이 희박한 곳이라고 느껴졌기 때문인 것 같다.

플라이아웃의 핵심은 시범 강의이다. 이때 지원자는 자신의 연

8장 거짓을 애쓰지 말고 진심을 보여라

구를 설명한 다음 교수진의 질문 공세에 답해야 한다. 강의하기 전날 나는 뜻밖의 저녁 식사에 초대받았다. 이 학과 교수인 래피 Raffi와 맥Mac이 준비한 자리였다. 두 사람 모두 학계에서 존경받는 학자였고 나 역시 개인적으로 그들의 업적을 존경해온 터라 약간 긴장이 되었다.

래피는 호텔로 나를 데리러 왔고 저녁 식사 장소로 가는 동안 우리는 평범한 대화를 나눴다. 나는 그가 내 연구에 관해 사려 깊지만 날카로운 질문을 건네거나, 기업가정신과 관련된 심도 있는 이야기를 꺼내리라 짐작했다. 하지만 래피의 차에 타자마자 나는 편하게 이야기하기 좋은 분위기를 느꼈다. 대화를 나누며 래피가 쌓아온 연구 업적뿐 아니라 그의 매력과 성격에도 끌릴 것이라는 예감이 들었다. 타이완 사람인 내 가족과 어린 시절을 주제로 우리는 대화를 이어갔다. 자동차 오일 탱크나 선호하는 스테이크 굽기도 이야기했다. 마치 오랜 동료와 대화하는 것처럼 분위기는 굉장히 자연스러웠다. 그는 나를 면접자로 선택했다는 사실에 만족하는 것 같았다. 우리는 제법 잘 통했고 그에게서 진심으로 나를 응원하는 마음이 느껴졌다. 그는 이렇게 질문했다. "당신이 이 학교에 채용될 확률이 얼마나 될 것 같아요?"

"솔직히 말씀드려요? 한 3퍼센트 정도?" 하고 나는 대답했다.

내게는 사실 플라이아웃 기회를 얻은 것조차 놀라운 일이었다.

지도교수에게 이렇게 물었을 정도였다. "나를 장난삼아 초대한 건 아니겠죠? 정말 관심 있는 후보자 네 명을 불러 이미 최종 면접까지 진행하고는 '투자자의 직감을 연구한다는 그 괴짜 학생도 한번 불러보자'라고 한 건 아니겠죠?"

내 대답을 무척 흥미롭게 들은 래피는 조금도 주저하지 않고 대답했다. "와튼이 당신을 채용한 확률은 걱정보다는 훨씬 높아요. 내가 보장해요."

우리는 식당에 도착했고 많은 대화를 나누며 저녁 시간을 보냈다. 대화 중에 그는 나에게 자신이 얼마나 신뢰할 만하고, 호감이 가며, 헌신적이고, 열정적으로 보이는지 1점에서 5점까지 점수를 매겨보라고 했다(내가 논문에서 투자자의 직감에 영향을 미치는 창업가의 특성으로 이를 언급한 적 있기 때문에 터무니없는 요청은 아니었다). 내가 신뢰성에 3점, 호감에 2점을 주자 그는 폭소를 터트렸다.

나는 동료가 될 수도 있는 두 사람에게 완전히 편안함을 느꼈다. 저녁 식사를 마치고 호텔로 다시 돌아오는 길에 래피가 내게 말했다. "당신은 기쁨과 유쾌함을 자아내는 사람이네요."

＊＊＊

상대에게 기쁨을 주는 일은 실제로 행동하면서 배우는 것이지만

8장 거짓을 애쓰지 말고 진심을 보여라

풍부한 역사와 지식을 기초 삼아 만들 수도 있다. 7장에서 말한 것처럼 프로토타입과 모범 사례를 기억하는 것은 타인을 기쁘게 만드는 행동이 순간적이고 즉흥적이든, 어느 정도 시간이 필요하든 간에 행동의 성격과 상관없이 도움이 된다. 나는 래피와 맥의 학문적 성과를 이미 알고 있었고 저녁 식사를 하면서 그들의 연구가 기업가정신 분야에서 어떤 의미를 갖는지 알게 되었다. 그리고 내 연구가 그들의 연구와 어디에서 교집합을 이루는지도 이해할 수 있었다. 두 사람이 학술 문헌을 이야기하며 언급하는 사람들의 유형도 눈치껏 파악했고, 학회에 갈 때마다 그들에게 인정받으려는 예스맨이나 아첨꾼들이 얼마나 많이 접근하는지도 알게 되었다.

그들의 위치나 성과로 보아 맥은 내게 5점을 받을 거라 내심 기대했겠지만, 나는 상황에 압박받지 않고 진솔하게 행동했고 이것은 내가 아랫사람이 아닌 잠재적 동료로 동등하게 위치할 기회가 되어주었다. 그리고 내 연구 분야에서 저명한 학자 두 사람과 본격적으로 학구적인 토론을 재치 있게 해볼 수 있는 시작점이 되었다. 두 사람은 즐거워했고 기뻐했다. 그날은 지금까지도 여전히 재미있게 이야기하는 추억이다. 당신은 알고 있는 사실과 모범 사례들을 잘 정리하여 기억하고, 현재 상황과 주어진 기회에 맞도록 이것들을 최대한 활용해야 한다.

## 없어서는 안 될 부분을 헤아려라

나는 교수가 되기 전 엔지니어였다. 더 정확히 말하자면 교수가 되기 전 투자은행에서 일했고, 투자은행에서 일하기 전에는 컨설턴트였으며, 컨설턴트가 되기 전에는 엔지니어였다. 엔지니어로 일한 첫 직장에서 나는 캐시 켈러Kathy Keller라는 상사를 만났다. 그녀는 회사에서 40년 넘게 근무한 베테랑이었다. 한번은 그녀에게 어떻게 한 직장에서 이토록 오래 재직할 수 있었느냐고 물었다. 그녀는 빙긋이 웃으며 3년쯤 일했을 때 회사를 그만둘 뻔했던 이야기를 들려주었다.

캐시가 일한 지 3년째 되던 해 회사에서는 한 차례 구조조정이 진행되었다. 그녀도 대상자 명단에 있었다. 대상자에게는 시간이 두 달 주어졌고 이 기간은 유급휴가로 처리될 예정이었다. 그 시간을 어떻게 쓸지는 각자 선택할 수 있었다. 계속 출근할 수도 있었고 개인적으로 보낼 수도 있었다. 대상자 대부분은 당연히 개인 시간으로 두 달을 보냈다. 여행을 떠나는 사람도 있었고 다음 직장을 찾는 일에 몰두하는 사람도 있었다. 또 어떤 이는 여유롭게 쉬거나 새로운 취미를 배우기도 했다.

그러나 캐시는 계속 출근했고, 불과 며칠 사이 회사에 더 이상 출근하지 않는 직원들이 많아지면서 정작 일할 사람이 부족하다는 사실을 깨달았다. 캐시는 임시 업무를 맡을 사람이 필요할 때 기꺼이 나섰다. 업무 인계 계획을 마련할 위원회가 조직되어 그곳에서 담당자를 찾을 때도 지원했다. 업무가 재분배될 때, 할 수 있는 만큼 일도 더 맡았다. 그녀는 "못할 것 없지"라고 생각했다. 그리고 내게 이렇게 말했다. "당장 해야 할 다른 일이 있는 것도 아니었고 새 일자리를 찾는 데 시간이 엄청나게 필요한 것도 아니었거든."

캐시는 새로 맡은 모든 역할에서 회사에 분명한 이익을 가져다주었다. 그녀는 회사에 남아 있던 사람들과 친해지며 그들을 기쁘게 할 기회도 만들었다. 그중에는 인재를 찾는 많은 고위 관리자와 임원들도 있었다.

여러분은 캐시에게 어떤 일이 일어났을지 아마 짐작할 수 있을 것이다. 두 달이 끝나갈 무렵 그녀는 고위 임원들에게 회사에 남아달라는 제안을 여러 차례 받았다. 그녀는 중요한 사업적 부분에서 많은 도움을 주고 있었다. 어느 순간부터는 회사가 그녀에게 일정 부분을 의지하는 수준이었다. 고위 관리자에게 적절한 도움을 제공하여 회사를 기쁘게 만들 뿐 아니라 주위 환경을 더 좋게 만든 캐시는 이제 회사에 없어서는 안 될 존재가 되었다.

## 진정한 기쁨의 근원

지인인 에리카Erica는 1년 전쯤 헤어 케어 제품을 판매하는 회사의 영업사원이 되었다. 모발에 영양을 공급하는 자연 성분 제품에 기반하여 럭셔리 헤어 케어 브랜드를 지향하는 회사였다. 그곳은 탄력 있고 풍성한 머릿결을 약속하는 드라이 샴푸를 대표 상품으로 내세웠다.

나는 처음에 에리카를 영업 사원으로 생각하지 못했다. 내게 상품에 대해서 전혀 언급하지 않았기 때문이다. (사실 한 번이라도 그런 말을 꺼낸 적이 있었나 싶을 정도다.) 대신 그녀가 진행하는 낯선 페이스북 라이브 영상이 내 관심을 끌었다. 영상은 절반 정도만 콘텐츠의 본론이었고 나머지 반은 별 의미 없는 말들로 채워졌다. "와주셔서 정말 감사해요." "어머, 앰버, 다시 봐서 반가워요. 가족들도 잘 계시죠?" 영상 내내 이런 식이었다.

이상했지만 호기심을 끄는 면도 있었다. 이름을 알 수 없는 많은 사람이 에리카의 라이브 영상에 규칙적으로 댓글을 달고 있었다. 대부분은 그녀의 머릿결에 대한 내용이었다. ("머릿결이 진짜 좋아 보여요!" "요즘 머리에 뭘 하는지 모르겠지만 뭐가 됐든 계속하세요. 정말 건강하고 아름다워 보여요.")

하지만 나는 곧 라이브 방송에서 댓글을 다는 사람들이 에리카와 다단계 샴푸 사업을 마케팅하고 있다는 사실을 확실히 알게 되었다. 그들의 목표는 두 가지였다. 샴푸를 판매한다. 그리고 '영감을 주는' 콘텐츠를 통해 다른 사람을 판매팀에 끌어들여 더욱더 많은 샴푸를 판매하도록 한다.

나는 에리카가 사람들을 기쁘게 하려고 애쓰는 모습을 봤다. 하지만 그 모습은 꽤나 계획적으로 보였다. 기쁨과 정반대였다. 기쁨은 진실하다. 기쁨은 정직하고 성실한 데서 온다. 그렇기 때문에 기쁨이 주는 모든 것은 애초에 정당하고 마땅한 것이다. 기쁨을 주는 일은 상황을 개선할 능력이 드러나는 기회이기도 하다.

아무리 강조해도 모자란 말이 있다. 기쁨은 아첨이 아니다. 당신의 상황 개선 능력을 타인에게 보여주고 기회를 여는 유머일 수는 있겠다. 사람들이 일을 처리할 때 잘못 사용하고 있는 무뚝뚝함에 부드럽게 다가가는 방법일 수도 있다. 기쁨은 가끔 마음의 빗장을 열어주기도 한다. 그러나 단점을 가리지는 못한다.

에리카가 진행하는 다른 페이스북 라이브 영상에서는 가식적인 기쁨을 연출하는 모습이 정점을 찍었다. 그녀는 자신의 라이브 방송을 시청하고 있는 고등학교 동창을 발견했다. 머슬카를 좋아하기로 유명한 친구였다. 에리카는 열정이라는 주제를 이야기하면서 다음과 같은 텅 빈 말로 동창을 기쁘게 하려 했다.

"자동차. 열정의 대상일 수 있죠. 그리고 자동차로 무슨 일을 하든지 당신은 자동차 구루guru예요. 엔진 분해를 좋아할 수도 있고 자동차를 다루거나 개조하기를 좋아할 수도 있죠. 당신은 자동차와 관련된 어떤 일을 좋아하는 것 같아요. 그게 뭔지 저는 잘 모르지만…… 당신은 능력을 끌어올릴 수 있어요. 그런 열정 없이는 살 수 없는 사람이니까."

이처럼 기쁨을 흉내내는 말로는 상황을 나아지게 하는 능력을 어느 누구에게도 보여줄 수 없다. 세일즈 분야에서 사람들과 상호작용하는 방법을 이야기하는 전문가들은 매우 많다. 영향력을 다루는 책도 차고 넘친다. 하지만 대부분은 진정한 영향력을 위한 영향력을 이야기하지는 않는다.

진정성을 보여줄 기회를 얻어 사람들을 놀라게 하고, 그들에게 기분 좋은 감정을 남겨 상황을 더 나아지게 만들며, 진정한 가치를 제공할 때 당신은 엣지를 갖게 된다. 사람들은 당신이 어떻게 타인을 기쁘게 했는지 기억할 것이다. 이것은 케이크를 크림으로 감싸는 프로스팅frosting과 같다. 좋은 빵이라는 기초가 있어야 프로스팅을 입힐 수 있다. 빵 없는 프로스팅은 지나치게 달기만 할 뿐 좋은 기분을 오래 남기지 못한다.

### 현실성, 성실성, 진정성
상황에 맞고 진정성이 느껴지도록 사람들을 기쁘게 하려면 작은 부분도 돌아보며 조정해나가야 한다. 그뿐 아니라 당신의 핵심 역량이 명확히 드러나는 구체적인 상황을 만들고자 그 방법을 계속해서 조율해야 한다.

나는 뛰어난 두 연구자 프란체스카 지노Francesca Gino, 오불 세저Ovul Sezer와 함께 진행한 연구에서 사람들이 자신보다 타인의 관심사, 선호, 기대에 맞추려는 경향이 있다는 사실을 발견했다.[2] 이와 관련해 우리가 늘 듣는 조언이 있다. 상대방의 관심사를 묻고 그와 관련된 대화를 나누고 타인의 이야기에 귀 기울이면 사람들이 당신을 좋아할 가능성이 더 커진다는 말이다. 이 말에 반대하는 것은 아니지만, 문제는 이런 조언이 만연해서 어디서든 우리가 선호하는 것을 예측하려는 사람들을 쉽게 찾아낼 수 있다는 데 있다.

기쁨의 속성 중 하나는 예측할 수 없다는 것이다. 당신이 기쁨을 만들어내어 우위를 얻게 되는 이유는 상대에게 기쁨을 주는 '동시에' 예상치 못한 신선한 방식으로 그를 놀라게 할 수 있기 때문이다. 그러나 타인의 관심에만 맞추려고 인위적으로 애쓴다면 상대방은 오히려 당신에 대한 경계를 높일 수도 있다.

이 연구는 다른 사람의 관심사, 선호, 기대에 억지로 부응하려할 때 부정적인 영향이 훨씬 극적으로 나타난다는 사실을 보여준다. 인위적인 노력은 결과에 부정적인 영향을 미친다. 다른 사람의 선호를 예상하고 충족시키려는 행동이 자기답지 않은 감정과 불안을 증폭시키다가, 결국 본인이 가치를 제공하고 지속할 수 있는 사람인지조차 스스로 우려하도록 만들기 때문이다. 그리고 나중에는 사람들과 자연스럽게 상호작용하는 게 어려워져 타인의 의견을 건강하게 듣지 못하게 된다.

생각과 관심사에서 자기다움을 나타낼 줄 알아야 한다. 설령 그것이 타인의 관심사와 다르다고 해도 고유의 개성을 잃지 않는다면 당신은 다른 사람을 기분 좋게 하려고 자기다움을 비우기만 할 때보다 있는 그대로의 자신이 만든 결과에 훨씬 만족할 수 있을 것이다.

$$* * *$$

직장을 구하는 것처럼 위험부담이 높고 예민한 문제에 직면한 경우, 사람들은 특히나 자신을 타인의 선호도에 맞추려 하는 경향을 보인다. 나는 매해 수많은 학생이 이런 상황 속에서 불안감에 시달리는 모습을 본다. 그중 많은 학생이 곧 근사한 일자리를 제안받지만 또 그만큼 많은 학생이 거절을 통보받고 실망한다. 이 모습을 수년간 지켜본 결과, 이렇게 말할 수 있게 되었다. 선망받는 직장에 취업한 사람과 실제 그 직장에 다닐 자격을 갖춘 사람 사이에는 별 상관관계가 없다고 말이다.

하지만 이런 경향을 거스르는 뛰어난 사람들도 있는데 이들에게는 한 가지 공통점이 있었다. 총명하며 자격을 갖춘 것은 물론이고 무엇보다 여러 상황을 기쁘게 만드는 특별한 능력을 발휘했다는 점이다. 이들은 진심으로 타인을 기쁘게 만드는 능력 덕분에 총명함과 자격을 보여줄 기회가 생겼고 이 과정에서 엣지를 얻을 수 있었다.

이런 학생들 가운데 안토니아가 있었다. 그녀는 자신이 찾던 바와 딱 맞는 일자리를 우연히 발견했다. 헬스케어 기업의 사업 개발 책임자 자리였는데, 해당 직무는 분야에서 경력을 쌓고 배울 수 있으며 조직에도 기여할 수 있는 기회가 많았다. 다만 사업 개발 책임자는 벨기에나 프랑스 지사에서 근무해야 한다는 조건이 있고 몇 년 후에야 미국 동부 해안 지역의 사업을 맡을 수 있는 상황이라는 점을 그녀는 면접 중에 알게 되었다.

면접관은 이 조건이 괜찮느냐고 물었고 안토니아는 순간 유연성을 보여야 한다고 생각했다. 어쨌든 먼저 긍정적으로 대답하고 그다음에 협상하라는 조언을 항상 들어왔기 때문이다. 하지만 안토니아는 솔직한 대답이 오히려 좋은 평가를 받을 수 있을 거라고 생각했다. "근무지가 벨기에나 프랑스여야 하는 이유를 놓고 면접관들과 진솔하게 대화했습니다. 들어보니 회사의 성장과 사업 개발은 미국을 거점으로 이루어질 상황이었거든요. 예상하지 못한 제 솔직함에 처음에는 면접관들이 놀랐어요. 하지만 이내 저를 마음에 들어 하는 것 같았죠. 그들은 제 말이 옳다고 했거든요."

면접관들은 지원자와의 예상치 못한 토론에 깊은 인상을 받았다. 안토니아는 그 자리에서 입사를 제안받을 정도로 자신의 가치를 드러냈다. 그리고 미국 동부 해안 지역에서 일하게 될 거라는 약속을 받았다.

또 다른 학생인 피터도 상황에 맞게 기쁨을 주는 힘과 재주를 드러내면서 역량을 마음껏 보여줬다. 피터는 누구나 일하고 싶어 하는 초일류 사모펀드 회사에서 인턴 자리를 제안받았다. 하지만 곧 그 자리가 무급이라는 사실을 알게 되었다.

피터는 회사 관계자 중 한 사람에게 문의했고 관계자는 즉시 본론만 대답했다. "우리 회사는 인턴에게 급여를 지급하지 않아요. 인턴 기간이 끝날 때 자격을 갖춘 사람과 연봉을 협상하죠. 우리 회사 연봉과 상여금은 모든 금융 업계 중 상위 20퍼센트 안에 들어요. 당신에게 무급 인턴제가 문제인가요? 그 자리를 원하면서 자격도 갖춘 지원자가 수십 명 있습니다. 이곳은 인턴 자리를 충원하지 못해 곤란했던 적이 없어요."

피터는 이렇게 대답했다. "무급으로 일하는 사람은 그만큼 책임감을 가지기가 어렵죠. 하지만 저는 어떤 경우에도 일을 허투루 하지 않습니다. 그래서 급여를 받아야 한다고 생각합니다."

우리는 특수한 상황에 있을 때 상대의 감정을 알아차려 대화를 이끌어갈 방향에 대해 감을 잡는다. 피터가 지원한 사모펀드 업계에는 독특한 문화가 있었다. 피터는 그 문화를 빨리 파악했고 상황을 잘 조율하여 자신에게 유익한 방향으로 바뀌도록 이끌었다. 만약 다른 분야나 산업이었다면 피터가 상대를 기쁘게 하는 방식의 정의는 완전히 달라졌을 것이다. 피터는 상황에 알맞게 제안하고 대화했다.

피터와 대화를 나눴던 관계자는 무척 즐거워했다. 그는 피터의 대답을 듣고 잠깐 말을 멈추더니 큰 소리로 웃으며 말했다. "적임자를 찾은 것 같군요. 적절한 보수를 지급하죠. 내가 보장해요."

피터의 사례를 솔직함을 가장하여 경솔하거나 무례하게 행동하라는 의미로 받아들여서는 안 된다. 그날 피터의 말에 힘이 있었던 이유는 그가 대담하거나 오만했기 때문이 아니다. 비결은 상황을 읽는 능력에 있었다. 사모펀드 분야에서는 극도로 솔직하고 세련되며 우아한 태도가 중요하다는 점을 그는 알고 있었다. 따라서 대답할 때 이 지식을 활용했고 적절히 대화를 이끌어 협의 분위기를 진정으로 기쁘게 만들 수 있었다. 상황을 긍정적으로 타개하려면 자기 의견과 관점이 있어야 한다. 대담히 배짱을 부리더라도 진심을 담은 의견이나 관점, 즉 자기다움을 바탕으로 한다면 용기 있는 태도를 취한 것으로 보일 수 있다.

피터와 안토니아는 상황에서 예상치 못한 부조리함을 발견하고 그 점을 최대한 활용하여 유쾌함을 끌어낼 수 있었다. 여기까지 는 피터와 안토니아 같은 초보자도 어느 정도 전문적인 수준까지 파악하고 해낼 수 있는 일이다. 크리에이티브 아티스트 에이전시 Creative Artists Agency를 공동 설립한 훌륭한 에이전트이자 월트디즈니 사Walt Disney Company 대표를 지낸 마이클 오비츠Michael Ovitz는 기쁨을 '지성과 배짱이 만나는 지점'이라고 표현했다.

벤처캐피털 투자자이자 카우보이 벤처스Cowboy Ventures를 설립한 에일린 리Aileen Lee는 나에게 기쁨을 재미있게 설명했다.[3] 그녀는 기 업 가치가 10억 달러 이상인 스타트업을 지칭하는 '유니콘unicorn'이 라는 용어를 만든 것으로 유명하다. ('상장 기업이든 비상장 기업이든 설 립한 지 10년 미만이지만 기업 가치가 10억 달러 이상인 기업'이라는 용어의 정의 를 설명하기도 이제는 번거로울 지경이다.)[4] 에일린은 투자 방법을 설명할 때도 거침없다. 그녀는 '고객에게 기쁨을 주는 새로운 서비스와 마법 같은 경험을 제공하는 제품 지향적인 브랜드'를 찾고 있으며 그런 기업이 자신을 기쁘게 한다고 설명했다.

에일린은 우버Uber에 처음 탄 순간이 바로 '그런 경험'이라고 표현 했다. "우버라는 서비스를 이용하면서 '와, 정말 근사한데. 이용하기도 편하잖아. 내가 특별해진 것 같아'라는 생각이 계속 들었어요."

마법 같은 경험이라는 말은 사람들이 특별한 느낌을 받으면 기꺼이 추가적인 노력이나 비용을 들이는 것과 관련 있었다. "스타벅스화Starbucksification 같은 거죠. 한 잔에 99센트 하던 커피를 지금은 3~4달러를 내고도 기꺼이 마십니다. 훨씬 기분이 좋아지니까요. 하루 동안 내게 주는 작은 선물 같은 거죠."

그렇다면 사람들에게 기쁨을 주는 경험이 무엇인지 어떻게 알아볼 수 있을까? 먼저 당신을 유쾌하게 만드는 사람이나 제품, 상황을 떠올려보고 어떤 점이 당신을 기쁘게 하는지 파악하기 위해 의식적으로 노력해보아야 한다. 에일린은 자신이 투자한 회사에서 기쁨을 주는 요소가 무엇인지 면밀히 살피는 과정을 통해 자신의 감각을 예리하게 만들고자 연습했다. 이런 연습은 당신을 기쁘게 하는 일이 무엇인지 감지하는 능력과 다른 사람을 기쁘게 하는 능력을 향상시킨다. "나는 이 일을 성공적으로 해내는 사람들을 많이 봐왔습니다. 그들은 예상치 못한 일에 숨겨진 유쾌함이나 진짜가 아닌 감정을 구분할 줄 알았습니다."

우리 모두에게는 상황을 더 나아지게 하는 역량이 있다. 이에 더해 타인을 기쁘게 할 수 있다면 진짜 마법이 펼쳐질 것이다. 바로 그 순간에 당신은 상대 마음의 문을 열고 들어갈 수 있으며, 엣지를 기를 수 있다.

원칙 8

자기다움을 유지하라. 그리고 기쁨이 일어나는 상황과 그 방식을 파악하라.

3부

Guide
세상의 편견을
긍정적인 방향으로 변화시켜라

## 9장

# 나를 지키며 방향성 찾는 법

당신의 겉모습에서 살아온 배경과 결이 고스란히 드러난다.
— 톰 올프Tom Wolfe

당신이 누군가의 마음의 문을 열고 들어갔다면 그다음에는 무엇을 해야 할까? 대답은 분명하다. 상황이 더 나아지도록 이끌면 된다. 그리고 사람들이 당신의 일과 가치를 어떻게 인식하도록 만들 것인지 정하여 타인의 사고 방향을 안내해야 한다.

guide /gīd/
사람, 단체, 사물, 현상 따위를 어떤 방향으로 안내하다.

타인의 인식이나 상황을 안내해야 하는 이유는 성공을 조종하는 레버가 우리의 통제 밖에 있기 때문이다. 성공의 레버를 쥔 사람들은 우리의 능력과 성격을 종종 그들의 인식대로 판단하고 결정 내린다.

타인에게 그 레버를 당기라 마라 요구할 수는 없다. 그러나 그들이 레버를 어떻게 당기도록 할지에 대해서는 영향을 미칠 수 있다. 다른 사람이 결정한 행동만 수용할 필요는 없다. 우리에게는 타인이 행동하기 전까지의 과정을 안내하고 이끌 능력이 있다.

이것이 앞으로 살펴볼 내용이다. 사람들이 당신에게 갖는 인식을 어떻게 안내해야 상황을 더 나아지게 만들 수 있는지 다루게 될 것이다. 인식이 변하는 과정은 반드시 당신이 이끌어야 한다. 그렇지 않으면 다른 사람의 선입견이 (호의적이든 악의적이든 선입견은 존재하기 마련이다) 당신을 판단하게 된다. 타인의 인식을 이끌 줄 아는 사람은 자신을 향한 편견조차 스스로에게 유익하게 전환하고 이용할 수 있다.

## 이끌라, 뒤따르라, 너 자신을 알라

자기답게 행동하라Be yourself. 우리 모두 들어봤고 다른 사람에게도 많이들 하는 조언이다. 나도 누군가에게 자주 했던 말이다. 가령 친구가 취업 면접을 앞두고 있어 긴장했다고 가정해보자. 당신은 친구에게 무슨 말을 해줘야 할까? 대답은 보통 다음과 같다. "너답게 해." 누군가 중요한 프레젠테이션을 앞두고 있다면? "평소 말하듯 발표해." 친구가 데이트를 신청하기 전이라면? 역시 이렇게 말할 것이다. "평소 네 모습처럼 행동해."

자기답게 행동하고 사람들을 진심으로 기쁘게 할 줄 아는 사람에게는 이 조언이 나무랄 데 없이 훌륭할 것이다. 하지만 이 조언에는 '자기다운 행동'에 관한 자세한 설명이 없다. '자기답게 하라'라는 말에 담긴 미묘한 의미를 이해하지 못한 채 실천하려고 하면 상당히 위험할 수 있다. 이 말은 모든 사람에게 효과 있는 조언이 아니고 사실 이해하기도 복잡한 말이기 때문이다.

'자기답게 행동하라'라는 말을 들으면 많은 사람은 자신이 잘하는 일부터 생각하는 경향이 있다. 때때로 그것은 자신에게 명확한 타이틀을 붙여서 타인과 수월하게 의사소통하는 방식이 된다. "테니스를 잘 칩니다. 주니어 올림픽대회에 출전해서 여자 단식 16위를 했죠." "저는 피아노 연주를 잘 해요. 열 살 때 카네기 홀에서 연주했어요."

그러나 때로는 무엇에 소질이 있는지 설명하기 어려울 때가 있다. 나는 어릴 때 그나마 잘한다고 말할 수 있는 것이 공부였다. 학교에서 공부하는 게 재미있었고 여러 과목 가운데 특히 수학을 좋아했다. 어릴 때는 수학 교사가 되고 싶었다. 구구단을 외우는 데 자부심을 느꼈고 긴 나눗셈 문제의 해답이 깔끔하게 떨어지는 명쾌한 방식을 마음에 들어 했다. 방정식 문제를 풀 때 필요한 대칭도 좋아했다. 수학은 내게 자연스럽게 다가와 있었다.

이런 내 말을 들은 사람들 대부분은 아마 고개를 절레절레 흔들거나 말도 안 되는 소리를 한다며 나를 조용히 비웃거나 몰래 미워할 수도 있겠다. 하지만 내 입장에서는 그것 말고 다른 일에는 장점이 없었다. 키가 작고 소심했으며 다른 영역에서는 거의 꼴찌 수준이었으니 말이다. 내가 타고난 재능이 있다고 생각한 분야는 수학이 유일했다. 그마저도 사람들이 내게 갖는 편견에 부딪힌 다음에야 장점으로 인식할 수 있었다.

＊＊＊

고등학교 2학년 때 나는 하이네 선생에게서 대수학 II와 삼각법을 배웠다. 3학년 때는 미적분을 배웠다. (나는 미국 공립학교에 다녔다. 알다시피 국공립학교는 교사에게 배정된 예산이 적다. 그래서 한 교사에게 여러 해 동안 배우는 경우가 많았다.)

나는 하이네 선생을 존경했다. 거의 우러러봤다. 그는 수학을 향한 애정이 엄청났다. 얼마나 수학을 좋아했으면 칠판에 포물선을 완벽하게 그릴 때마다 소리를 지르며 기뻐했을까. 나는 그에게 많은 것을 배웠다. 수학뿐 아니라 엣지를 갖는 것 그리고 엣지를 잃는 것까지 배울 수 있었다.

그의 교실에는 '완벽한 시험'이라는 게시판이 있었다. 게시판은 칠판 옆쪽 잘 보이는 곳에 걸려 있었다. 시험에서 만점을 받으면 (반드시 정식 시험이어야 한다. 쪽지 시험이나 숙제 같은 것은 해당하지 않는다) 하이네 선생은 그 학생의 이름을 황금별에 써서 일 년 내내 게시판에 붙여두었다. 그것은 그저 별이 아니었다. 약 25센티미터 크기의 황금별은 하이네 선생이 두껍고 반짝이는 금색 종이를 완벽한 각도로 꼼꼼하게 잘라 만든 독보적인 것이었다. 별 한가운데에 학생의 이름과 만점 받은 날짜가 문자 스티커로 흐트러짐 없이 정확하게 붙어 있었다. 바라보기만 해도 정말 아름다웠다. 그것이 탐나는 이유는 희소성 때문이었다. 별을 받는 사람은 거의 없었다. 하이네 선생이 한 해에 대여섯 개가 넘는 황금별을 나눠준다면 이는 깜짝 놀랄 일이었다.

몇 년 동안 하이네 선생에게서 수학을 배우며 내가 황금별을 몇 개 받았으리라 예상하는가? 사실 난 단 한 개도 받지 못했다.

지금이라면 개의치 않았겠지만 열네 살의 내가 특히 속상했던 이유는 같은 수업을 듣는 엘리자베스 때문이었다. 2년 동안 들은 수업에서 그녀는 무려 황금별을 아홉 개나 받았다. 그렇다고 엘리자베스를 깎아내릴 생각은 없다. 짜증 나게 똑똑했으니까. 엘리자베스가 만점을 받을 때마다 나는 그 아이의 시험지를 살펴봤다. (황금별 옆에는 자랑스러운 만점 시험지도 함께 게재됐다.) 우리 두 사람이 제출한 시험지는 거의 똑같아 보였다. 한번은 내가 99점을 받았을 때였다. 엘리자베스는 $7x=49$라는 문제 풀이 과정을 $x=49/7=7/1$

=7이라고 썼다. 반면 나는 같은 과정을 x=49/7=7이라고 써냈다. 과정에 7/1이 없었기 때문에 점수가 깎인 것 같았다.

하지만 점수에 관해 물어보려고 하자 하이네 선생은 내가 성적에 의문을 가질 때마다 점수를 깎겠다고 말했다. 그 말에 나는 더이상 묻지 않기로 마음먹었다. 수업 시간에 질문도 하지 않았다. 엘리자베스가 어떤 개념을 어려워하면 하이네 선생은 며칠씩 그 주제를 다뤘고 나는 그것이 괴로울 정도로 지루했다. 그런데 내가 모르는 부분을 조금 더 설명해달라고 요청하면 그는 한 사람 때문에 전체 수업을 멈출 수 없다고 말했다. 나는 하는 수 없이 수업이 끝난 뒤 밖에서 친구에게 설명을 부탁해야 했다.

한 해가 끝나고 고등학교 3학년이 되었다. 학생들은 (기본 미적분 수업 대신) 고급 미적분 수업을 듣기 위해 교사에게 서명을 받아야 했다. 나는 거의 모든 시험에서 만점을 받았지만, 하이네 선생이 서명해주지 않을까 봐 걱정하며 여러 날 편히 잠을 이루지 못했다. 서명을 받으러 갔을 때 그는 나를 쳐다보며 말했다. "나는 네가 고급 미적분 수업을 들을 준비가 됐다고 생각하지 않아." 하지만 그는 같은 수업을 들었던 다른 학생들에게는 서명해주었다. 그 중에는 수학을 어려워했던 친구들도 있었다.

이 일을 겪은 뒤 나는 수학 교사가 되겠다는 생각을 접었다. 그리고 앞으로는 수학을 잘하지 않겠다고 결심했다.

**그릇된 자기의식은 상황을 이끌어가는 데 방해가 된다**

자기의식은 내가 누구인지, 무엇을 소중하게 생각하는지, 타고난 강점이 무엇인지를 자각하는 것이다. 흔히 '자기의식'은 내가 내면적으로 어떤 사람인지 아는 일을 의미한다. 엣지를 얻으려면 자기 내면을 잘 이해해야 하며 외부 세계와 상호작용하는 방법을 알아야 한다. 이 두 가지는 자신의 내면 그리고 주변 맥락 속에 있다. 내가 고등학교 2학년 때 미처 이해하지 못했던 것이 바로 이 부분이다.

우리는 자신이 누구이고 어떤 맥락 속에 있는지 알아야 한다. 성공하려면 내면과 외부 상황이 서로 보완적이어야 하기 때문이다. 다른 사람이 내게 갖는 편향된 인식을 주도적으로 변화시키지 않고 외면하면 본인의 지식과 자기의식을 발휘하는 데 제약이 생긴다. 한때 나는 이 사실을 이해하지 못했었다.

1890년대 철학자이자 심리학자인 윌리엄 제임스William James는 사람들이 느끼는 '유대감'과 '온전함'의 원천이 바로 자기의식이라고 말했다.[1] 이후 많은 연구자가 이 개념을 더 명확하게 정리하면서 자기의식은 자신의 가치, 열정, 포부, 외부와의 상호작용을 성찰하고 인식하는 능력으로 정의되었다.[2]

자기의식에 관한 개념이 처음 정립되던 시기에는 사회적 자아보다 개인적 자아를 강조했다. 현대에 이르러서도 이는 크게 달라

　　　　　　　　9장 나를 지키며 방향성 찾는 법

지지 않았다. 모든 사람이 자신을 더욱 알려고 하면서 자기의식은 가장 트렌디한 단어가 되었다. 버즈피드BuzzFeed 질문의 인기가 이를 증명한다. (당신의 성격과 가장 잘 맞는 시트콤 〈프렌즈Friends〉의 에피소드는? 당신과 가장 비슷한 디즈니 공주는? 또는 도시는? 당신의 성격을 가장 잘 나타내는 색깔은? 솔직히 말하자면 나도 이 몇 가지 질문에 대답했다.)

과학에도 유사한 형태의 질문이 있다. 널리 사용되는 MBTIMyers-Briggs Type Indicator가 그 예다.[3] MBTI는 개인의 성격적 특성을 조사하여 태도와 선호도에 따라 (에너지 방향이 내향인가 외향인가? 선호하는 인식 기능이 감각형인가 직관형인가? 판단 기능이 사고형인가 감정형인가? 생활양식이 판단형인가 인식형인가?) 열여섯 가지 성격 유형 중 하나로 분류한다.

나도 처음에는 MBTI가 자신의 가치와 감정, 동기를 분류하고 잘 이해하도록 도울 뿐 아니라 타인에 관해서도 이야기할 수 있는 맥락을 제공하는 재미있는 검사라고 생각했다.* 하지만 이 검사는 여러 가지 이유로 문제가 있었다. 일단 많은 부분이 심리 측정 범위의 기본 기준에 맞지 않는다. 사실 MBTI 같은 검사는 일반적인 외부 타당성이 부족하다.[4] 오래된 정신 분석 개념에 기초를 두고 있으며 과학적으로나 방법론적으로 정확하다고 할 수 없을 만큼

---

* MBTI의 예를 들면 나는 ISFJ이고 남편은 ENTP로 우리는 모든 특성이 정반대다. 이 점이 상당히 흥미로웠다. 그중 한 가지 예로 남편과 종종 의견이 맞지 않을 때 나는 남편에게 '이성적 판단'을 멈추고 좀 더 '감정에 공감'하여 생각해보라고 말한다. 그러나 애초에 나와 정반대 유형인 남편은 달라진 적이 없다. 단 한 번도.

성격을 지나치게 단순화한다. 특히 방법론적 관점에서 이런 종류의 검사를 경계해야 하는 이유는 우리가 '자아'를 외부 요인에 영향받지 않는 독립적인 존재라고 착각하게끔 만들기 때문이다.

꽤 많은 이가 MBTI 같은 유형 검사 결과를 종종 절대적인 진리처럼 받아들인다.[5] 하지만 이 유명한 검사는 자기의식 개념에 있어 상황의 맥락이나 대인 관계에 따라 달라지는 부분을 반영하지 못한다. 이 방법은 진정한 자신을 이해하는 데 오히려 해가 될 수도 있다. 인간의 성격은 이진법의 묶음이 아니라 연속체이기 때문이다. 나는 내향적인 경향이 있지만, 현실에서는 상황에 따라 내향과 외향 사이에서 행동하기도 한다. 우리는 모두 맥락에 따라 상반된 특성 사이 어딘가에 존재한다.

MBTI 같은 평가는 인간의 성격이 고정적 유형이라고 가정한다. 그러나 실제로 눈부신 성공을 거둔 사람들은 자신의 성격이나 능력이 유연하게 변하며, 상황에 따라 자신을 다르게 나타낼 수 있다고 생각한다.* '자아'를 고정적이라고 여기게 되면 장점이 될

---

* 본인에게 좀 더 적합한 성격 검사를 발견하더라도 인간의 성격은 연속선상에 있다는 점을 기억해야 한다. 한 가지 성격 분야에 점수를 매겨 상, 중, 하로 평가하고. 성격 특성이 '크게 다섯 가지'만 있다고 가정해도 세상에는 우리가 영향을 미치고 적응해야 하는 243($3^5$)가지 다른 인간 유형이 존재하는 것이다. BFAS는 성격 유형을 10개로 나누는데 그렇다면 세상에는 59,049($3^{10}$)가지 유형이 존재하게 된다. 친구이자 심리학자인 스콧 배리 카우프만Scott Barry Kaufmands이 말한 것처럼, 혹시 제대로 미쳐보고 싶다면 45가지 유형이 있는 AB5C 검사를 이용하여 직접 자신을 평가해볼 수도 있다. 이 모델로는 2,954,312,706,550,833,698,643가지의 성격 유형을 알 수 있다.

9장 나를 지키며 방향성 찾는 법

만한 다양한 기회와 시기를 놓칠 수 있기 때문에 궁극적으로 본인에게 유익하지 못하다. 상황에 따라 성격이 달라지는 것에 관심을 소홀히 하면 눈앞에 보이는 것만을 바탕으로 엣지를 발견하려고 하여 자기계발 범위를 제한하게 될 수 있다.

외부 환경과 정체성의 관계를 제한하기보다 확장하는 방식으로 조화를 이뤄나가길 바란다. 그렇게 할 때 우리는 주디 갈랜드Judy Garland가 말한 것처럼 "다른 사람의 아류가 아니라 최고의 자기 자신"으로서 인생을 살 수 있다.[6]

＊＊＊

지금까지 우리는 타인의 인식이 자기의식에 어떤 영향을 미치는지 알아봤다. 그렇다면 반대로 우리가 내적 갈등을 겪을 때는 어떤 일이 일어날까? 이때 스스로 자아를 파악하여 명확하게 정리하고, 타인이 나를 바라보는 인식을 적절히 안내하면 외부 인식을 내게 유익한 방향으로 이끌 수 있다. 그렇다면 나를 섣불리 규정하는 타인의 의견에는 어떻게 반응해야 할까?

우리 대부분은 내적으로 강한 자기의식을 가지고 있다. 내가 어떤 사람이고, 무엇을 중요하게 생각하며, 무엇이 강점인지를 타인이 판단하기 전에 스스로 생각해볼 기회를 갖는다. 나는 고등학생

때 수학에 재능이 있다는 것을 직감적으로 알았다. 개념을 흡수했고 문제를 푸는 게 재미있었다. 수학은 가볍고 편안했으며 무언가에 신경 쓸 필요가 없었다.

하지만 이런 식으로 깨달은 자연스러운 자기의식은 타인의 의견에 영향을 받으며 서서히 잘려나간다. 우리는 본인의 선택과 상관없이 사람들과 얽힌 채 시끄러운 세상에 살고 있다. 우리가 무엇을 성취할 수 있으며 얼마나 멀리 나아갈 수 있는지는 종종 다른 사람 손에 의해 좌우된다. 우리의 승진은 상사가 결정하고, 우리가 사용할 금융 자원은 투자자가 결정한다. 회사의 시장 위치는 파트너 기관들이 결정하고, 우리의 직업 궤도는 때로 교사가 결정한다. '자기답게 살겠다'라는 추상적인 생각만 반복한다면 우리는 앞으로도 계속 타인의 관점과 인식에 영향받고 흔들릴 것이다.

이런 상황에서의 대처 방법이 외부 인식을 무시하는 것이라고 생각할 수도 있다. 무시하면 주위의 소리를 잠재우고 자신의 목소리만 들을 수 있기 때문이다. 나는 마음 챙김과 명상을 지지하는 사람으로서 이 과정에서 얻는 고요한 유익도 십분 이해한다. 하지만 이것이 모든 상황의 해결책이 될 수는 없다. 우리는 상호 의존적인 세계에서 움직인다. 타인의 의견과 생각에서 자신을 완전히 분리하는 것은 불가능하다. 그래서 자신의 목소리와 침묵에만 의존하여 내적 고요를 찾더라도, 이것이 오래 지속되기 어렵다는 사

9장 나를 지키며 방향성 찾는 법

실을 금방 깨닫는다.

타인의 인식이 우리를 정의하도록 허용해서는 안 된다. 다른 사람이 우리의 가치와 감정, 동기와 욕망을 좌우하도록 내버려둬서도 안 된다. 우리는 자각하지 못한 채 타인이 내게 해를 끼치도록 방치한 적이 많다. 하이네 선생이 내 자기의식에 영향을 미치도록 내가 그를 내버려둔 것처럼 우리는 가끔 타인이 자신을 해치도록 내버려둔다.

우리는 자신을 어떻게 포지셔닝하고 인식시킬 것인지를 판단해 본인에게 유익한 방향으로 상황을 바꿀 힘을 가지고 있다.[7] 이때 가장 먼저 필요한 것은 '자신'을 아는 일이다. 자신을 올바로 인식하고, 타인의 인식을 내면으로 소화할 수 있어야 한다. 그래야 내가 의식한 자아와 타인이 인식하는 내 모습을 적극적으로 조정하는 안내자 역할을 맡을 수 있다.

앞으로 갈 길, 즉 스스로 엣지를 창조하는 길은 타인의 인식을 받아들이면서도 그 관점에 휘둘리지 않도록 자기 자신에 대한 권한을 강화하는 것이다. 그러고 나면 당신은 사람들의 인식이 어떤지 알아도 이를 곧이곧대로 수용하거나 내면화하지 않고도 그들과 건강하게 이야기하거나 토론할 수 있다. 나중에 살펴보겠지만 사실 타인의 관점이 오로지 당신에게만 쏠려 있는 것은 아니다. 알고 보면 그들의 행동은 자신을 향한 불안과 목표에 관한 것이거나 자기의식을 조절하려는 노력에서 비롯되었을 가능성이 크다.

만약 열세 살 때 내가 이 비밀을 알았다면 하이네 선생의 인식이 내 자기의식에 어떤 영향을 미치는지 이해하여 크게 동요하시 않았을 것이다. 또한 상처 입지 않고 그의 인식에서 나를 보호할 수 있었을 것이다.\*

## 자기의식을 회복하는 일과 타협의 차이

미국 뉴저지주 뉴어크Newark에 사는 애슐리 에드워즈Ashley Edwards는 바람직한 대화 방법을 알고 있었다. 그녀의 아버지는 뉴어크의 저소득층 거주 지역에서 자랐다. 그녀의 가족 모두는 그곳을 여전히 고향이라고 생각한다. 애슐리에게도 그곳은 고향이며 인생의 시간 대부분을 보낸 도시다. 그녀는 뉴어크의 유색 청소년들이 겪는 트라우마 회복을 돕고자 마인드라이트MindRight라는 비영리 단체를 공동 설립했다.[8] 이 지역에 거주하는 많은 청소년이 애슐리가 어릴 때 보거나 경험했던 정서적 학대나 방치, 물리적 폭력을 겪고 있었다.

애슐리는 학생들과 마인드라이트에서 트위스트나 레게 같은 헤어스타일을 이야기할 때 물 만난 물고기처럼 즐거워한다. 한편 전

---

\* 하지만 세상일이라는 게 참 재미있다. 나는 진심으로 하이네 선생이 내가 만난 수학 교사 중 최고라고 생각한다. 그리고 내게 가르쳐준 모든 것을 죽을 때까지 고맙게 생각할 것이다.

　　　　　　　　　　　　　　　9장 나를 지키며 방향성 찾는 법

혀 즐겁지 못한 무거운 문제들도 있다. 이를테면 총에 맞아 같은 반 친구가 사망한 장면을 목격한 학생들의 후유증 극복이나 수감된 부모님 문제를 처리하는 일이다. 이런 문제를 돕는 것이 때론 버겁지만 애슐리는 흑인 여성으로서 소속감을 느낀다. 그곳이 그녀의 고향이기 때문이다.

한때 애슐리의 집은 미국에서 소득이 가장 높은 캘리포니아주 팰로앨토Palo Alto에 있었다. 애슐리는 그곳에 있는 스탠퍼드 대학교에서 MBA 과정을 밟았다. 그전에는 코네티컷주 뉴헤이븐New Haven에 거주했고 예일 대학교에서 경제학을 전공했다. 하지만 스탠퍼드 대학교와 예일 대학교를 다니던 눈부신 시절은 그녀에게 강렬하고도 가슴 아픈 기억으로 남아 있다. 명문 대학교가 보장하는 혜택은 애슐리가 아닌 다른 학생들의 몫이었기 때문이다. 그녀는 동기들이 '전혀 근거 없는 아이디어'로 벤처를 시작할 때도 교수에게 자금을 지원받았던 것을 기억한다. 하지만 이런 지원은 그녀가 마인드라이트를 설립하려고 자금을 구할 때 기대조차 할 수 없었던 선택지였다.

애슐리가 계획한 비영리 단체는 사람들이 단체의 설립 목적에 관심을 갖고 진지하게 받아들이도록 하는 일 자체부터 커다란 난관에 부딪혔다. 그녀는 스탠퍼드 대학교 재학 중에 마인드라이트를 시작했고, 비슷한 벤처에 자금을 지원한 적 있는 자선 재단 투자자들을 찾아 연락했다. 애슐리는 마인드라이트가 그들이 찾는 단체와 딱 맞는 곳이라고 생각했다. 물론 실제로 그랬을 수도 있지만 애슐리에게는 해당 사항이 없는 이야기였다.

투자자들은 처음에 "수상 경력을 더 쌓은 다음 찾아오세요. 그래야 당신이 진지한 도전자라는 점을 증명할 수 있을 거예요"라고 말했다. 그녀는 투자자들이 자신을 신뢰할 만한 사람인지를 아직 확신하지 못한 것이라고 생각했다. (사실 스탠퍼드 대학교나 예일 대학교 출신 중 흑인이 아닌 친구들은 출신 학교만으로도 믿을 수 있는 유능한 인물이라며 인정받고 있었다. 하지만 그녀는 이런 생각에 빠지지 않으려고 애써 노력했다.) 그녀 역시 일류 대학교 학위가 있었지만 왠지 자신을 계속해서 증명해야만 할 것 같았다. 그리고 그 이유가 피부색 때문인 것 같았다. 애슐리는 최고의 교육을 받아봤자 소용없다는 생각에 원망하는 마음이 생겼고 좌절과 분노에 휩싸였다.

시간이 흐르고 애슐리는 명성 있는 상을 받기 시작했다. (심지어 몇 달 전 투자자들이 수상 경력을 요구할 때 언급했던 바로 그 상이었다.) 그러나 이번에는 '시범 사업을 먼저 시행하고 데이터를 많이 축적해야 신뢰도를 증명할 수 있다'라는 말을 들어야 했다. 뉴저지주 캠던Camden, 워싱턴 DCWashington, DC 그리고 뉴어크에서 그녀는 시범 사업을 세 차례 성공시켰고 계획한 비즈니스 모델이 실행되도록 만들었을 뿐 아니라 이미 수익까지 창출하고 있다는 자료를 제시했다.

9장 나를 지키며 방향성 찾는 법

하지만 투자자의 말은 또 달라졌다. 이번에는 '미안하지만 투자할 수 없다'라는 간단한 내용이었다.

그 후 애슐리는 여러 콘퍼런스와 패널 토론에서 그 투자자들을 다시 만나게 되었다. 그들은 유색인종을 차별하지 않고 평등하게 자금을 지원한다고 말했다. 그리고 다양성과 포용성을 나타내는 일에 헌신하고 앞장선다며 스스로 칭송했으며, 새롭게 범위를 넓혀가는 사회적 기업 경영 분야에서 본인들이 게임 체인저 역할을 하고 있다고 공허하게 외쳤다.

애슐리는 '자아'에 대해 다시 자각했던 날을 기억한다. 그녀는 당시 마인드라이트와 전혀 관련 없지만 잠재적으로 자금을 지원해줄 만한 사람과 회의하고 있었다. 그 사람은 버닝맨Burning Man 행사에 관해 이야기했다. 버닝맨은 해마다 미국 네바다주 사막 한가운데 임의로 세워졌다가 사라지는 도시인 블랙 록 시티Black Rock City에서 열리는 연례행사로 예술과 자기표현, 시민의 책임의식과 비상업화를 기념한다. 애슐리는 고개를 끄덕이며 그의 말을 듣고 있었다. 그 사람이 버닝맨을 코첼라Coachella 음악 페스티벌이나 칸Cannes 영화제 같은 다른 축제와 비교해가며 의견을 밝힐 때도 계속 호응했다. 하지만 어느 순간 이 대화가 비현실적으로 느껴졌다. 불과 한 시간 전에 저소득층 학생들과 함께했던 활동이 떠오르자 이런 행사는 멀고도 먼 얘기 같았다.

뉴어크 빈민가에 거주하는 학생들은 대부분 버닝맨이 무엇인지 알지 못했다. 하지만 그녀는 버닝맨 축제나 코첼라 페스티벌, 칸 영화제에 관해 의견을 나누며 대화를 나눌 수 있는 사람이었다. 축제 장소의 유래, 축제의 문화적 의미 등을 그녀는 잘 알고 있었다. 학업 중에 경험하여 쌓은 지식들 덕분에 이런 주제를 바라보는 자신만의 관점이 있었고, 이런 견해들을 능숙하게 이야기할 수 있었다. 애슐리는 여기서 무언가를 깨달았다.

애슐리는 출신 고향에서 드물게 고등 교육을 받은 소수 여성이라는 자신의 지위를 증명하고 주장하는 대신, 자신의 배경과 관점을 인정하겠다고 마음먹었다. 그녀는 투자자들이 뉴어크의 트라우마가 무엇인지 잘 모르기에 투자하지 않았을 수도 있다는 점을 깨달았다. 투자자들은 빈민가에서 정신 건강을 주장하는 흑인 여성에게 갖는 선입견이 있었다. 그녀는 그때 비로소 자각했다. "내가 나를 생각하듯 그 사람들도 나를 생각해주길 바랐으니 어리석은 일이었죠. 내가 그들처럼 생각해야 했어요."

그 후 애슐리는 투자자들에게 처음 접촉할 때 전화로 대화를 진행했다. 투자자들은 목소리만으로 그녀가 흑인이라는 사실을 알 수 없었다. 그녀는 자신의 학력과 확실한 이력으로 투자자들과 연결될 수 있었다.

그녀는 출신 학교와 지역이라는 서로 동떨어진 두 가지 정체성을 모두 받아들이기로 했다. 투자자와 만날 때 예일 대학교 배낭을 메고 갔지만 뉴어크 가족들을 등지는 기분은 품지 않으려 했다. 그녀는 여느 예일 대학교 출신 사람들처럼 순수하게 학교 자격만 놓고 인정받았다.

애슐리는 타협하고 있다는 기분이 들 때 가장 힘들었다. 하지만 그것은 타협이 아니라 그녀를 구성하는 다양하고 복잡한 조각들을 스스로 받아들이는 과정이었다. 그녀는 자신이 경험한 모든 측면, 심지어 우울증이나 정신 건강과 관련된 이야기까지 투자자들에게 솔직히 드러내며 마인드라이트를 깊이 이해하도록 안내했다. 마인드라이트가 제시하는 지역사회의 모습이나 자금을 지원하는 투자자의 목적과 동기를 온전히 이해하는 사람이 자신뿐이라는 것도 보여주었다.

애슐리는 모든 정체성과 다양한 자아를 받아들이면서 스스로도 엣지를 길러나갈 수 있다는 사실을 깨달았다.[9] 그녀는 두 세계의 사람들과 효과적으로 관계를 형성했으며, 자신이 어떻게 상황을 개선할 수 있는지를 보여주었다. 애슐리는 이렇게 설명한다. "엣지는 내가 두 세계를 자연스럽게 흘러 다니도록 도와줍니다. 이로 인해 나는 어느 한 세상에만 멈춰 있는 존재가 아니라 유연하게 넘나드는 존재라는 걸 깨닫게 되었어요."

'자기답게 행동'하려면 자신을 이루는 다양하고 복잡한 면을 모두 포용하는 자세가 필요하다. 애슐리는 자신의 여러 정체성을 전체적으로 수용하여 엣지를 얻었다. 하지만 경우에 따라서는 다른 사람들이나 외부 환경이 생각지 못했던 다른 방향을 당신에게 강요할 수도 있다. 사람들에게는 당신이 '어떠해야 한다'라는 기대가 있기 때문이다.

자기의식에는 두 가지 구성 요소가 있다. 내적 자기의식과 외적 자기의식이다.[10] 이 둘은 떼려야 뗄 수 없는 관계다. 윌리엄 제임스의 말처럼 "한 사람에게는 다양한 사회적 자아가 있다. 자아는 당신을 알아보고 당신의 이미지를 머릿속에 갖고 있는 사람들의 수만큼이나 많다."[11] 우리는 사회관계라는 구조 속에 적응하고 사람들이 자신에게 무엇을 기대하는지 관찰하면서 자아를 알아가게 된다.[12]

우리에게는 다양한 자아의 형태가 존재한다. 사람들이 우리에게 기대하는 모습 역시 다양하다. 하지만 진정으로 자기를 의식할 수 있으면 사람들의 생각을 움직여 나에 대한 인식을 내가 원하는 방향으로 이끌 수도 있다.

## 타인의 기대를 다른 방향으로 이끌기

2010년대 초반 애슈턴 쿠처Ashton Kutcher는 여러 편의 영화에 출연했다. 필모그래피 가운데 하나는 드라마틱한 전기 영화〈잡스Jobs〉로, 그는 미래를 읽고 전망을 제시한 애플의 창업주 스티브 잡스를 연기했다. 또 하나의 영화는 독특한 로맨틱 코미디 영화〈킬러스Killers〉로 멍청한 암살자에서 좋은 남자로 변하는 역할을 맡았다.

쿠처는 스티브 잡스 역할을 맡지 말라는 말을 주위에서 많이 들었다. 친근하고 로맨틱한 주인공을 연기하며 쌓은 성공적인 경력에 부정적인 영향을 미칠 수 있다는 걱정 때문이었다.

〈잡스〉가 개봉하고 몇 달이 지난 뒤 나는 쿠처를 한 콘퍼런스에서 만났다.[13] 그날 한 청중은 쿠처에게 영화배우가 세상에 미칠 수 있는 영향이 무엇이라고 생각하는지를 질문했고 그는 깜짝 놀랄 만한 대답을 했다.

살면서 애슈턴 쿠처의 말을 인용하게 되리라 상상해본 적은 없지만 그가 한 말은 계속해서 울림을 주었고, 사회나 외부의 압박에서도 '자기답게 행동'하려고 애쓰며 힘들어하는 사람들이 있으면 나는 이 말을 반복해서 들려주었다. 그는 이렇게 말했다. "나는 관객을 위해 한 역할을 맡고, 나 자신을 위해 한 역할을 맡습니다."

이 말은 자유로운 개인의 선택과 대중이 바라는 외적 요구를 적절히 고려하여 작품의 균형을 유지한다는 뜻이었다. 그는 매번 어떤 영화에 출연할지 선택해야 한다. 에이전트는 특정 영화를 선택해야 한다고 압박한다. 오랫동안 그는 로맨틱 코미디 영화에 적합한 배우로 인정받았고 그의 매력 덕분에 티켓 판매와 관객몰이를 기대할 수 있다는 평가를 받았다.

하지만 그가 정말 출연하고 싶었던 영화는 예술적인 작품이었다. 연극적으로 연출했거나 독립 영화처럼 자신에게 개인적으로 말을 건네는 영화였다. 〈잡스〉는 바로 그런 작품이었다. 하지만 할리우드에서 살아남고 성공하려면 쿠처는 여성 관객을 타깃으로 하는 영화에 출연하여 관객층과 관심을 유지해야 했다.

그래서 선택한 방법이 '관객을 위한 역할 그리고 나를 위한 역할'이었다. 관객을 불러 모으고 명성을 유지할 수 있는 영화 한 편과 개인적으로 정말 의미 있는 영화 한 편에 출연하는 것이다.

어떤 이는 이런 선택을 타협이라고 생각할 수도 있지만 나는 이를 한 예술가가 영리하게 사람들의 기대에 부응하면서 그 안에서 성공을 유지하는 방법이라고 생각한다. 우리는 다양한 정체성을 지닌 복잡한 존재다. 특정 상황에서 더욱 두드러지는 정체성도 있고 변함없는 자신만의 개성도 있다. 쿠처는 로맨틱 코미디 영화의 주인공이면서 야심 차게 색다른 영화에도 출연하여 비평가들에게 호평을 받는 배우다. 그는 자신의 강점을 인정했다. 그리고 개인적으로 추구하는 면에 있어서도 강점을 발휘했다. 이처럼 자기를 명확히 의식한다면 야망과 희망을 타협하지 않고도 사람들의 기대를 자신에게 유익한 방향으로 이끌 수 있다.

✳ ✳ ✳

그렇다면 우리는 어떻게 해야 (영향을 받을 수밖에 없는 외부 요인들을 배제하지 않으면서) 자아를 강력하게 의식할 수 있을까? 이 장에서 소개한 사람들의 많은 경험으로 살펴봤듯이 '자기답게 행동하라'라는 말에는 복잡하고 미묘한 의미가 들어 있다. 자기다운 행동은 사람마다 그 형태가 각기 다르기 때문이다. 남들은 남들대로, 자신은 자신대로 다양하게 행동한다. 그러므로 첫째, 본인을 타인이 아닌 자기 자신과 비교해야 한다.

둘째, 삶의 리듬을 발견하라. 당신의 삶에 어떤 패턴의 리듬이 있는지 살펴보자. 여기서 반복되는 상황이나 성공 혹은 장애물의 유사점을 찾을 수도 있다.

셋째, 이런 패턴을 발견했다면 그 패턴대로만 따라가는 것은 피하고 다양한 방향성을 찾아보자. 우리는 내가 누구인지를 하나의 패턴으로 정리해 모든 정체성을 한 상자 안에 깔끔하게 담으려는 경향이 있다. 하지만 '옳은 방향'과 '틀린 방향'이 어디인지 구별하는 것만으로도 충분하다. 실제로 그 편이 낫다.

패턴을 절대적으로 따라가지 않고 다양한 선택지를 추구하면 사람들의 인식을 본인에게 유리한 방향으로 이끄는 데 도움이 된다. 더욱 유연하게 대응할 수 있고 상황에 맞게 적응력을 발휘할 수도 있기 때문이다. 사람들이 당신에게 무엇을 기대하는지 정확히 알아내려고 노력하지 않아도 된다. (이미 살펴봤듯이 사실 그들도 잘 모르기 때문이다.) 애슐리 에드워즈가 그랬듯이 당신도 본인의 다양한 정체성을 인정하고 이것이 모여 자아를 만든다는 사실을 받아들여보자. 모든 정체성을 유지하면서도 애슈턴 쿠처가 했던 것처럼 자신을 특성별로 분해하고 분리해보자. 이때 자신이 가진 모든 자아를 표현할 수 있는 눈부신 버전의 나를 찾게 된다.

자신의 강점을 활용하지 못하거나 강점을 만들어내지 못하는 목표를 힘겹게 추구하는 일은 피해야 한다. 우리는 장점이라고 생각하는 것들을 발판으로 삼아 확장해야 하는데, 그러지 않고 오히려 틀 안에 스스로를 가둔다. 가능성을 열어두고 "나는 운동을 잘하니까 더 다양한 운동을 해봐야지"라고 생각해보아야 하는데 이 과정은 없이 어떻게든 탁월한 성적을 내는 한 가지 운동에만 집중한다. 인간이 1차원적인 존재가 아니라는 사실을 망각해서 그렇다. 특정한 자기의식을 찾겠다는 생각은 달성하기 어려운 목표다. 인간은 본래 자기 자신을 결코 정확히 알 수 없기 때문이다. 그래서 우리가 할 수 있는 최선은 포괄적인 방향성을 찾는 일이다.

포괄적으로 방향을 살피다 보면 당신이 옳다고 느끼는 방향으로 움직이게 된다. 엣지를 기르는 방법을 이미 찾고 있는 것이다. 어떤 방향이든 무엇인가를 향해 가보라. 그러나 혹시 아직 정확한 방향을 찾지 못했더라도 걱정하지 말라. 그 방향으로 갈 때 마음이 홀가분하고 자유로우며 행복한가, 아니면 두렵고 경직되고 우울한가? 이런 기분이 드는 이유는 상황 때문인가, 사람 간의 상호작용 때문인가? 이 가운데 부정적인 원인과 감정은 선택지에서 지워가며 당신의 방향을 더 명확하게 만들라. 때로 당신에게 옳은 방향을 파악하는 가장 쉬운 방법은 어디가 잘못된 방향인지를 아는 것이다. 자신을 제한하지 말고 옳은 방향으로 계속해서 움직여보라.

머릿속에 어렴풋이 방향이 떠오르는가? 처음부터 뚜렷한 방향을 정하는 것은 불가능에 가깝다. 비록 또렷하지는 않더라도 궁극적으로 옳은 방향을 추구한다면 실패를 피할 단 한 번의 기회 대신 다양한 성공에 도달할 여러 번의 기회가 주어진다. 성공은 결정적인 단 한 번의 결과로만 이루어지는 것이 아니다. 성공에 이르는 과정에는 수없이 다양한 길이 존재하기 때문이다. 이것이 우리가 놓치고 있는 부분이다. 우리는 다른 사람에게 효과 있었던 방법을 맹목적으로 모방하려 한다. 그러나 A 지점에서 B 지점으로 가는 방법과 길은 수없이 많다.

쿠처는 배우의 일이 자신을 기쁘게 하고 만족시키면서 동시에 타인을 기쁘게 하고 만족시키기도 하는 일이라는 사실을 받아들이기로 했다.

애슐리 역시 예일 대학교와 스탠퍼드 대학교라는 엘리트 그룹의 소속감을 받아들이는 동시에 뉴어크 빈민가의 학생과 지역사회에 느끼는 소속감 역시 받아들였다.

\*\*\*

결국 나도 수학으로 돌아가는 길을 택했다. 고등학교 수학 교사가 되겠다는 꿈은 접었지만, 수학을 계속 좋아하기로 했다.

그다음 해에 나는 뛰어난 화학 교사 코스트를 만났다. 코스트는 내가 대학에 가서 공학을 전공해야 한다며 용기를 북돋워주었다. 나는 대학도, 전공도 그의 권유대로 선택했다.

하지만 나는 공학자가 되려고 공부하면서 타 학생들과는 다른 유형의 공학도임을 자각하게 되었고 그때부터 상황을 '스스로' 이끌고 인식하는 방법을 배웠다.

차이점을 느낀 부분 중 하나는 성별이었다. 한번은 전기공학 교수가 전류를 설명하면서 우리 중 대다수가 어릴 때 전기 콘센트에 손가락을 넣은 경험이 있을 거라고 말했다. 그때 교수는 내게 "여자아이들은 어른 말을 잘 듣기 때문에 그런 일은 남자아이들이 했을 거야"라고 말했다.

또 다른 차이점은 내가 컴퓨터를 다룬 경험이 부족하고 이를 익숙하게 활용하지 못하는 데서 비롯되었다. 한 교수는 프로세서를 설명하면서 모든 학생이 한 번쯤은 컴퓨터를 분해해봤을 거라고 가정했다. 하지만 나는 분해는커녕 컴퓨터를 가져본 적조차 없었다. 그 당시 컴퓨터는 부잣집에나 있는 물건이었다. 나는 학교 컴퓨터실에서 일주일에 한 번 사용하는 게 전부였다.

이런 점을 고려하면 내가 공학 수업을 무척이나 어려워했던 것이 그렇게 놀랄 일은 아니었다. 정말 짜증 나게 어려웠다. 얼마나 어려웠으면 전공 첫 시험인 컴퓨터공학 과목에서 37점을 받았겠는가. 물론 100점 만점이었다.

장학금을 받지 못하겠다는 생각이 재빨리 스쳤다. 그리고 다음의 두 가지 일이 일어났다.

첫째, 나는 아버지에게 전화를 걸어 전공을 바꿔야겠다고 말했다. 아버지는 내게 조언해주셨다. 지금은 내가 학생들에게 해주는 말이기도 하다. 아버지는 내가 어떤 전공으로 바꾸길 원하는지, 그리고 왜 그 전공을 잘할 수 있는지 설명할 수 있으면 이를 바로 허락하겠다고 말씀하셨다.

그런데 아무리 생각해도 바꾸고자 하는 전공이 떠오르지 않았다. 나는 아버지의 조언을 듣고 내가 본격적으로 시간을 들여 노력해보기도 전에 길에서 이탈하려고 했다는 사실을 자각했다. 어떤 일이 잘 안 풀리면 다른 선택지가 더 좋아 보이기 마련이다. 하지만 다른 선택지 가운데 하나라도 실제로 어떨지 자세히 그려보면 그 길 역시 크게 다를 바 없으며 어쩌면 더 열악할 수도 있다는 사실을 깨닫게 될 것이다.

둘째, 컴퓨터공학 시험 다음 날 담당 교수이자 정말 멋진 여성인 로라 보텀리Laura Bottomley 박사가 나를 연구실로 불렀다. 나는 그녀의 수업에서 낙제점을 받았기 때문에 전공을 그만두라는 말을 듣게 되리라 짐작했다. 연구실에 들어섰을 때 로라는 내 답안지 사본을 들고 있었다. 그녀는 내가 어떻게 문제를 풀었는지 코드 대신 말로 서술한 다음 그 이유도 설명할 수 있는지 물어보았다. 나는 설명했다. 다음 문제도 그다음 문제도 로라는 같은 방식으로 내게 물었다. 그리고 잠깐 생각한 다음 말했다. "학생은 자기가 무엇을 하고 있는지 정확히 알고 있어요. 단지 적합한 컴퓨터 언어를 모르는 것뿐이에요." 그러고는 내게 낙제 대신 C 학점을 줬다.

로라는 내게 프로그래밍을 해본 적 있는지, 컴퓨터 프로그램 관련 경험이 있는지 물었다. 나는 고등학교에서 타자 수업을 들은 게 전부라고 대답했다. 그녀는 내게 컴퓨터가 있느냐고 물었고 나는 없다고 대답했다. 그러자 오픈 랩open lab 시간에 가서 컴퓨터를 사용해보는 게 어떻겠느냐고 물었다. 나는 금방이라도 흐를 것 같은 눈물을 간신히 억누르며 그 시간이 아르바이트 일정과 겹친다고 설명했다.

로라 교수는 고개를 끄덕이더니 절대 잊을 수 없는 이야기를 해주었다. 자신도 첫 번째 공학 수업에서 낙제할 뻔했다며 세상에는 옳은 방법도, 틀린 방법도, 모든 상황에 적용할 수 있는 해결책도 없다고 했다. 그리고 내가 세상을 바라보는 시각과 자아를 올바로 인식하여 전진할 기회를 스스로 만들어야 한다고 조언했다.

다른 사람들이 가졌던 기회를 나는 얻지 못했고 어쩌면 앞으로도 그런 기회를 얻기가 어려울 수도 있지만, 로라는 내게 특별한 무언가가 있다고 말했다. 우리는 모두 다이아몬드 같은 존재라는 것이다. 그렇다. 우리는 누구나 나름의 방식으로 반짝이는 다이아몬드다.

＊＊＊

자기의식은 모든 각도에서 다르게 반짝이는 다이아몬드와 같다. 다이아몬드에는 많은 면이 있어서 빛이 다양한 각도에서 굴절된다. 때로는 빛이 많은 면에서 동시에 굴절되기도 하는데 그때 다이아몬드는 눈부시게 빛난다.

엣지를 기르는 일은 자신이 가진 여러 단면들을 인식하고 그것이 어떻게 하면 빛날지를 고민하는 것과 같다. 거기에는 옳은 방법이나 틀린 방법이 없다. 사람들은 자아에 대한 강력한 의식이 있어도 제대로 발휘하지 못할 때가 많다. '자기답게 행동하라'라는 말은 오히려 우리가 그 조언을 실제로 따르지 못하게끔 제한한다. 우리 안에는 단 한 가지 버전만 있는 것이 아니기 때문이다. 당신의 자아에는 결함이나 약점이 있겠지만 결국 우리는 모두 눈부시도록 빛을 발하는 다이아몬드와 같다. 당신은 그 다이아몬드를 사람들에게 어떻게 인식시킬 것인지 방향을 안내할 수 있다. 사람들에게 기쁨을 주고 자신을 차별화할 수도 있다. 그리고 당신은 상황을 더 나아지게 만드는 단단한 힘을 갖게 된다.

---

원칙 9

'자기답게 행동하라'는 말에는 당신이 빛날 수 있는 모든 버전으로 사람들의 인식을 이끈다는 의미가 포함되어 있다.

---

9장 나를 지키며 방향성 찾는 법

## 10장

# 모두의 고정관념을 부수는 작은 균열

사람들은 나를 한 번 보고 판단한다.
— 작자 미상

크리시 타이겐Chrissy Teigen은 〈스포츠 일러스트레이티드Sports Illustrated〉 표지를 여러 번 장식한 슈퍼모델이지만 '너무 뚱뚱하다'는 비난을 지속적으로 들어야 했다. 그녀는 내게 '뚱뚱하다'라는 단어 때문에 자신을 향한 인식이 어떻게 규정되었는지 들려주었다. 가장 생생한 이야기 중 하나는 유명 브랜드 의류 화보를 촬영하던 도중에 일어났다. 그녀는 현장에서 쫓겨났다. 포토그래퍼, 디렉터, 임원들 수십 명이 지켜보는 앞에서 벌어졌다. '너무 뚱뚱하다'라는 이유 때문이었다.

시간이 지날수록 뚱뚱한 모습 때문에 지속적으로 수치를 겪게 되자 타이겐은 자기 체중에 관한 타인의 인식을 직접 바꿔보기로 결심했다. 다른 사람이 자신의 정체성을 정하도록 내버려두지 않겠다고 다짐한 것이다.

한번은 타이겐이 인스타그램에 배를 드러낸 사진 한 장을 올렸다. 튼 살 자국이 선명하게 보이는 사진이었다. 그리고 이런 문구를 달았다. "엄마 몸매다!"

얼마 후 친한 친구 킴 카다시안Kim Kardashian은 온몸에 석고를 바른 채 찍은 전면 사진과 함께 "내 몸을 본떠 @KKWFRAGRANCE라는 향수병을 만들었어요"라고 트위터에 글을 올렸다.

자신의 몸무게를 기꺼이 받아들이기로 한 타이겐은 이에 질세라 곧바로 댓글을 달았다. "나도 거대한 내 몸으로 본을 떠서 경쟁 향수를 내놓을 거야. 아마 네 향수병보다 양이 두 배는 더 들어갈 걸. 사람들은 비슷하다면 양이 많은 향수를 사지 않겠니?"

크리시 타이겐이 그저 슈퍼모델이기만 한 것은 아니다. 모델로써 〈보그Vogue〉〈코스모폴리탄Cosmopolitan〉〈글래머Glamour〉 같은 매거진 표지를 장식하기도 했지만, 베스트셀러 요리책의 저자이기도 하고 자신의 이름을 건 브랜드를 론칭해 부엌 용품과 화장품을 판매하기도 한다. 그리고 세계적인 가수 존 레전드John Legend와 결혼해 두 아이를 낳았다. 분명히 그녀는 경력과 가족 그리고 외모를 관리하면서 열심히 일하고 있다. 그리고 자신이 얼마나 '거대한지' 트위터에 공개했다. (당시 그녀는 임신 6개월에 접어든 상태였다.)

10장 모두의 고정관념을 부수는 작은 균열

타이겐은 자신을 비방하는 사람이 있다는 사실을 잘 알고 있었다. 그리고 그들이 자신에게 어떤 인식을 가졌는지도 알았다. 그녀가 주목받고 싶어 안달 났다고 보는 사람도 있고, 집안일과 가족의 일상을 공개적으로 자랑한다고 비난하는 사람도 있었다. 그리고 그냥 너무 뚱뚱하다고 말하는 사람도 있었다.

그녀는 고정관념에 휘둘리거나 이를 무시하는 대신 있는 그대로 받아들인다. 그리고 그 고정관념을 자신이 원하는 방향으로 사람들의 생각을 이끄는 데 활용했다. 모델이자 엄마라는 자신의 역할을 드러내고, 체중과 상관없이 자아상이 어떻게 확장되는지 보여주며, 모든 정체성을 인정하고 멋지게 맡은 역할을 해내려 한것이다. 그녀는 슈퍼모델이자 존 레전드의 아내이며 루나와 마일스의 엄마이다. 진솔하게 살고자 최선을 다한 타이겐은 자기만의 방식으로 슈퍼모델이 되었다.

✳ ✳ ✳

인식은 중요하다. 사회가 발전하면서 긍정적이고 포용적인 태도를 수용하고 있지만, 여전히 모델 분야에는 대중의 인식이 중요한 영향을 미친다. 또한 좀 더 공정한 시스템과 포용적인 문화를 추구하려고 노력하지만, 우리 일상생활에서도 여전히 인식은 중요하게 작용한다.

크리시 타이겐은 모델이라면 날씬해야 한다는 사람들의 고정관념을 앞으로도 계속 인정해야 할 것이다. 내가 아시아 여성으로 사는 한 늘 마주해야 할 고정관념이 있다는 걸 인정하듯 말이다.

한번은 새로운 MBA 과정을 가르치고자 강의실에서 슬라이드 자료를 검토하고 있을 때였다. 당시 한 학생이 날 보고는 교수가 아니라 수업 준비를 돕는 IT 지원팀 직원으로 착각하는 해프닝이 있었다. 어떻게 보면 흔한 실수 아닌가? 그들은 아시아계 여성이 교수보다 기술 지원팀에 어울린다고 생각하니 말이다.

이 같은 고정관념은 사람 간의 상호작용에 깊게 침범한다. 그 일이 있고 며칠 뒤 나는 다양한 인종의 친구들과 저녁 식사를 했다. 그 자리에서 나는 수업 준비를 돕는 직원으로 오해받았던 이야기를 들려주었고, 대화는 그때부터 놀랄 정도로 급격하게 고정관념이라는 주제로 바뀌었다. "내가 흑인 여성이라면 화가 나 있는 공격적인 사람으로 치부돼. 그리고 내가 흑인 남성이라면 적극적인 성격에 운동을 잘하지만 멍청해서 아무것도 모르는 사람이 되는 거야."

인종적 고정관념은 순식간에 격렬하게 쏟아져 나왔다. 아시아인은 어딘지 부자연스럽고 온순하다, 라틴계 사람들은 시끄럽고 성격이 급하며 변덕스럽다, 흑인은 공격적이고 직설적으로 말하

　　　　　　　　　　　10장 모두의 고정관념을 부수는 작은 균열

며 위협적이다 등등. 성별에 따른 고정관념도 있었다. 남자는 주변을 어지럽히며 계획적이지 않다. 여자는 똑똑하지 않으므로 가정을 지켜야 한다.

문화적인 고정관념도 마찬가지였다. 미국인은 비만 체형이 많으며 게으르고 둔하다. 영국인은 부유하고 거만하다. 이탈리아인은 무리 지어 다닌다. 러시아인은 화를 잘 내며 보드카를 좋아한다. 나이지리아인은 위험하다. 바하마 사람은 인터넷을 사용하지 않으며 코코넛으로 가슴을 가린 채 온종일 해변에서 지낸다. 한국인은 항상 셀카를 찍는다. 싱가포르인은 껌을 씹으면 감옥에 간다 등의 고정관념이 있었다.

이는 계층에도 해당된다. 상류층은 잘 차려입고 지적 능력이 뛰어나며 우아하고 언변이 좋다. 중산층은 사무직 노동자이고 교외에 살며 집과 차를 소유하는 데 집착한다. 노동자 계층은 육체노동을 하거나 공장에서 일하고 저축을 거의 하지 않는다.

뭐 하나 빼놓지 말고 다른 고정관념도 얘기해보자. 정치인은 바람둥이가 많고 개인적 이득과 자기 집단의 혜택만 생각한다. 사서는 나이가 많고 지루하다. 금발은 멍청하다. 노인은 변화에 뒤처지며 10대는 반항적이다. 은행가는 성차별적이고 탐욕스럽다. 기술 분야에서 일하는 사람들은 괴짜다.

지금까지 거의 모든 사람의 심기를 제대로 불편하게 한 것 같은

가? 이제 고정관념과 연관된 문제가 왜 중요한지 살펴볼 차례다. 모든 사람에게는 자신만의 특별한 면이 있다. 하지만 누구든지 개인적 특성과 관계없이 고정관념과 판단에 따라 영향을 받기 쉽다. 사회적 지각에 관한 전통적 연구에 따르면 우리는 모두 어느 정도 고정관념에 의존한다.[1] 심리학자 마자린 바나지Mahzarin Banaji와 브라이언 노섹Brian Nosek은 사람의 외모와 표정, 목소리, 손동작, 몸의 자세나 움직임에서 얻은 정보와 관찰이 타인에 대한 전반적인 성향과 인상을 형성할 때 어떻게 사용되는지 보여준다.[2] 우리가 발휘할 수 있는 인지 능력과 작업 기억, 정신적 노력에는 한계가 있다. 따라서 우리는 행동을 관찰하여 얻은 데이터나 도움이 될 만한 간접 정보에 기초하여 한 개인을 추리하려고 한다.

이 과정에서 우리는 다른 사람들도 같은 방식으로 타인을 판단할 것이라 생각하게 된다. 따라서 모든 사람은 개인의 특정 방식으로 규정되는 오류의 희생양이 될 수 있고 심지어 불이익을 당할 수도 있다. 사람들은 주어진 시간에 처리할 수 있는 제한된 정보로 누군가를 판단하기 때문이다.

그렇다면 우리가 타인의 '짐'을 덜어주면 어떨까? 사람들이 어떤 이를 추리하고 인지하느라 할애해야 하는 수고를 덜어주면 어떻겠냐는 뜻이다. 그들이 고정관념으로 우리를 판단하도록 두지 말고 우리가 원하는 방향으로 인지할 수 있도록 도우면 어떨까?

부당한 판단을 인지하고 동시에 그들의 인식을 당신이 지향하는 쪽으로 안내하는 것이다. 다른 사람들이 당신에게 갖는 인식을 방관하지 말고, 바람직한 방향으로 그들의 의식을 이끌어라. 분명한 자기의식이 있고 타인이 자신에게 갖는 인식이 어떤지를 아는 사람은 외부에서 본인에게 기대하는 바를 명확히 파악할 수 있다. 따라서 목적이 불분명한 자기 발전에 몰두하거나, 외부에 맹목적으로 자신을 맞추지 않고도 우리는 자신에게 유익한 방식으로 사람들과 더 잘 어울릴 수 있게 된다.

그렇게 할 수 있고, 또 그렇게 해야 한다. 물론 언제나 이처럼 실천하기는 어려울 수 있다. 우리는 타인이 나를 부당하게 판단하는 일에 상처받으며 그릇된 편견에 불만을 느낀다. 그런데 언제 어디서나 편견은 존재한다. 때로는 믿을 수 없는 좌절감도 불러일으킨다. 이럴 때 자책하는 대신 타인의 편견을 바로잡을 수 있는 권한을 가져야 한다. 자신에게 유익하도록 상황을 뒤집어보자. 우리는 편견조차 오히려 도움이 되는 쪽으로 활용할 수 있다.

이것이 바로 내가 반복해서 강조하는 핵심이다. 다른 사람이 내게 갖는 인식을 적절히 안내한다면 우리는 그들의 고정관념에 휘둘리지 않을 수 있다.

사이러스 하비브Cyrus Habib는 워싱턴주 부지사에 출마하기로 결심하면서 앞으로 쉽지 않은 길이 펼쳐지리라는 것을 예상했다. 그는 자신이 키 크고 세련되며 카리스마 있는 전형적인 정치 후보자와 다르다는 사실을 잘 알고 있었다. 사이러스는 키가 작은 편이었고 행동이 세련되지 못하며 결정적으로 시각장애인이었다. 성공한 정치인의 모습과는 아무리 봐도 거리가 멀었다.

하지만 사이러스는 선거 당선보다 어려운 일도 해낸 경험이 있었고, 위대한 일을 이뤄낸 적도 있었다. 그는 이란 출신 이민자로 이미 로즈 장학생, 트루먼 장학생Truman Scholar이었고 소로스 장학생Soros Fellow으로도 선발된 경험이 있었다. 그는 컬럼비아 대학교와 옥스퍼드 대학교에서 공부했고 예일 대학교 법학대학원에서 학위를 받았다. 〈예일 로 저널Yale Law Journal〉의 편집장이라는 명예로운 역할도 맡았다. 이 모든 일을 완전히 앞이 보이지 않는 상태로 해냈다. 그는 여덟 살에 시력을 잃었다.

사이러스는 생후 4개월에 망막모세포종(망막의 시신경 세포에 발생하는 악성 종양으로 주로 소아의 눈에 발생한다-옮긴이)을 진단받았고 두 살이 되던 해 한쪽 시력을 잃었다. 그 후 몇 년에 걸쳐 건강한 눈의 시력도 점점 약해지더니 여덟 살에는 망막을 제거할 수밖에 없게 되었다.

사이러스가 처음 자기 이야기를 들려주었을 때 나는 슬픔과 안타까움에 빠졌다. 만약 그가 시각장애인이 아니었다면 얼마나 더 많은 일을 해냈을까? 하지만 곧 이렇게 생각하는 것조차 죄책감이 들었다. 사이러스에게 이런 내 심정을 솔직히 말하자 그는 누군가의 인식을 적절히 이끄는 놀라운 능력을 보여주었다. 그는 내가 느낀 슬픔과 연민이 예상했던 감정이라고 말했다. 그를 만난 사람들 대부분이 느끼는 감정이었기 때문이다.

시력을 잃은 것이 그에게 상실로 느껴지지 않는 이유를 듣게 되었다. 그는 세상에 대한 시각적 이미지를 기억할 만큼 충분히 세상을 보았다고 말했다. 그리고 어릴 때 시력을 잃은 것을 오히려 축복으로 생각했다. 보지 않고도 평범하게 사는 방법을 배우고 삶에 적응할 시간을 충분히 가질 수 있었기 때문이다.

사이러스의 이야기를 들으면서 나는 그가 지금까지 장애에 구애받지 않는 평범한 삶을 살았고 앞으로도 계속 그렇게 살아갈 것이라는 인상을 받았다. 그는 장애가 있지만 38년 동안 거의 모든 것을 성취했다. 나는 그의 말을 들으며 그에게 닥친 시련이 시각장애 자체가 아니라는 사실을 깨달았다. 이것은 장애를 극복한 이야기가 아니었다. 편견을 극복하는 이야기였다. 자신이 가진 장애와 타인의 편견을 극복한 방법은 다름 아닌 자기의식이었다.

사이러스가 초등학교 3학년 때 일이다. 그는 다른 아이들처럼 운동장에서 놀 수 없었다. 친구들이 정글짐에 올라가고 놀이기구를 탈 때 그는 담임교사 옆에 앉아 있어야 했다. 담임교사는 사이러스를 옆에 앉힌 이유에 대해 안전을 걱정하기 때문이라고 설명했다. 아마 실제로도 그런 마음이었겠지만 이 또한 일종의 편견이었다. 어린 사이러스는 이 같은 편견을 이해하기가 어려웠다. 화가 나고 좌절감도 들었다. 그는 교사들에게 매년 괜찮다고, 혼자서도 잘할 수 있다고 끊임없이 설명했지만 언제나 돌아오는 대답은 "너무 위험하다"라는 말이었다.

이런 대답은 운동장뿐 아니라 사이러스가 직면하는 모든 상황에서 반복적으로 들어야 하는 말이 되었다. 도서관에서 책을 빌리고, 가라테 수업을 듣고, 피아노를 배울 때도 마찬가지였다. 그가 시도해볼 기회를 가지기도 전에 사람들은 그가 해낼 수 없거나 실패할 거라고 가정했다. 이런 편견은 증오나 공포가 아니라 동정과 연민에 기초한 것이었지만, 그래도 명백한 불이익이었다. 그에게 정말로 장애가 된 것은 내가 그의 이야기를 들으며 느꼈던 연민과 죄책감에서 비롯한 편견이었다. 나 역시 겉으로 드러내지는 않았지만 그에게 기대치를 낮추고 있었다. 그를 압박하고 싶지 않았고 그가 스스로 감당할 수 있다고 생각하는 것보다 (그의 판단이 아니라 내 판단으로) 더 큰 부담을 주고 싶지 않았다.

어린 사이러스는 평일 저녁 시간과 주말을 엄마와 함께 운동장에서 보내기 시작했다. 운동장 지형에 익숙해지도록 장애물이 있는 장소와 날카로운 모서리가 있는 위치 등을 익혔다. 그는 뉴욕에 도착해서 포트 오소리티 버스터미널Port Authority Bus Terminal을 파악할 때도 똑같은 과정을 거쳤다. 옥스퍼드 대학교에서 캠퍼스 지리를 익히고 이 도시를 어떻게 다녀야 할지 파악할 때도 마찬가지였다. 그는 물리적인 공간을 탐색하는 방법을 배웠고 그 과정에서 다른 사람을 만났을 때 어떻게 대해야 할지도 알게 됐다.

사이러스는 부주지사 선거에 출마하기로 하고 친구들과 지지자들에게 의사를 밝힐 때부터 어떤 방해와 비판 그리고 우려를 받을지 이미 알고 있었다. 그리고 이 의혹들을 미연에 방지할 방법도 알고 있었다. 그는 오래전부터 길 안내를 받기 위해 누군가와 나란히 걷거나 동료나 친구 팔에 자신의 팔을 기대며 가야 할 곳을 알려줄 때 실제로 사람들을 이끌어왔다. 그래서 사람들이 의구심을 드러내며 출마를 포기하라고 은근히 설득할 때도 꺾이지 않을 준비가 되어 있었다. "이런 선거는 집집마다 찾아다니며 사람들과 만나야 할 일이 너무 많아요. 유세 활동도 적극적으로 해야 합니다. 당신 같은 조건을 가진 사람에게 너무 힘든 일이지 않을까요? 제대로 찾아다닐 수 있겠어요?"라고 사람들이 말할 때도 답변은 준비되어 있었다. 그는 사람들의 반응이 염려에서 비롯된 말이며,

그를 지지하고 안전을 보장하기 위해 한 말이라는 것을 이해하고 있었다. 하지만 사람들은 장애의 한계를 지나치게 걱정한 나머지 그의 강점을 보지 못했다.

사이러스는 그들에게 어떻게 대답했을까?

"나는 그들에게 뉴욕시 포트 오소리티 터미널이라는 장소를 들어본 적 있냐고 물었어요.³ 그리고 내가 그곳까지 가는 길을 어떻게 배웠는지 일깨워줬죠. '점자로 예일 대학교에 합격한' 것과 옥스퍼드 대학교에서 기숙사와 조약돌이 촘촘히 박힌 길을 돌아다닌 방법을 설명했습니다. 따라서 인근 지역을 다니며 집집마다 방문하는 일도 방법을 찾을 수 있다고 장담했어요. 나는 이보다 어려운 길도 헤쳐 나갈 수 있습니다."

사이러스는 정말로 그렇게 했다. 집집마다 다니며 선거 유세를 벌였고 유권자들과 대면했다. 그는 자신의 장애를 바라보던 친구와 멘토 들의 인식을 목표하던 방향대로 이끌어 자신의 꿈을 납득시키고 지지 세력으로 바꿨다. 그리고 유권자를 안내하는 데에도 같은 방식을 사용했다.

사이러스는 장애와 한계를 자신의 일부로 인정했다. 실제로 장애는 그의 일부이기 때문이다. 그가 한계를 대하는 방법, 겪어온 극복의 과정들은 사람들과 진심으로 소통할 수 있는 장점이 되어주었다. 이런 장점은 다른 사람이 그에게 갖는 편견을 유리하게 바꾸는 비결이었다.

마침내 사이러스는 워싱턴주의 부주지사로 당선됐다. 그리고 유권자에게 보여주었던 모습처럼, 이해가 깊고 세심한 정치인으로 빠르게 자리 잡았다. 그는 경험에서 비롯된 특유의 세심함으로 다양한 관점과 경험을 가진 사람들이 함께 중요한 사안을 토론할 수 있도록 안내했다.

사이러스는 말했다. "나는 사람들과 함께 걸을 기회를 잡습니다.[4] 그 과정에서 유대감이 형성되며 결국 우리는 같은 곳으로 가는 중이라는 사실을 알게 됩니다. 나는 사람들 인식 속의 내 모습 대신 진짜 내 모습으로 그들을 이끕니다." 그 덕분에 사이러스는 불이익을 이겨냈을 뿐 아니라 장애를 엣지로 확장하고 전환시킬 수 있었다.[5]

**멈추고, 버리고, 전환하라**

세상에서 가장 영향력 있는 스타트업 액셀러레이터이자 창업 자금 투자 회사인 와이컴비네이터Y Combinator를 설립한 폴 그레이엄Paul Graham이 이렇게 말했다.[6] "CEO의 강한 외국인 억양은 나쁜 이미지를 주는 특징 중 하나이다." 그는 강한 억양이 있으면 의사소통이 어렵다고 말하며 "조금이라도 생각이 있는 사람이면 자연스러운 영어를 구사해야 성공할 가능성이 크다는 사실을 안다. 그래서 그들은 강한 억양을 없애지 못하면 당황스러워한다."

이 발언으로 심각한 반발을 일으킨 그레이엄은 자신의 입장을 자세히 설명했다. 성공적으로 회사를 운영하려면 설득이 큰 역할을 하고 다른 사람과 비전에 대해 정확하게 소통할 수 있어야 하는데 강한 억양은 소통을 방해할 수 있다는 내용이었다.

그레이엄의 발언을 들은 나는 곧 외국인 억양에 관한 고정관념을 연구하기로 했다. 연구 결과, 러시아인이나 일본인이 구사하는 영어처럼 미국에서 비표준 억양이 있는 사람들은 실제로 중간급 이상 고위 관리직으로 승진할 가능성이 훨씬 낮았다.

이런 일이 일어나는 가장 공통적인 원인은 무엇일까? 이는 그레이엄이 가정한 것처럼 비표준 억양을 사용하는 사람이 의사소통을 제대로 하지 못한다는 고정관념 때문이었다. 나는 이 점을 실험해보기로 했다. 연구 실험에 참여한 사람들에게 외국인 억양이 있는 사람과 표준 미국 억양이 있는 사람이 말하는 내용을 무작위로 선정해 들려주었다. 그리고 이들이 이해한 내용에 아무런 차이가 없다는 결과를 확인했다. 참가자들이 들은 사실과 세부내용을 복기시켰을 때 그들이 수집한 정보에는 억양에 따른 차이가 전혀 없었다.

10장 모두의 고정관념을 부수는 작은 균열

조금 더 깊이 파고들면서 내가 동료와 함께 밝힌 내용은 더 놀라웠다. 승진을 판단하는 결정권자들은 성별, 인종, 민족이 다를 경우에 억양에 따라 (공개적으로) 차별해서는 안 된다는 사실을 잘 알고 있었다. 그런데도 사람마다 차이가 있는 팀워크, 독창성 같은 항목에서 외국인 억양이 있는 사람은 한 명도 빠짐없이 낮은 점수를 받는 일이 일어났다.[7] 이 결과로 미루어 보아 강한 억양을 구사하는 사람은 관리직으로 승진할 가능성이 낮다는 사실을 짐작할 수 있었다.

외국인 억양이 있는 창업가들에게서 찾아낸 결과도 비슷했다. 강한 억양이 있는 사람은 의사소통에 전혀 문제가 없는데도 다른 사람에게 영향력을 미치는 능력에서 낮은 점수를 받았다. 영향력은 모든 투자자가 스타트업 창업가를 평가할 때 중요하다고 여기는 주요 판단 기준이다. 따라서 점수를 낮게 받은 이들은 스타트업 자금을 조달해올 가능성이 훨씬 낮았다.

하지만 눈길을 사로잡는 결과가 있었다. 비표준 억양을 지닌 사람이 리더 자리로 승진하거나 투자받을 가능성은 낮았지만(두 경우 모두 '대인 관계 능력'이 부족하다는 판단을 받았기 때문이다), 이런 인식을 미연에 방지할 방법이 있다는 것이었다. 비표준 억양을 구사하는 사람들에게 억양으로 인해 부정적인 판단을 받을 수 있다는 점을 인지시키고, 타인의 이런 판단이 당신의 능력을 제대로 알리지 못하도록 만든다고 한번 짚어주었더니 사람들은 자신의 강점을 부각하며 타인의 판단과 오귀인misattribution을 바꾸었다.

이를테면 이런 식이다. 채용 면접 장소에 있던 지원자 에밋은 "제가 혹시 영향력 있게 소통하지 못하는 것처럼 보일 수 있다는 점을 잘 알고 있습니다. 하지만 제가 팀에 필요한 자원을 얻기 위해 얼마나 치열하게 애썼는지를 들어보시면……"이라며 말을 시작했고, 실제로 억양이 없는 사람보다 높은 점수를 받았다. 또 우리가 지원하는 창업가 중 한 사람인 니엔 키는 '유리한 가격 조건을 확보하려고 수많은 공급자 시장을 정치적으로 탐색'했던 자신만의 강점을 부각하여, 투자자들의 인식을 이끌고 경쟁자보다 더 많은 자금을 확보했다.

'불이익을 당하는' 사람이 착각하기 쉬운 것이 있다. 이들은 타인의 잘못된 판단에 별다른 반응을 보이지 않으면서 부당함을 협상에 써먹을 수 있는 히든 카드라도 되는 것처럼 여긴다. 그러나 여러 연구 결과에서는 밖으로 드러나지 않은 편견이나 고정관념을 전면에 내세워 거론하는 것이 차별을 줄이는 최선의 방법은 아니라고 말한다.* 편향에 직접 부딪히면 오히려 편견과 차별이 증가하는 형태로 반발이 이어질 수 있다.[8] 심리학자 알렉산더 초프

---

* 가령 "제가 여자라서 공학 분야를 모를 거라고 가정하지 마세요"라고 말하거나 "나를 형편없는 운전기사라고 보는군요. 내가 아시아인이라서 그럽니까?"라고 쉽게 단정 짓는 경우가 있다. 나도 인생의 어느 시점에서는 이 두 가지 사례처럼 어리석게 말했을 수도 있다.

10장 모두의 고정관념을 부수는 작은 균열

Alexander Czopp, 마고 몬테스Margo Monteith, 에이미 마크Aimee Mark의 연구에 따르면 대립은 곤란한 상황에 처한 사람의 적대감을 높일 뿐 아니라 상대방에 대한 우리 자신의 내면에서도 부정적인 감정을 형성하는 것으로 나타났다.[9]

특정한 편견을 해결하겠다는 목적으로, 반드시 타인의 행동 변화나 구조적 개선을 촉구하며 나설 필요는 없다. 그런 방향에 집중하면 때로는 해결에서 더 멀어질 수도 있다. 간단히 말해 우리는 사람들의 인식을 안내하고 적절한 방향으로 인도하는 능력을 보여주면 된다. 이로써 사람들이 만드는 고정관념을 해결할 수 있고, 새로운 고정관념이 생기는 고리를 끊을 수 있다.

찰리 멍거는 이렇게 말했다. "당신을 둘러싼 세상의 본질을 인식하고 거기에 적응하라. 세상이 당신에게 적응하리라고 기대하지 말라."[10] 타인이 당신을 어떻게 보는지 이해하면 사람들의 인식에 좌우될 필요가 없다. 당신은 바라는 대로 그들의 인식을 긍정적인 방향으로 안내할 수 있다.

＊＊＊

돈 피츠패트릭Dawn Fitzpatrick이 스물두 살에 미국 증권 거래소에서 사회생활을 시작했을 때 직원들은 그녀가 얼마나 오래 버틸지 내기했다.[11] 피츠패트릭은 그들이 얼마나 버틸 수 있을지 스스로도 불안해서 이런 내기를 하게 된 것임을 이해했다. 그들이 그녀에게 확신이 있는지를 묻는 것에는 그들 자신을 향한 의심이 내포되어 있다고 생각했다. 또한 그녀에게 위험을 감수할 수 있겠느냐고 묻는 것은 그들의 위험 회피성이 반영된 질문이라고 생각했다. 그녀는 이런 질문에 흔들리지 않기 위해 영역을 만들고 자신만의 기준을 세웠다. 그리고 더는 남성 동료들의 기준에 따라 자신이 규정되거나, 그들이 확립한 것에 좌우되지 않기로 마음먹었다.

피츠패트릭은 UBS 투자은행에서 근무할 때 책상 아래에 늘 명품 브랜드 구두인 크리스찬 루부탱Christian Louboutin을 두었지만, 종종 구두를 신지 않고 사무실을 돌아다니곤 했다. 그녀가 생각하는 자신감의 표현 방식은 사람들의 생각과 완전히 달랐다. 어려운 결정을 내리고 위험 요소가 있는 투자를 시도하는 그녀의 능력을 주변에서 의심할 때마다 그녀는 휘말리는 것을 거부했다. 그리고 서열 싸움이나 영역 다툼, 이해득실, 경쟁적 성공에서 멀찍이 떨어졌다. 오히려 위험한 투자에서는 겸손한 태도로 손실에 더 빠르게 대비할 타이밍을 꿰뚫는 통찰력을 발휘하여 자신의 위치를 공고히 했다. "제게는 더 겸손하게 투자하는 경향이 있고…… 이 점 덕분에 동료들의 일반적인 방법보다 효과적으로 빨리 손실을 줄이고 있으며, 이 방식은 저의 투자 신념이기도 합니다. 저는 이 신념을 효과적으로 전달합니다." 그녀는 자신의 위치를 이런 식으로 안내하고 증명할 수 있었다.

피츠패트릭은 이렇게 말했다. "한때는 190센티미터가 넘는 키에, 미식축구선수 출신이며 금발인 남자였으면 좋겠다고 생각한 순간도 분명히 있었어요. 하지만 제 상황에서 갖게 된 장점들을 생각하면 금방 상쇄됩니다. 저는 제게 생긴 강점들로 사람들의 인식을 안내합니다."[12] 그녀는 지금 월스트리트에서 가장 영향력 있는 여성 중 한 명이고, 소로스 펀드 매니지먼트Soros Fund Management의 최고투자책임자로 260억 달러 규모의 펀드를 운용한다.

이 분야의 많은 연구에서는 타인의 인식을 적절한 방향으로 안내하려면 두 가지 주요 항목에서 사람들이 당신을 어떻게 생각하는지 이해하라고 말한다. 첫째는 상대와의 권력이나 지위 차이이고, 둘째는 협력적이거나 경쟁적인 상호 의존성이다.[13] 권력과 지위 차이는 상대적으로 간단하게 설명할 수 있다. 이는 사회적 위계질서 안에서 서로가 상대적으로 어느 위치에 있는지 확인하는 것을 말한다. 좋거나 나쁜 일이 아니다. 사회생활의 기본적인 요소를 결정하는 일일 뿐이다.[14] 이것은 개인 사이의 역학 관계를 조정할 때 자연스럽게 드러난다. 하지만 개인 간이나 조직 간의 권력 차이가 클 때는 협력적이거나 경쟁적인 관계의 성격에 따라 인식을 더 적절히 이끌고 대응할 필요가 있다.

상대방의 요구 사항을 잘 예측하고 그들의 목표를 고려하여 당신의 요구를 주체적으로 조정할수록 당신은 상대의 힘에 흔들리지 않고 상황을 이끌고 개선하여 가치를 증명할 수 있다.

한편 권력 차이가 전혀 없는 경우에도 협력적이거나 경쟁적인 역학 관계는 여전히 지속된다. 협력적 상호 의존과 경쟁적 상호 의존은 당신이 상대방에게 기대하는 바가 협력인지 경쟁인지를 나타낸다.[15] 이러한 역학 관계는 판단에도 영향을 미친다. 가령 당신이 같은 조직에서 일할 지원자를 면접한다고 가정해보자. 그 지원자가 당신과 협력하거나 함께 일함으로써 이득을 가져다줄 사람이라 생각하는가? 아니면 당신과 같은 분야에서 경쟁할 사람이라 예상하는가? 만약 전자의 경우라면 당신은 그 지원자에게 유리하게끔 판단할 것이다. 하지만 후자라면 그를 차별할 수도 있다.

이 내용을 일상적인 언어로 바꾼다면 이렇게도 표현할 수 있다. "우리는 조화를 이루며 살아가지만 사실 마법이 일어나는 순간은 서로 다른 점이 뚜렷할 때다." 천재 피아니스트 김지용이 한 말이다. 즉, 우리는 함께 어울리며 살아가지만 꼭 똑같은 모습이어야 할 필요는 없다는 뜻이다.

이런 판단은 당신이 상대와 상호작용을 이끄는 방법에도 영향을 미치기 때문에 중요하다. 돈 피츠패트릭이 동료들에게 인정받을 수 있었던 이유는 협력적인 상호 의존을 형성하면서 권력과 지위의 차이를 수평적으로 만들었기 때문이다. (권력과 지위가 관계에 미치는 영향력이 없어 보이도록 했다.) 그녀는 자신감과 위험에 관한 개념을 동료들과 다르게 정의했고, 동료들이 자신을 경쟁자로 여긴다는 사실을 인지했다. 그리고 이런 경쟁적 분위기를 완화하려고 동료들이 자신에게 갖는 인식을 상호 의존적인 방향으로 영리하게 이끌었다.

＊＊＊

새로운 MBA 과정 강의를 준비할 때 나는 IT 지원팀이 아니라 교수처럼 보이도록 대비했다. 학생들이나 동료들과 이야기를 나누며 미리 알아본 결과 학생들이 나에게 갖는 공통적인 인식이 있었다. 그들이 생각하는 교수라는 이미지에 내가 '어울리지' 않았던 것이다. 나는 사람들이 으레 떠올리는 교수의 모습보다 젊고 여성스러웠다.

  그래서 학생들의 인식을 바꿔보기로 했다. 나는 첫 수업의 포문을 이렇게 열었다. "내가 걸스카우트 쿠키를 팔려고 온 것처럼 보이는 거, 나도 알아요." 교수치고는 젊은 여성이라는 학생들의 인식을 한 번 건드린 뒤 교수로서의 자격으로 전환한 것이다.* 그 결과 앞으로 지향해야 할 수업 분위기를 재빨리 형성할 수 있었다.

개강 주간이 끝나기 전 무척 비슷한 일이 있었다. 나는 진행 중인 연구를 위해 한 벤처캐피털리스트를 인터뷰할 예정이었다. 그의 사무실로 간 나는 진열장에 있는 유명한 농구선수의 사인볼을 보고 무척 흥분했다. 패트릭 유잉Patrick Ewing, 존 스탁스John Starks, 찰스 오클리Charles Oakley를 비롯해 이전에 뉴욕 닉스New York Knicks팀에서 뛰었던 많은 선수의 사인볼이 있었다. 나는 닉스팀의 광팬으로 거의 모든 경기를 보면서 자랐다. 그런데 이런 이야기를 하자 투자자가 비웃는 듯한 표정을 지었다. 나는 금방 알아차렸다. 그는 내가 젊은 아시아 여성이기 때문에 닉스팀에 관해 알면 얼마나 알겠느냐는 생각으로 나를 쳐다본 것이었다.

나는 농구 얘기를 잠깐 멈추고 대화를 다른 방향으로 돌렸다. 공학자(그것도 아시아 여성 공학자)로서의 이력과 벤처캐피털리스트들과 연구를 진행했던 경험을 이야기하자 입지는 금세 단단해졌다. 그런 분위기가 만들어진 뒤 나는 닉스팀에 대해 알고 있는 통계나 사실들을 대수롭지 않은 듯 대화와 연결 지었다. ("아, 그렇게 거래를 성사시켰군요. 때로 입장을 강화하려면 배후에 앤서니 메이슨Anthony Mason 같은

---

* 인식 전환에 있어 선을 넘지 않으려고 주의한다. 학생들이 내가 부정적 인식을 지나치게 신경 쓴다고 생각하면 역효과를 낼 수 있기 때문이다. 말하자면 '너무 애쓴다'라는 인상을 주지 않는 것이 좋다.

10장 모두의 고정관념을 부수는 작은 균열

괴력의 선수도 필요하죠. 제가 제대로 봤나요?") 이런 대화는 투자자를 즐겁게 했고 심지어 깊은 인상을 남겼다.

상대방의 인식을 안내하고 바꾸기 위해 나는 고정관념에서 출발했다. 그는 아시아 여성인 내게 갖는 기본적인 선입견과 기대하는 행동 등이 있었다. 나는 내가 원하는 방향으로 상대방의 인식을 전환하려고 이 고정관념을 약간 비틀었다. 그리고 투자자는 그 자리에서 내가 얻길 바랐던 모든 정보를 주었다. 인터뷰 후 일어설 때 그는 내가 원하는 날에 메디슨 스퀘어 가든Madison Square Garden에서 열리는 닉스 경기를 선수들 코앞에서 볼 수 있도록 티켓을 두 장 보내주겠다고 약속했다.

다른 사람이 갖는 편견과 고정관념을 당신에게 유리한 방식으로 이용하라. 그리고 당신이 보여주고 싶은 특성을 그들이 볼 수 있도록 안내하라.

> 원칙 10
> 다른 사람이 자신을 어떻게 생각하는지 잘 알아야 한다. 그래야 당신을 적절하게 인식하도록 사람들의 사고를 바꿀 수 있다.

# 타인에게 섣불리 판단당하지 말라

당신의 사명은 사람을 이끄는 것이 아니다. 당신은 자기만의
길을 찾아야 한다.

— 타나베 옐로Yellow Tanabe

다른 사람이 우리를 어떻게 생각하는지 알아맞히기란 때로 퍼즐 맞추기 같다. 처음에는 전체 그림이 어떻게 보일지 어렴풋이 짐작만 할 수 있지만 조각들이 맞춰지면서 그림은 더 구체적이고 분명해진다. 그러나 새로운 퍼즐을 하기 시작할 때면 또다시 완성된 그림이 무엇인지 알기 어려워지는 것처럼, 우리는 새로운 사람과 상호작용할 때마다 그 사람의 인식이 모호하게 느껴진다.

사실 다이어트를 하는 것도 비슷하다. 몇 년 전 나는 팔레오 다이어트Paleo diet에 돌입하기로 결심했다. 한동안 크게 인기를 끌었던 다이어트 방법이라 아마 여러분도 들어봤거나 직접 해봤을 수 있다. 친구 애나는 팔레오 다이어트가 자신의 인생을 바꿨다며 흥

분해서 이야기하곤 했다. 그녀는 놀라운 결과를 체험했다. 믿을 수 없이 달라진 몸을 보자 나는 문득 질투가 났다. 그래도 "정말 몇 킬로그램이 그냥 사라진다니까!"라고 애나가 말할 때마다 진심으로 함께 기뻐해주려고 노력했다.

자, 이 친구는 의지력이 없기로 유명했다. 책에 나오는 모든 다이어트를 해봤지만 계속 유지한 적이 없었다. 그런데 그녀가 이번에는 행복하고 놀라운 경험을 했다며 감탄하고 있다. 나는 친구를 응원하고 싶었다. 그리고 애나가 할 수 있다면 나도 할 수 있다고 마음먹게 되었다.

한동안은 나도 팔레오 다이어트를 훌륭하게 해냈다. 설탕, 오트밀, 곡물류, 일반적인 가공식품을 포함하여 많은 음식을 피해야 했다. 그런 식생활에 익숙해지는 데 며칠이 걸렸지만 그런대로 견딜 만했다. 하지만 내 경우 유제품을 끊는 일이 정말 힘들었다. 나는 치즈와 사랑에 빠져 있었지만 피해야 했다. 다행히 팔레오 다이어트는 육류를 많이 먹을 수 있고 (심지어 베이컨도!) 오일 섭취도 제한하지 않기에 대체로 괜찮았다.

첫 번째 주는 무기력한 기분이 들었다. 애나는 첫째 주에 그런 기분이 들면 다이어트가 잘되고 있다는 뜻이라고 했다. (실제로 그런 것 같다. 사람들은 이 증상을 '팔레오 감기'라고 부른다. 첫째 주에는 감기에 걸린 것처럼 피곤하고 아프고 기운이 없기 때문이다.) 마침내 조금씩 결과를 보이기 시작했다. 체중이 몇 킬로그램 줄어든 것이다. (애나만큼은 아니지만 아무튼…….)

그리고 다이어트는 점점 더 쉬워졌다. 나는 아침 식사로 달걀만 먹는 데 익숙해졌다. 일반 식재료에 아몬드 버터와 견과류를 포함 시켰고 파스타면 대신 국수호박에 미트볼과 파스타 소스를 넣어 먹었다.

셋째 주, 넷째 주, 다섯째 주가 지났다. 나는 팔레오가 식이요법 이 아니라 라이프스타일이라고 이야기하기 시작했다. (그렇다. 나는 좀 아니꼬운 인간처럼 보였을 것이다.) 그런데 팔레오 다이어트를 시작한 지 6주쯤 되었을 때 일이 벌어졌다. 악몽 같은 알레르기 반응이 일 어난 것이다. 발진과 부기가 생기고 얼굴 전체에 수포가 퍼졌다. 특히 입 주변에 심한 물집이 잡혀 꼴이 가관이었다.

그때 나는 유전자 구성에 따라 각자 체질이 다르다는 사실을 알 게 되었다. (지금 생각해보면 너무 당연한 얘기지만.) 체질이 다르면 식이 요법도 달라야 했다. 그 가운데 하나가 아르기닌-라이신 균형이 라고 부르는 것이었다. (라이신과 아르기닌은 단백질이 풍부한 음식에 함유 된 아미노산이다.) 견과류 알레르기는 없었지만 이를 너무 많이 섭취 했고 아르기닌-라이신 균형이 무너진 탓에 내 몸에는 라이신이 매우 부족한 상태였다. 알고 보니 나는 유제품 섭취가 필요한 유 형이었다. 치즈류를 많이 섭취해야 하는 체질이었던 것이다.

11장 타인에게 섣불리 판단당하지 말라

내가 이 일을 계기로 얻은 교훈은 무엇일까? 모든 다이어트가 체질에 맞는 것은 아니라는 점이다. 단지 팔레오 다이어트가 치즈 섭취를 제한하기 때문에 내가 치즈를 많이 먹을 수 없었다는 이야기가 아니다. 더 철학적으로 말하자면, 세상에는 셀 수 없이 많은 사람이 살고 그들은 모두 다른 것을 필요로 하거나 원한다. 어떤 상황에서든지 엣지를 만들려면 나 자신을 바라보는 관점과 특성에 맞는 개별적인 접근이 필요하다. 우리는 다른 사람이 만든 길을 단순히 따라가지 않으며, 자신의 길을 찾아야 한다.

＊＊＊

세상에는 각기 다른 사람들만 셀 수 없이 많은 것이 아니다. 변덕스럽고 불완전하거나 타인에게 무거운 기대를 거는 사람들도 많다. 우리는 날마다 그런 사람들을 상대하면서도 이 사실을 자꾸 잊는다. 권력이 있거나 다수를 대신하여 의사를 결정하는 사람들 중에도 비슷한 부류가 많다. 그런데도 우리는 사회 구성원이 대체로 합의를 이룬다고, 세상에는 일반적으로 따르는 신념과 인식의 보편적인 범주가 있다고 생각하는 경향이 있다.

이는 사실과 거리가 멀다. 우리 삶의 방향을 바꿀 정도로 중요한 결정권을 가진 사람들도 본인이 무엇을 추구하며 어떤 결정을 내려야 하는지 모르는 경우가 많다. 심지어 무엇을 추구하는지 안다고 주장할 때조차 그때그때 상황에 따라 목표가 달라진다.

나는 지난 10년 동안 창업가 500명, 투자자 350명 이상을 만나고 인터뷰했다. 그때마다 창업가에게 '투자자가 당신에게 기대하는 가장 중요한 한 가지 자질이 무엇이라고 생각하는지' 물었다. 그들의 대답은 언제나 '열정'이었다.

투자자에게도 비슷한 질문을 한다. 투자를 결정할 때 창업가에게 바라는 가장 중요한 속성 한 가지를 말해달라고 하면 그들 역시 대부분 열정이라고 대답한다. 마크 서스터<sup>Mark Suster</sup> 같은 사람은 단번에 말한다. "열정적인 창업가에게 투자하는 것이 제 목표입니다. 열정, 그게 전부입니다." 그는 주저함 없이 이렇게 의견을 밝힌다.

다른 투자자들은 좀 더 노골적으로 설명하기도 한다. 가령 한 투자자는 내게 이렇게 말했다. "나는 새벽 4시에도 사업을 생각하면 설레어 잠들 수 없는 사람을 원합니다."

이렇게 말하는 사람도 있다. "이 친구는 사업 이야기를 할 때 얼굴이 환해집니다. 내가 하는 이야기에 깊은 관심을 보이죠. 그리고 그 이야기를 마침내 현실로 만듭니다. 열정이 눈에 보일 정도로 강렬해요."

그 외 사람들도 자신의 주장을 뒷받침할 철학을 제시하며 열정이 무엇을 의미하고 그들에게 왜 이토록 중요한지 설명하려 한다.

'어떤 일이든 성공의 90퍼센트는 관심을 기울이는 데서 출발한다. 놀랍게도 갈수록 많은 창업자가 이 사실을 제대로 모르는 것 같다. 10퍼센트는 운과 기술에 달려 있다. 하지만 어떤 일에 신경 쓰고 열정을 가지면 결국 최선을 다하게 된다. 그리고 어떤 식으로든 실패하지 않는다. 이는 당신이 상상하는 것보다 훨씬 중요한 문제다.'

연구를 위해 창업가의 열정에 관한 인식을 조사했다. 투자자들의 생각이 옳았다. 열정은 매우 중요했다. 이것은 누가 스타트업 투자를 받을지 결정하는 가장 중요한 요소 중 하나였다. 경쟁 피치에서 발표하는 창업가들 가운데 열정이 높다고 평가받은 사람이 열정이 낮다고 평가받은 사람보다 7.4배 더 많은 금액을 투자받았다.[1] 성과나 수익성, 제품 성능, 시장 규모 같은 객관적 데이터가 부족해도 열정이 높다면 이를 만회할 수 있었다.

창업가가 투자자에게 사업 계획을 설명할 때 열정을 보여주어야 한다고 느끼는 것은 당연하다. 그래서 창업가들은 내게 종종 방법을 묻기도 한다. 일부 학자들은 열정이 무엇인지 정확히 정의하려고 노력한다. 이를테면 페이스 대학교Pace University 교수 멀리사 카든Melissa Cardon은 창업가의 열정을 연구하는 몇몇 동료들과 함께 열정이란 "창업 과정에 뛰어들며 생겨난 창업가의 강렬하고 긍정적인 감정"이라고 정의했다.[2]

창업가의 열정은 투자자에게도 영향을 미치는 듯하다. 투자자들은 창업가의 열정을 보며 내적 감정의 변화를 경험한다.[3] 나는 여러 투자자가 비슷하게 말하는 것을 들었다. "그 사람은 일에 정말 열정적이어서 나까지 마음이 끓도록 만들었어요. 내가 그 사람과 똑같이 흥분하고 있다는 걸 느낄 수 있었죠."

따라서 적어도 스타트업 세계에서 엣지를 얻는 비결은 자기의식을 분명히 하고, 열정을 더욱 집중적이고 발전적인 방식으로 보여주는 것이 되겠다. 그렇지 않은가? (물론 언제나 그런 것은 아니지만.)

나는 여기서 투자자들이 열정적인 창업가를 원한다고 말할 때조차 그들의 머릿속에서는 그런 창업가가 어떤 사람인지 명확하지 않다는 점을 깨달았다. 투자자들은 열정이 진짜 무엇인지 의견을 모으지 못한다. 저마다 열정을 다르게 정의하기 때문이다. 어떤 투자자는 창업가가 회사 비전에 열정을 보여주어야 그 회사를 신뢰할 수 있다고 생각한다. 다른 투자자는 열정이 헌신을 보여주는 일이라고 생각한다. 경영난 등 사업을 하며 겪는 지난한 과정을 거치는 동안 이를 버틸 수 있는 열정이 있는지 보는 것이다. 투자자에 따라 열정과 헌신을 연결지어 생각하는 사람도 있고, 완전

11장 타인에게 섣불리 판단당하지 말라

히 다른 것으로 생각하는 사람도 있다. 이처럼 사람마다 열정을 보는 관점이 다르기 때문에 당신이 창업가라면 바로 앞에 있는 투자자 성향에 적합한 열정의 속성을 강조해야 할 것이다.

하지만 투자자들의 성향 차이가 누구는 열정을 X, 다른 누구는 Y라고 생각한다고 정의할 만큼 단순한 문제라고 볼 순 없다. 나는 개인 투자자들에게 열정을 정의해보라고 종종 요청하는데 대부분은 분명하게 대답하지 못한다. 이런 경우가 있었다. 한 투자자가 자신은 열정 없는 사람에게 투자하지 않는다고 했다. 5분쯤 지난 다음 나는 그에게 질문했다. 객관적인 사업 데이터를 검토할 때는 좋은 투자 기회라고 판단했으나 끝내 투자하지 않기로 한 창업가가 있다면 어떤 사람이었는지 설명해달라고 말이다. 그는 이렇게 말했다. "그런 적이 한 번 있었어요. 커피를 이상할 정도로 너무 많이 마시더라고요. 정말 열정적인 사람이었지만 결국 투자하지 않았어요." 사람들은 자신이 한 가지만 본다고 생각하지만, 그 한 가지는 이처럼 언제든지 달라질 수 있다.

사람들은 자신이 타인에게 무엇을 기대하는지 모를 뿐 아니라 실제로 당신이 열정이나 카리스마를 설득력 있게 드러낸다 해도 알아채지 못할 것이다. 이것은 일종의 '스포트라이트 효과'로 어디서나 생기는 현상이다.[4] 우리 모두는 자기 세계에서 중심에 위치하고 있다. 그러다 보니 다른 이의 세계에서는 본인이 어느 누구의 중심도 아니라는 사실을 자주 잊는 경향이 있다. 우리는 자신에게만 집중하여 타인에게 미치는 본인의 영향력을 지나치게 과대평가할 때가 있다.

본인에게만 비추고 있는 스포트라이트를 다른 방향으로 돌려서, 다른 사람과의 관계를 균형 있게 사고할 수 있도록 훈련할 필요가 있다. 생각의 과정을 적절하게 안내하면 다른 사람이 당신을 보고 인식을 형성하는 순간 틀을 바로잡을 수 있다.

\*\*\*

언젠가 와인 라이브러리Wine Library와 베이너미디어VaynerMedia를 배후에서 지휘하는 게리 베이너척Gary Vaynerchuk이 내게 말했다. "나는 어떤 사람의 의견도 신경 쓰지 않아. 누구에게도 기대가 없기 때문이지." 나는 재빨리 (그의 표현을 빌려) 이 말이 헛소리라고 일축했다. 그리고 게리의 회사가 성공할 수 있었던 큰 이유가 그의 대중적인 페르소나 때문이라고 말하며, 그가 타인에게 각인된 이미지와 실제 자기의식을 얼마나 밀접하게 조화시키고 있는지를 짚었다. 그는 자신의 존재를 알리는 데 전혀 거리낌이 없었으며, 다른 사람이 생각하는 자신의 모습과 실제 모습의 조화를 유지했다. 그는 이렇게 대꾸했다. "아니, 나는 베이너미디어를 떠났고 처음부

11장 타인에게 섣불리 판단당하지 말라

터 다시 시작할 거야. 그래야 엄청난 회사를 또 만들 것 같거든. 재미있을 거야." 이는 내가 하려던 말과도 정확히 같았다.

게리는 고등학교 시절 모범생이 아니었다. 근거 없이 하는 말이 아니다. (그러나 결국 그는 순자산만 1억 6,000만 달러가 넘는 사람이 되었고 내가 가진 재산은 거의…… 이런 얘기는 하지 말자.) 우리는 뉴저지 중부 외딴 지역에 있는 공립 고등학교에 재학했기 때문에 나는 그가 모범생이 아니었다는 사실을 알고 있었다. 게리는 나처럼 황금별을 받으려고 노력하는 대신 야구 카드를 사고 파는 작은 부업을 하느라 바빴다. 그는 지역 쇼핑몰에서 열린 야구 카드 행사를 보러 갔다가 사업을 시작했다. 자릿세 100~150달러를 내고 카드를 팔아 이윤을 남겼다. 카드를 팔지 않을 때는 와인과 그 외 주류를 취급하는 아버지 가게에서 얼음을 깨고, 선반을 채우고, 재고를 관리하며 일을 도왔다.

한번은 게리가 외부의 어떤 영향도 받지 않고 있는 그대로의 모습으로 살았다면 스포츠 경기를 보고 야구 카드를 찾으며 20대를 보냈을 거라고 말한 적이 있다. 하지만 그는 아주 일찍부터 강한 자기의식을 길러왔고, 자기 정체성과 (가업을 돕는 일과 같은) 외적 책임이 균형 있게 양립하도록 상황을 이끄는 방법을 찾아냈다. "와인이 야구 카드와 다르지 않더라고. 매달 〈베케트 Beckett Monthly〉 잡지가 나오면 어떤 야구 카드의 순위가 올라가고 내려가는지 알 수 있었지. 와인도 마찬가지였어. 〈와인 스펙테이터Wine Spectator〉에서 와인을 평가하고 모든 소매상이 어떤 와인을 사고 팔아야 할지 정하더라고. 그러니 기본적으로는 똑같은 거야. 재미있지 않아?"

대학을 졸업한 뒤 게리는 가족이 운영하는 와인 상점에서 정식으로 일했고, 야구 카드를 팔 때 습득했던 기법을 이곳에 적용하기 시작했다. 그는 추억에 잠겨 말했다. "예전에는 '이 야구 카드는 어때요?'라고 말했다면 이제는 '행사 중인 이 와인은 어때요?' '이런 와인을 한번 가져가보시면 어때요?'라고 권하는 거야." 그는 지칠 줄 모르고 매일 판매와 관련된 아이디어를 열다섯 개에서 스무 개씩 내놓았다.

게리는 가장 친한 친구 브랜던과 함께 일하면서, 아버지의 상점을 주요 와인 매장으로 전환하여 매출을 높일 아이디어를 계속 떠올렸다. 하지만 얼마 지나지 않아 이 업계에서 본인이 상대적으로 불리한 위치에 있다는 사실을 깨달으며 장벽에 부딪혔다. 그는 업계에서 전문가가 되기에 너무 어리고 경험도 부족해 보였다. 게리의 가족은 포도밭을 소유한 것이 아니라 그저 와인과 주류를 할인 판매하는 가게를 운영하고 있었다. 게리의 사고방식도 업계 분위기와는 완전히 달랐다. 와인 업계 사람들은 그가 신성한 와인 사업을 존중하지 않는다며 분개했다.

게리와 브랜던은 고객의 눈에 드는 와인 매장처럼 보이려면 무엇보다 트렌드에 민감해야 한다고 생각했다. 야구 카드를 팔 때 선수 소식과 동향 정보를 계속 주시한 것과 같았다. 두 사람은 와인 업체 중 호주와 스페인에서 대규모로 수입하면서도 덜 알려진 곳을 찾아 접촉했고 이것을 시작으로 최고급 와인 생산 지역까지 협력 범위를 확대해나갔다. 결국 그들은 시간이 흐르면서 신흥 지역에서 생산되는 고급 와인 중 엄선된 제품의 물량을 확보할 수 있었다. 나중에 이 와인들은 소장용 가치를 지닌 명품 와인으로 인정받았다. 그러자 이미 명품으로 이름이 알려져 있는 인시그니아Insignia, 도미누스Dominus, 케이머스Caymus처럼 좀 더 전통적인 소장용 와인도 납품받을 수 있게 되었다. 이전에는 사업주를 직접 알거나 VIP 리스트에 이름을 올려야만 확보할 수 있던 와인이었다.

게리는 고객에게 다가가 소통하기 시작했다. 당시 와인 업계는 엘리트주의에 사로잡혀 있었지만 그는 반대로 와인이 쉽게 즐길 수 있는 대상이 되어야 한다고 생각했다. 게리가 기존의 틀을 탈피하자 많은 소비자 역시 와인에 대한 통념을 깨기 시작했다. 그의 색다른 배경은 기존에 없던 고객 시장을 개척하는 데 도움이 되었다.

게리는 고객 명단을 작성하고 모든 사람에게 질 좋은 와인을 공개적으로 제공했다. 스페인과 호주에서 수입했거나 다른 신흥 지역에서 생산된 고급 수집용 와인에도 누구나 접근할 수 있도록 했다. 그는 한밤중에 팩스로 고객들에게 와인 할인 정보를 광고하는 서비스를 시작했다. 저녁 9시 매장에서 퇴근하기 전 그는 판매 중인 고급 소장용 와인 광고물이 새벽 3시에 팩스로 전송되도록 설정했다. 사람들이 아침에 출근해서 팩스로 들어온 와인 정보를 볼 수 있도록 하는 아이디어였다. 버튼만 누르면 많은 정보를 고객에게 신속하게 전달하는 방식이었다.

사업이 번성하면서 팩스는 이메일 서비스로 발전했다. 게리는 고객 한 명 한 명에게 이메일로 감사 인사를 보냈고, 나중에는 짧은 동영상으로 직접 감사를 전했다.

감사 영상을 보내기 시작하면서 다른 영상도 제작하게 됐다. 그는 누구나 와인을 쉽게 접할 수 있도록 와인과 테이스팅 소개 영상을 올렸다. 게리의 친절하고 친근한 태도는 시청자들에게 공감을 얻었고 그의 채널 구독자는 엄청나게 증가했다. 그의 영상은 '와인 라이브러리'라는 제목으로 유튜브에 업로드됐고 기존 와인 매장은 온라인 판매와 와인 배송 서비스를 제공하는 플랫폼으로 탈바꿈했다. 이 플랫폼은 연 매출을 6,000만 달러 이상 올리고 있다. 현재 게리는 소셜 미디어에 중점을 둔 디지털 에이전시 베이너미디어를 소유하고 있다. 그는 기업들이 친근한 페르소나를 갖고 와인 라이브러리 같은 브랜드를 창출하도록 돕는다. 또한 스포츠 마케팅 에이전시인 베이너스포츠VaynerSports를 운영하고 '#애스크게리비쇼#AskGaryVee Show'라는 유튜브 프로그램도 운영한다. 케이스위스K-Swiss와 신발을 출시하기도 했다.

게리를 아는 사람은 그가 솔직하고 현실적이며 가공되지 않은 것처럼 가식이 없다고 표현한다. 그는 자기의식이 대단히 뛰어나다. 성공하기까지 다른 사람의 편향된 인식, 특히 사업 초기에 와인 업계 사람들의 편견에 시달렸는데도 그런 이야기에 연연하지 않았다. 그는 와인 업계에서 정말 색다른 존재였다. 젊고 배경도 없었고 경험도 부족했다.

그런 그가 엣지를 가질 수 있었던 이유는 자신이 누구인지 분명히 자각한 동시에 다른 사람의 인식과도 조화를 이룰 수 있었기 때문이다. 게리는 고객에게 다가가고 소통해온 경험 덕분에 자신의 강점과 외부 환경에서 발견한 기회를 연결할 수 있었다. 고객 그리고 공급자와 유대감을 형성하기 위해 자신의 장점인 소탈하고 친근한 태도를 앞세웠다. 그 결과 업계 다른 판매자들은 시도하지 않은 새로운 방식으로 와인 소비자를 안내할 수 있었다. 그는 와인에 대한 실용적이고 뚜렷한 철학으로 소비자를 기쁘게 했고 새로운 종류의 와인 경험을 선사하여 고객에게 특별한 가치를 제공했다.

게리의 이야기는 간단해 보인다. 하지만 게리에게 처음 주어진 상황은 그리 순탄하지 않았다. 그는 와인 업계의 엘리트로 시작한 것이 아니었다. 그런데 사람들은 게리의 상황처럼 여기가 자신이 있을 곳이 아니며 본인에게는 자격이 없다는 생각이 들 때 대개 성공하기 전까지 자격이 있는 척한다.

누구에게나 특별한 면이 있다는 사실을 기억하자. 당신을 향한 타인의 인식과 귀인은 어떤 식으로든 생기기 마련이다. 누가 더 우월한지 경쟁해봤자 이는 장기적인 성공으로 이어지지 못할 가능성이 크다. 장기적이고 거시적인 관점으로 볼 때 가식적인 행동이나 갖춰진 척 가장하는 모습은 일시적으로만 도움이 될 뿐이다. 이런 행동은 오래가지 못한다. 결국 불확실성과 자기 의심만 오래 남는다. '엘리트인 척 가면을 쓰고' 그로 인해 이익을 얻더라도 이면에는 타인의 선입견에 갇히게 되리라는 두려움이 가득할 것이다. 그렇게 당신은 원래 가치보다도 인정받지 못하며 더욱더 자기 의심에 빠지게 된다.

이것은 내가 수년 전 공학 수업에서 경험한 일과도 비슷하다. 나는 전기 공학을 전공하는 여학생 네 명 중 한 명이었다. 우리 중 누구도 남성적인 성격에 맞지 않았지만 여학생들은 모두 전공생

다수인 남성처럼 행동하려고 노력했다.

　학자들은 이런 유형의 가장을 수학계에 있는 여성[5]이나 직장 내여성 근로자 및 소수집단에서 발견했다. 그들의 가장은 일시적인 모면이나 유예 역할만 할 뿐 장기적으로는 성과 인식에 부정적인 영향을 미치고 있었다.

❈ ❈ ❈

나는 내게 엘리트들의 자부심 못지않은 나만의 전략 같은 것이 있다는 사실을 우연히 발견했다. 이를테면 '엘리트'나 완벽주의 유형의 사람이 문화, 규범, 환경을 좌우하는 상황일 때 우리가 대화를 구성하는 방식에서 응용할 수 있는 개인적인 해결책 같은 것이었다. (그나마 내가 좋아하는 버전은 '오프라 윈프리Oprah Winfrey'처럼 행동하는 것이다. 그녀라면 어떻게 행동할지 생각해본다.)

　사회생활 초기에 나는 이처럼 행동했다. 그러나 내가 아닌 다른사람처럼 행동하다 보면 (백인 남성이든 오프라든) 종종 곤경에 빠졌고 금방 포기하기 일쑤였다. 특히 내가 백인 남성처럼 (또는 남자들이 그렇게 행동할 것이라고 생각한 내 고정관념에 따라) 행동할 때는 늘 여지없이 부정적인 반응이 뒤따랐다. 사람들은 나를 공격적인 사람으로 생각했지만 나는 내 진심을 보여줄 방법이 없었다.

새 직장으로 막 이직했을 때 한 멘토가 나의 직무에는 인간관계를 넓히고 힘 있는 사람들을 알아두는 것이 중요하다고 조언했다. 또한 적극적인 태도로 사람에게 다가가 차 한잔하며 대화하라고도 말했다. 나는 멘토의 조언을 따랐고 인맥을 만들며 티타임도 추진했다.

하지만 몇 번 만나고 나자 관계가 피상적이라는 느낌이 들었다. 그 사람들을 진정으로 알아가는 것 같지 않았다. 마찬가지로 그들도 나에게 표면적으로 조언하며 같은 말만 반복하는 것 같았다. 사람들은 나를 반겼고, 회사는 어려운 과제를 찾아 열심히 일하는 직원에게 훌륭한 기회를 제공했지만 나는 이들과 의미 있는 관계를 맺고 있다는 기분이 들지 않았다.

반면 주위의 동료들은 이렇게 말했다. "부대표님이 나를 끝내주는 스시 레스토랑에 데려가서 기술팀과 제대로 연결해줬어." "부장님이 영업 시상식에 나를 초대했어." "아, 완전히 취했어. 새벽 3시까지 본부장님과 진탕 마셨어."

나는 동료들과 달리 인맥 관리에 전혀 능숙하지 못했다. 그래서 또다시 이런 조언을 들어야 했다. "자, 이렇게 하라고. 사람들을 점심에 초대해. 그리고 술 한잔하자고 해. 그냥 커피 마시는 거 말고." 하지만 내 마음 한구석에는 이런 생각이 들었다. "내가? 젊은 아시아인 여자가? 남자 선배들한테 술 마시러 가자고 하라고?"

말도 안 되는 일이었다. 이것은 내가 해낼 수 있는 일이 아니라는 것도 직감적으로 알았다.

그런데 몇 주 뒤 나는 회사 상사들과 관계를 맺는 데 나름대로 능력이 있다는 사실을 발견했다. 심지어 내가 상상했던 것보다 훨씬 자연스럽고 진솔한 관계를 구축하게 되었다. 업계 콘퍼런스에서 발표를 하게 되어 행사에 참석하려고 아침 일찍 비행기를 타던 날이었다. 목적지에 도착했을 때 나는 같은 부서 임원이 한 비행기에 탑승하고 있었다는 사실을 알게 되었다.

그에게 다가가 인사한 뒤 같은 콘퍼런스에 참석하는지 아니면 다른 업무로 출장 온 건지를 물었다. 그는 본인도 같은 콘퍼런스에 참석한다며 장소까지 어떻게 갈 계획인지를 물었다. 나는 택시를 탈 생각이라고 대답했다. 그는 운전기사가 데리러 올 거라고 말했다. (당연히 그는 개인 기사가 있을 것이다. 나 역시 태우러 올 운전기사가 있다. 다만 그가 택시 회사 소속이라는 것이 다를 뿐이다.)

그 임원은 선뜻 제안했다. "같이 타고 이동할래요?"

나는 그와 45분 동안 차를 타고 가면서 평소 자신 있고 편안하게 생각하는 주제로 담소를 나눴고 그는 진짜 내 모습을 알게 되었다. 그곳은 레스토랑이나 술집처럼 함께 보내는 시간을 가치 있게 만들기 위해 애써야 하는 장소가 아니었다. 술을 불편하지 않게 권하기 위해 좋은 인상을 남기거나 재미를 주거나 통찰력 있게 보여야 하는 자리도 아니었다. (분명한 명분이 될 만한) 어떤 용건이 있어야 하는 것도 아니었다. 그래서 자연스럽게 행동할 수 있었다.

시간에 쫓기지 않았고 서둘러 참석해야 할 회의도 없는 상황이었다. 이동하는 동안 꼼짝없이 45분이 주어졌고 우리는 그 시간을 즐겁게 보내기만 하면 됐다. 별다른 주제 없이 그저 어떤 사람을 알려고 할 때처럼 대화는 편안하게 이어졌다. 나는 조직 안에서 생기는 일들에 관해 조언을 구하는 과정에서 편한 분위기 덕에 자연스럽게 재치와 유머를 발휘하여 관계를 좋게 형성할 수 있었다. 그는 나를 똑똑하고 통찰력 있는 사람이라고 생각했다. 내 개성을 보아준 것이다.

심지어 그는 내가 발표하는 순서의 마지막 10분이라도 보기 위해 콘퍼런스 회의 시간 사이에 짬을 내어 참석했고, 이후 발표가 좋았다며 내게 타고난 발표자라고 칭찬해주었다. 몇 주 후 그 임원은 나를 초대해 내부 팀에서 발표할 기회를 주었다. 지금까지도 그는 내가 가장 신뢰하고 가깝게 지내는 멘토 가운데 한 사람이다.

타인이 당신에게 갖는 관점을 적절한 방향으로 안내해야 할 때 내 이야기나, 와인 라이브러리와 베이너미디어의 게리 이야기를 기억해주길 바란다. 게리는 잘난 척하거나 전형적인 와인 전문가처럼 굴지 않았다. 나 역시 폭탄주를 돌리는 주위 동료들을 따라 하려고 애쓰지 않았다. 우리는 그들이 무엇을 바라는지, 우리가 어떻게 해야 하는지 알 수 없다. 그들도 이를 모르는 것은 마찬가지다. 대신 우리는 진짜 모습을 보여줄 기회를 재치 있게 포착하고 당당하고 자신감 있게 행동해야 한다.

다른 사람의 인식을 내게 적절한 방향으로 안내하는 일이 꼭 힘들고 고통스러워야 하는 것은 아니다. 자신의 안전지대를 벗어나는 행동일 필요도 없다. 그저 나답게 행동하다 보면 자연스럽게 당신의 환경이 유기적으로 확장될 수 있다. 상황이 당신에게 유리하게 작용하도록 만들어라. 특히 당신에 대한 타인의 인식을 안내할 때는 주어진 상황이 당신을 위해 움직이도록 이끌자.

> 원칙 11
> 주변 상황을 파악하고, 당신 내면에 있는 모습을 바탕으로 사람들을 이끌어라.

# 나만의 궤도로 삶의 서사를 써라

당신에게는 이야기가 이렇게 끝나지 않을 거라고 강력하게 말
할 힘이 있다.

— 신디 에커트Cindy Eckert

사람들은 당신을 단편적인 모습으로만 판단하지 않는다. 당신이
어떤 길을 걷는지, 어디에 있으며 앞으로 어디로 가게 될지 등 인
생 궤도를 그려보고 판단한다.

내가 겪어온 학문적 궤도는 종종 도제 모델을 따른다.[1] 지도교
수가 학생들을 휘하에 두고 기술을 가르친 다음, 학계나 무한한
경제적 기회가 있는 세계로 제자들을 내보낸다.

나는 운 좋게 학계에서 일자리를 얻었다. 앞서 언급하여 여러분
도 기억하겠지만 때는 래피 그리고 맥과 순조롭게 저녁 식사를 마
친 다음이었다. 하지만 아직 못다 한 이야기가 있다. 처음 두 사람
을 만날 기회를 얻게 된 이야기다.

일반적으로 학교 방문을 초대받기 전에는 4~6개월가량의 사전 준비 기간이 필요하다. 이는 자신이 잘 훈련받은 견습생이라는 사실을 증명해야 하는 기간이다. 내가 전공한 조직 행동학 분야에서는 박사 과정 마지막 해가 되면 자신을 '시장에 내놓고' 박사 후 연구원이나 교수 자리를 알아보기 시작한다.

이 과정에 돌입할 때는 수많은 전략과 사전 준비가 필요하다. 몇 달 전부터 학생들은 각자 지원할 학교에 보낼 자료집을 만들라는 조언을 듣는다. 자료집에는 이력서, 자기소개서, 자신의 연구가 중요한 이유를 설명하는 연구기술서, 자신의 교육 철학을 설명하는 강의 계획서, 추천서 몇 통이 포함된다.

정식 지원서와 자료집을 보내기 전에 학생들은 우리 분야에서 가장 폭넓은 학술대회이자 해마다 1만 명 이상이 참석하는 미국경영학회Academy of Management 콘퍼런스에 참석한다. 이 콘퍼런스에서 학생들은 네트워킹 행사에 참가하고, 지원을 희망하는 학교의 관계자들과 간단한 면접 자리를 만들어 가능한 한 많은 사람과 이야기하려고 노력한다. 구직 시장에 나온 사람들은 쉽게 눈에 띈다. 다른 참석자들은 모두 캐주얼한 차림인데 이들만 정장을 차려입기 때문이다.

내가 시장에 나가던 해에 사랑하는 나의 지도교수(이 보잘것없는 견습생을 받아주신 장인이시다)는 내게 한 가지를 조언했다. "프롬 퀸

prom queen(무도회의 여왕)이 되어야 해."

당시 이 조언을 듣고 나는 '잠깐, 이 말씀이 저에게 주시는 유일한 조언이라고요?'라고 생각했다. 함께했던 지난 4년 동안 그녀는 내 연구와 관련된 수많은 조언을 해주었다. 내가 어떤 부분을 개선해야 하고, 또 어떤 부분을 더 연구하고 고민해야 하며, 데이터를 어떻게 해석해야 할지 알려주었다. 내가 논문 원고를 보낼 때마다 그녀는 항상 몇 장씩 의견을 첨부해 회신해주었다. 삭제할 부분을 표시해주거나 여백에 메모와 피드백을 적고, 수정할 내용이나 더 생각할 항목들을 편하게 써서 제안했다. 그런데 내 박사 경력의 정점이 될 학계 진출을 앞두고 고작 "프롬 퀸이 되라"라는 조언을 해주다니!

믿을 수 없는 마음에 말이 저절로 튀어나왔다. "프롬 퀸이 되라니, 무슨 말씀이세요?" 설명이 필요했다. 그녀는 이렇게 대답했다. "모두 프롬 퀸과 데이트하고 싶어 하잖아."

＊＊＊

솔직히 내 생활은 프롬 퀸과 거리가 멀었다. 생활뿐 아니라 사회과학적으로 보더라도 나는 확실히 프롬 퀸은 아니었다. 알다시피 학계에서 통용되는 가치는 논문 발표다. 그런데 나는 발표한 논문이 하나도 없었다. 그러니 논문을 발표하거나 학계에서 사라지거나 둘 중 하나였다. (학문적 경력을 계속하려면 선택지는 하나였다.) 박사 과정에 있는 학생들이 구직 시장에 나가야 할 때쯤이면 대개 논문 몇 편이 어딘가 게재되거나 적어도 한 편 정도는 1급 학술지에 실리는 것이 바람직했다. 그런 학생들은 여러 대학의 주목을 받았고 학계에서 알토란 같은 자리를 차지했다.

조사위원회는 때때로 저명한 학술지에 논문을 발표하지 않더라도 출신 학교 수준에 따라 가중치를 두기도 했다. 아직 성과가 없어도 수준 높은 논문을 게재할 학문적 능력이 있다고 판단하는 것이다. 연구기관에는 분명한 서열이 있었다. 일반적으로 MIT, 스탠퍼드 대학교, 예일 대학교 같은 곳이 최고 등급으로 평가되었다. 미시건 대학교, 텍사스 대학교 오스틴캠퍼스나 노스캐롤라이나 대학교처럼 유명한 공립연구대학도 막대한 영향력이 있었다.

그러나 내게 해당하는 것은 하나도 없었다. 내 이름으로 게재한 논문도 없었고 막강한 학교 배경도 없었다. 나는 박사학위를 캘리포니아 대학교 어바인캠퍼스에서 받을 예정이었는데 이 학교는 연구기관 상위 50위 안에 들지 못할 때도 많았다.*

나는 지도교수가 왜 내게 프롬 퀸이 될 자격이 있다고 보았는지 궁금했다. 막연히 나를 딸처럼 생각한 것 아닐까? 부모 대부분은 자기 자식이 반에서 제일 예쁘다고 생각하며 프롬 퀸이 된다면 기뻔하다. 그렇지 않은가?

그녀의 조언은 계속 나를 신경 쓰이게 했다. 미국경영학회 콘퍼런스에서 네트워킹을 하고 사람들을 만날 때도 그때의 조언이 잊히지 않았다. 하지만 나는 그곳에서 진정한 프롬 퀸들을 만났다. 그들은 1급 학술지에 논문 몇 편을 게재한 소수의 남녀 그룹으로 최고 대학 교수들과 와인을 마시며 식사했고 주위 사람들을 사로잡는 카리스마가 넘쳤다.

그들을 보며 나는 프롬 퀸이 아니라는 사실을 자각했고 다수의 대학교가 시장에 나올 사람 몇몇에게 초대장을 보내 초대받은 사람만 참석할 수 있는 자리를 만들고 긴밀하게 대화한다는 사실을 알게 되었다. 그러니 내가 관계자들과 네트워킹하려던 노력은 기껏해야 인사만 나누는 정도로 미미해 보였을 것이다.

그날 저녁 늦게 지도교수를 만났고, 그녀는 내게 물었다. "그래, 프롬 퀸이 됐니?" 나는 대답했다. "아니요. 프롬 퀸을 만났죠." 그녀는 내 대답에 약간 관심을 보였지만 이내 내가 훈련을 잘

---

* 하지만 모교를 변호하고 넘어가야겠다. 나는 UC 어바인에서 박사학위를 받은 걸 후회하지 않으며 오히려 영원히 감사할 것이다. 내게는 최고의 훈련장이었기에 이곳에서 얻은 경험과 교육을 무엇과도 바꾸지 못할 것이다. UC 어바인에서 함께 연구한 동료들은 나를 진심으로 걱정하고 도와주었다. 나 또한 다르지 않았다. 그곳은 진정으로 학생의 성장을 돕는 환경이었다. 나의 지도교수는 비교 대상이 필요 없는 독보적인 존재였다. 박사 과정에 있는 모든 학생이 내가 만난 지도교수처럼 이타적이고 뛰어나며 헌신적인 사람과 함께 연구하는 기회를 얻길 바란다.

12장 나만의 궤도로 삶의 서사를 써라

받았으므로 일류 학교 출신이 아닌 건 중요하지 않다고 설명했다. 그는 내게 다른 사람보다 뛰어나지 않더라도 다른 사람만큼 잘 해 낼 수 있다는 믿음을 가지라고 했다. 내가 발표한 논문이 많지 않아도, 혹은 전혀 없어도 그 사실은 중요하지 않다고 했다. 논문 발표는 그동안 내가 걸어온 학문적 여정과 다른 것이었고, 그녀가 생각하기에 내가 거쳐야 할 궤도도 아니었기 때문이다.

그녀는 내가 박사학위 학생의 일반적인 궤도(열심히 공부하고 점진적으로 발전한 다음 논문 한두 편으로 자신을 증명하는 방식을 말한다)를 따르지 않았고 전통적인 도제식 궤도를 따르지도 않았다는 점을 사람들에게 잘 설명하길 바랐다. 내가 선택한 길은 보통의 경우와 좀 달랐다. 유명한 교수의 제자가 되어 특정 유형의 연구를 하도록 훈련받은 다음 노력의 결실을 보여주는 일반적인 방식이 아니었다.

"바로 그 점이 널 남다른 존재로 만드는 거야. 프롬 퀸으로 만드는 거지. 너만의 색으로 모든 이의 관심과 기대와 시선을 끄는 거야. 넌 평범하지 않은 특별한 궤도에 올랐어. 사람들을 그쪽으로 안내해야지, 이 멍청아."(사실 마지막 단어는 그녀가 한 말이 아니다.)

사람들이 당신을 마음대로 추측하게 두지 말라. 데이터를 제시하고 당신이 보여주고자 하는 방향으로 선을 그려라. 사람들이 짐작하게 두지 말고 당신이 직접 이야기하라.

나의 여정과 궤도에는 무엇을 해야 할지 알려주는 이가 없었지만, 대신 나만의 연구 열정을 탐구하라는 지원과 격려가 주어졌다. 다른 사람에게는 열정을 강요받는 프로젝트가 주어졌지만, 나는 혼자 밖으로 나가 현상을 파악하려고 노력한 끝에 스스로 프로젝트를 찾아냈다. 그런 다음 이전에는 해결하지 못했던 문제의 해답을 내놓았다. '사업가의 투자 결정에서 직감이 하는 역할'이라는 연구는 전통적 경제 이론과 기업 금융을 거스르는 주제였기에 아무도 감히 도전하지 않던 분야였다. 그 결과 나는 분야에서 새롭고 흥미로운 논문 주제 하나를 만들어내게 되었다.

이 궤도는 가장 빛나거나 아름다운 것은 아닐지 몰라도 특별하고 유일무의한 의미를 제공했다. 내 궤도를 이전에 그렸던 사람이 아무도 없었기에 내가 세상에 내놓은 이야기나 연구 결과를 비슷하게 만들어내는 이도 없었다.

❋❋❋

여러분은 이 이야기가 어떻게 끝나는지 이미 알고 있다. 내가 어떻게 필라델피아 스테이크 식당에서 저녁 식사를 하게 되었고 어떤 과정을 거쳐 처음으로 교수직을 얻게 되었는지도 알고 있다. 그러나 중요한 이야기가 남아 있다. 나는 사람들이 관심을 얻으려 했던 유명한 교수 가운데 한 명과 우연히 자리를 함께한 적이 있었다. 몇 년 뒤 그분이 지나가는 말로 내가 채용된 이유를 알려주었다. 내가 '미완성 작품'처럼 보여서 뽑았다는 것이다. 문헌을 분석하는 신선하고 차별적인 방법이 있었고, 성장 잠재력과 새로운 궤도가 보였다고 했다. 이는 내 지도교수가 했던 말과 기본적으로 같은 내용이었다.

나는 프롬 퀸이 되려면 자신만의 독특한 분위기를 발산해야 한다는 사실을 발견하게 됐다. 타인이 내 가치를 이해하도록 만들기 위해서는 적절히 방향을 안내하면서 내가 어디서 왔고 어디로 가는지 지도를 그리며 설명해야 했다. 우리는 다른 사람이 그린 궤도를 너무 쉽게 따라가려 한다. 그 궤도를 성공으로 가는 로드맵으로 삼아 자신의 경험을 억지로 맞추려 한다. 하지만 내가 다른 사람과 마찬가지로 검증된 학문적 궤도에 따라 나를 구직 시장에 내놓으려 했다면 결과는 처참하게 달라졌을 것이다.

※ ※ ※

궤도란 무엇일까? 왜 궤도가 중요할까? 당신이 걸어온 길을 명확하게 설명한다면 일관되고 의미 있는 방식으로 사람들을 이해시키고 이끌 수 있기 때문이다. 어떤 사람은 이것을 개인적인 서사라고 부르지만 사실 그 이상의 의미가 있다. 개인적 서사는 이솝

우화처럼 도덕적이고 단편적인 교훈을 전달한다. 반면 궤도는 더 풍부한 그림을 그린다. 당신이 어디에 있고, 어디서 왔으며, 어떤 사람이고, 무엇을 기대할 수 있는 사람인지 등을 입체적으로 보여준다. 궤도는 타인에게 전달하고자 하는 정보들을 '당신 스스로' 좌우하도록 돕기 때문에 중요하다. 당신은 본인과 관련된 유형적·무형적 정보를 제시해야 한다. 그 일은 타인이 아니라 본인이 직접 해야만 한다. 이 점이 중요하다. 항상 특정 모습만 보고 당신을 설명하려는 사람들이 있다. 그들은 본인의 시선으로 포착한 신호와 발견한 단서, 거기서 도출한 편견에 기반하여 사람을 판단하려 한다. 타인의 인식을 당신이 경험한 궤도로 안내하는 일은, 타인이 당신을 섣부르게 판단하기 전에 먼저 운전대를 잡고 경로를 주체적으로 정하는 일과 같다. 그들이 당신을 바라보는 관점을 세우기 전에 당신은 원하는 지점에서 타인의 관점을 고정할 수 있다. 이것을 제대로 못하면 당신은 타인의 편향을 바꾸고 본인을 증명하는 데 모든 에너지를 소비해야 할 수도 있다.

이것이 내가 학계에서 일자리를 구할 때 했던 일이다. 나는 교수진에게 한 번도 논문을 발표한 적 없는 사람으로만 평가받지 않기 위해, 스스로 주도권을 잡고 걸어온 경로의 참신함과 지금껏 본 적 없는 연구 결과를 놓고 소통했다. 그로 인해 나를 평가한 교수들은 각자가 임의로 찾은 최초의 신호와 단서에 얽매이지 않았으며, 일류 대학 출신이 아닌 지원자를 실격시키지 않고 불확실성과 위험 회피성을 극복했다. 그들은 나를 가공하지 않은 다이아몬드 원석이라고 생각했다.

이처럼 자신에게 꼭 알맞게 지나온 궤도는 본인의 가치와 상황 개선 능력을 보여줄 수 있도록 돕는다. 당신은 어떤 궤도를 사람들에게 알리고 싶은가? 사람들이 당신의 가능성과 주위를 풍요롭게 만드는 능력을 이해하려면 어떤 궤도를 알아야 하는가?

당신은 본인이 누구이며, 어디에 있는지를 적절히 설명하고, 어떤 잠재적 가치를 가져올 수 있는지를 사람들에게 이해시켜야 한다. 당신이 X 지점에서 Y 지점으로 가게 된 복잡한 사정을 세세하게 설명할 필요는 없다. 당신의 이야기를 들은 사람들은 스스로 그 간극을 뛰어넘어 파악할 수 있기 때문이다. 우리 각자의 궤도는 그들이 당신을 이해할 때 필요한 논리를 제공하는 지지대가 되어 도약을 도울 것이다. 이 방식은 강력하며 기억에도 오래 남는다.

마지막으로 적절한 궤도는 흥미와 관심을 끌어낼 수 있다. 앞서 소개한 과정대로 궤도를 제시한 당신은 사람들에게 상승 잠재력을 보여주었고 앞으로 그려나갈 방향도 미리 알려주었다. 이제 당신의 궤도를 효과적으로 전하면 사람들은 당신이 하는 말을 단편적으로만 받아들이지 않고 더 광범위한 맥락과 연결 지어 파악할 수 있다. 누군가가 당신의 궤도를 파악하는 일을 오해하지 말길 바란다. 당신이 그리는 그림과 궤도는 온전히 당신의 것이다. 당신의 것이어야만 다른 사람에게 독창적이고 특별하게 다가갈 수 있다. 당신이 과거와 현재의 그림을 풍성하게 그리고 이를 보여준다면 사람들은 당신이 하는 말을 더 넓고 흥미로운 맥락 속에서 받아들이며 관심을 가질 것이다.

＊＊＊

당신은 엣지가 되어줄 본인의 궤도를 어떻게 설명할 수 있는가? 엣지를 창출하려면 기본적으로 이제까지 걸어온 길과 앞으로 걸어갈 길을 잘 알아야 한다. 세상에는 다양한 궤도의 형태가 존재한다. 앞에서 살펴본 것처럼 '꾸준히 상승하는 궤도'도 있고, 큰 곡선을 그리므로 멀리 살펴야 할 '장거리 궤도'나 '두 번째 가능성이 있는 궤도'도 있다. 하지만 이것도 많은 궤도의 형태 중 일부일 뿐이다.[2] 당신의 궤도는 여기서 변형되었거나 어쩌면 전혀 다를 수도 있다. 삶의 이야기와 자전적 서사의 활용 방안을 연구한 사회학자 대니얼 베르토Daniel Bertaux와 마틴 콜리Martin Kohli는 사람의 궤도를 설명하는 포괄적인 원형은 없지만 이를 대신할 두 가지 경향이 있다고 밝혔다. 한 가지는 의미와 패턴에 초점을 맞추는 경향이고, 다른 한 가지는 이런 패턴을 형성하는 사회적 환경에 초점을 두는 경향이다. 다시 말해 논리적 패러다임 그리고 광범위한 패러다임이다. 당신의 궤도에는 중요한 세부 사항이 포함되어야 한다. 또한 각각의 세부 사항이 전체 이야기 안에서 어떻게 연결되고 조화를 이루는지 알고 있어야 한다. 이를 모른다면 본인의 궤도를 제대로 이해한 것이 아니며 타인과 효과적으로 소통할 수도 없다. 자신의 궤도를 두고 타인과 소통하는 일은 단지 경험을 재밌게 풀어나가거나 예쁘게 포장하려는 것이 아니다. 우리는 궤도를 정확히 파악하고 타인과 효과적으로 소통하기 위해 자신이 직면했거나 직면할 근본적인 불이익, 도전, 장애물을 이해해야 하고, 본인이 가고 있는 길을 객관적으로 인지해야 한다.

내 친구 베아트리스는 경리 직원에서 시작해 루이비통의 관리직에 오르기까지 얼마나 폭넓게 걸어오며 길을 확장했는지 보여준다. 이는 크게 노력하지 않고 쉽게 얻은 것처럼 보일 수 있다. MBA 과정 첫날 나는 베아트리스의 믿을 수 없을 정도로 침착한 모습과 자기만의 스타일이 드러나는 옷차림에 금방 반했다. 그녀는 전문적이고 경험이 많으며 자연스럽고 세련되어 보였다. 그녀를 알게 된 후 몇 달이 지나서야 나는 그녀가 스페인의 아주 작은 시골 마을에서 성장했고 가족의 농장 일을 도우며 어린 시절을 보냈다는 사실을 알게 되었다. 그녀는 고향을 떠날 때까지 국내는커녕 고향에서 50킬로미터 이상 벗어난 적이 없다고 했다.

베아트리스가 스페인을 떠날 때쯤 고향 사람들 기준에서 그녀는 사회에서 어느 정도 안정을 이룬 상태였다. 기본적인 경리 교육을 받았고 옆 마을의 규모가 큰 어느 건물에서 안내데스크 업무를 보고 있었기 때문이다. 하지만 그녀는 항상 가보길 꿈꿔왔던 독일에 가기로 마음먹었다. 그녀와 친구들에게 독일이란 고향 스페인에서의 정형화된 삶보다 크고 멋진 것을 보장받을 기회가 있는 곳이었다.

그녀는 돈을 모으고 기회를 잡아 뮌헨으로 갔다. 독일에서 할 수 있는 일이면 가리지 않고 면접을 봤다. 처음에 본 면접 결과는 예상대로 처참했다. (그녀는 이때를 생각하면 웃음이 난다고 말한다.) 독일어를 전혀 할 수 없었기 때문이다. 설령 면접관들이 스페인어를 할 수 있더라도 그들은 그녀가 독일어를 못 하는 문제를 쉬이 넘기지 않았다. 베아트리스는 이런 상황을 받아들였다. 그리고 부족한 언어 능력을 인정했다. 그 후 자신이 스페인에서 왔으며 독일어 실력이 점차 나아지는 중이라고 면접관에게 터놓고 말하면 신기하게도 그들은 면접 시간 동안 주로 대화를 이끌어가는 모습을 보였다. 이를 심지어 즐기는 것처럼 보이기도 했다. "면접을 보면서 대개 몇 가지 질문은 똑같다는 사실을 알게 됐어. 그래서 면접관들이 대화를 이끌어가면서 질문을 던지고 거의 그들 스스로 대답하는 것을 잘 들어뒀다가 그대로 대답했어."

베아트리스는 귀담아들은 특정 문장을 정확한 의미도 모른 채 외우기 시작했다. 그리고 거의 본능적으로 다음 면접 때 여기저기서 들은 말들을 그대로 따라 했다. 그녀는 어떻게든 대화를 이어 나가고 싶었다. "사실 내가 무슨 말을 하고 있는지도 이해하기 어려울 때가 많았어. 나는 들어본 말과 듣기 좋았던 말들을 이어 붙이고 있었던 거야."

그런데 사람들은 이 점을 매력으로 생각했다. 그녀도 놀란 부분이다. 간신히 이해한 내용에 나름의 해석을 불어넣은 건데 어려운 상황에서도 용기 있게 면접에 도전한 태도를 칭찬받은 것이다. "면접관들은 나를 두고 독특하다고 표현했어. 심지어 앞으로 내가 인생에서 크게 성공할 거라고 말하는 사람도 있었어."

베아트리스는 사람들이 자신을 점점 좋아한다는 사실을 깨달았다. 구체적으로 말하면 사람들은 큰 곡선을 그리는 그녀의 장거리 궤도를 좋아했다. 자기소개를 해야 할 때면 그녀는 자신이 걸어온 길로 사람들을 안내했다. 그녀는 스페인 소도시 출신이지만 배짱과 용기를 가지고 잘 모르는 외국어를 사용하면서도 침착하고 세련되게 행동했고 적절한 상황 대처 능력도 갖추고 있었다.

그러던 어느 날 그녀는 들어보지 못했던 한 회사에 면접을 봤다. 골드만삭스라는 회사에서 개인 자산관리 부문 안내데스크 직원을 찾고 있다고 했다. 그곳에 발을 들여놓는 순간 그녀는 회사에서 전문적이고 경험이 많으며 자연스럽지만 세련된 사람을 원한다는 사실을 간파했다. 그녀는 여전히 독일어를 유창하게 구사하진 못했지만 듣기 좋았던 문구들을 연결해 면접관들을 자신이 걸어온 궤도로 안내했다. 그녀는 언어 구사력이 부족했지만, 순발력 있고 매력 있게 주위를 집중시키는 모습으로 면접관들의 마음에 들었다. 그들은 그녀의 이런 모습이 회사의 큰 자산이 될 것이라 판단했다. 특히 골드만삭스의 많은 고객이 독일어를 모국어로 사용하지 않는다는 점에서 그랬다. 베아트리스는 마침내 골드만삭스에 입사했다.

그녀는 아주 특별한 리셉셔니스트였다. 그리고 입사 1년 만에 애널리스트로 승진했다. 리셉셔니스트를 회사의 핵심 역할인 실무직으로 승진시킨 사례는 최초였다. 베아트리스의 상사는 그녀가 훌륭한 진전을 이뤘고 앞으로도 계속 배짱과 상황 대처 능력, 침착하고 세련된 태도를 보여줄 것이라고 확신했다. 그녀는 자신 고유의 강점을 바탕으로 궤도를 그려나갔다. 그리고 얼마 지나지 않아 개인자산관리 부문 영업직으로 승진했다. 회사는 그녀에게 프랑크푸르트, 뉴욕, 마이애미, 스위스에서 역량을 발휘할 기회를 주었다.

그 뒤 베아트리스는 MBA 과정을 밟기 위해 골드만삭스를 떠

12장 나만의 궤도로 삶의 서사를 써라

났고 내가 그녀를 만난 것은 이때였다. 그녀는 명품 분야로 경력을 전환하고 싶어 했다. 어렵기로 유명한 분야였지만 자신의 궤도를 걸어오면서 구축한 자질들을 잘 활용할 수 있는 분야이기도 했기 때문이다. 하지만 졸업 날짜가 다가오고 있었음에도 그녀는 여전히 직장을 구하지 못하고 있었다. 그때 일자리를 제안받지 못한 다른 동기들은 초조해하며 허둥거렸지만 그녀는 마음을 다잡았다. 지금 경험 중인 상황은 과거, 즉 궤도 초기 시절에 이미 겪어본 일이었기 때문이다. 이번에는 말하기 어려운 것이 독일어가 아닌 명품일 뿐이었다.

3개월 뒤 그녀는 세계 최대 명품 브랜드 기업인 LVMH에서 입사를 제안받았다. 파리 메종 샹젤리제Maison Champs-Élysées 매장의 여성 가죽 제품 매니저 자리였다. 그녀는 매장에서 영업사원을 관리하는 일로 시작했지만 곧 루이비통 모나코 매장의 책임자가 되었다. 이미 뛰어난 성장을 보여준 경험이 있었던 그녀이기에 이 행보는 누구나 예상할 만한 결과였다. 그녀는 한 매장의 매출, 수익성, 지역 마케팅, 운영 및 인사관리를 책임지는 자리를 거쳐 나중에는 루이비통 밀라노 책임자로 자리를 옮겼고, 개인 고객 관리와 행사까지 총괄하게 되었다.

베아트리스의 궤도는 정체성을 설명하는 데 중요한 역할을 했다. 위험을 감수하는 배짱과 세련됨 그리고 어떤 환경에서도 침착한 태도를 보인 그녀는 대단한 결과를 이루어냈다. 물론 시작은 미약했다. 때로는 다른 사람보다 두 배는 더 열심히 일해야 한다고 느꼈을지도 모른다. 하지만 그녀가 내게 여러 차례 말했듯 사람들에게 인정받은 건 그런 노력 때문이 아니었다. 사람들은 노력을 알아채지 못하고 신경 쓰지도 않는다. 그들은 베아트리스를 다른 사람과 똑같이 판단했다. 모두 같은 출발점에서 시작한다고 생각했던 것이다. 하지만 그녀는 자신이 걸어온 길을 설명하고 포지셔닝하면서 사람들의 생각을 바꿔놓았다. 아주 적은 자원으로 (수많은 장애물이 있었지만) 멀리까지 온 그녀의 궤도는 사람들의 마음을 사로잡았다. 그 길 덕분에 사람들은 그녀를 높게 평가했고 궤도를 잘 설명한 그녀는 자신만의 가치도 내세울 수 있었다.

　하지만 모든 이의 궤도가 미약한 시작이나 먼 길을 걸어온 과정을 보여주는 것은 아니다. 세상은 때로 냉정해서 한 번 더 기회를 얻어야만 궤도를 그릴 수 있을 때도 있다. 데이브 달Dave Dahl은 자신에게 엣지를 가져다준 두 번째 기회 덕분에 전하게 된 이야기가 있다고 말한다.[3]

데이브는 마약 복용, 절도, 폭행으로 15년 동안 교도소를 들락거렸다. 그에게는 전과자와 실패자라는 낙인이 찍혔다. 하지만 그의 정체성이 이런 꼬리표에만 단단히 묶인 것은 아니었다. 어느 날 데이브는 빵을 만드는 재능을 발견했던 어린 시절을 떠올렸다. 그리고 이 재능으로 자신의 인생을 구하겠다고 결심했다. 그는 천연 재료로 만든 영양이 풍부한 빵에 다양한 씨앗과 견과류, 곡물을 잔뜩 넣었다.* 그리고 이 빵으로 인생을 다시 시작하고 싶었다. 다만 문제가 한 가지 있었다. 사람들이 그의 꽁지머리와 걸걸한 목소리, 경직된 태도를 거슬려한 것이다. 데이브는 제빵 회사를 시작하는 일이 무척 힘든 길이 되겠다고 생각했다. 그에게는 큰 곡선 궤도를 그리는 방식이 절대 통하지 않을 것 같았다. 그래서 다른 길을 선택했다. 과거의 실패를 인정하고 자신만의 궤도를 보여주기로 마음먹었다. 그는 데이브스 킬러 브레드Dave's Killer Bread라는 회사를 설립했고 회사 소개에 자신이 걸어온 궤도를 반영했다.

데이브스 킬러 브레드는 두 번째 기회Second Chance Employment의 힘을 증명합니다. 전과가 있지만 이제는 나아진 삶을 살고자 하는 사람들을 고용하겠습니다. 그들은 두 번째 기회로써 생계를 꾸리고 새로운 삶을 살 수 있을 것입니다. 고용 기회가

---

* 팔레오 다이어트를 하는 사람에게 완벽한 음식이다. 물론 빵만 아니었다면……

없으면 전과자들은 익숙했던 생활, 즉 범죄자의 삶으로 돌아 갑니다. 우리는 이런 현실을 바꾸고 싶습니다.

데이브는 투자자뿐 아니라 소매업체와 소비자들도 두 번째 기회를 보장하는 이유를 이해할 수 있도록 다음과 같이 안내했다. "걸어온 길을 강점으로 바꾸고 배짱을 가져라. 초고성과를 내는 사람의 75퍼센트는 가정에 문제가 있었다. 이런 유형이 바로 두 번째 기회에서 성공을 얻는 경우다."[4]

이처럼 과거의 실패는 사람들의 인식을 특정한 방향으로 안내하는 일에 활용될 수 있다. 자신의 실패와 걸어온 궤도를 불쾌하지 않게 설명해보자. "돌이켜 보면 놀라운 여정이었습니다." "나는 그 일로 정말 많은 것을 배웠어요." 같은 경험이라도 이렇게 표현하면 실패는 일시적인 일일 뿐이며 당신은 지금 성공으로 가는 길 위 정거장에 있는 것처럼 보인다. 실패에서 그치지 않고 성공을 향해 나아가는 사람이라는 인식이 생기는 것이다.

\*\*\*

당신이 걸어온 길을 설명하는 궤도와 방법은 다양하다. 우리는 여기서 고작 몇 가지를 다뤘을 뿐이고 종합 목록 같은 것은 어디에

12장 나만의 궤도로 삶의 서사를 써라

도 없다. 더 '나은' 길도 없다. 엣지는 당신이 걸어온 길과 걸어가려는 길을 바탕으로, 사람들이 당신에게 갖게 될 인상을 적절하게 안내하는 방법을 파악하는 데서 시작된다.

자신의 궤도를 연대순으로 기록해보면 당신이 누구인지 설득력 있게 설명하는 데 도움이 된다. 동시에 상대방은 당신의 궤도를 이해하고 영향을 받을 수 있다. 사람들은 당신의 과거 궤도를 바탕으로 앞으로의 가능성을 짐작하려 한다. 이 궤도는 옳다, 저 궤도는 나쁘다고 단정할 수 없다. 머릿속에 아무 궤도도 없는 상황이 가장 우려될 뿐이다. 이제껏 걸어온 궤도를 스스로 제시할 수 없으면 다른 사람이 나를 판단하여 임의로 그린 궤도가 주어질 것이다. 그리고 타인이 우리에 관해 설명하면 그것이 무엇이든지 그들의 편향과 인식의 지배를 받을 것이다.

다른 사람이 당신의 서사를 쓰도록 수동적으로 내버려두지 말라. 자신의 이야기를 스스로 쓰고 자신의 관점으로 사람들을 인도하라. 당신의 궤도를 설명할 확실한 기준선을 세우고 당신만의 서사를 써내려 가라. 그리고 지난 궤적을 지도로 그려가는 과정에서 모든 과거를 피하지 말고 받아들여라. 그것이 당신이 겪었던 불이익, 도전, 장애물일지라도 말이다.

과거는 한탄해야 할 대상이 아니다. 당신만의 독특한 장점이 될 수 있는 또 다른 자산이 되어야 한다. 과거 때문에 씁쓸해하지 말

자. 우리는 과거로 인해 더 나은 존재가 될 수 있다.

> 원칙 12
>
> 당신이 어디에 있었는지가 아니라 어디로 갈 것인지가 중요하다. 사람들이 당신의 궤도를 이해할 수 있도록 안내하라.

# 4부

## Effort
## 엣지를 지속하는 길

# 노력에도 방향성이 필요하다

단 하나의 결정으로 완전히 다른 삶을 살 수 있다.
– 작자 미상

필라델피아에서 일할 때는 참 많이도 걸어 다녔다. 분 단위로 시간을 재서 거리를 파악할 정도였다. 사무실에서 식료품 매장인 트레이더조Trader Joe's까지 걸어가면? 12분 거리다. 가장 가까운 카페는? 3분 거리다. 30번가 기차역까지는? 걸어서 18분 거리다.

한 강연자가 학교를 방문하던 날이었다. 그는 택시를 타지 않고 걸으면, 돌아가는 길에 기차역까지 시간이 얼마나 소요되는지를 물었다. 우리는 안전하게 30분은 잡아야 한다고 말했다.

"제 걸음이 좀 빠르면 어떨까요?" 그가 물었다.

세 사람이 거의 동시에 대답했다. 한 동료는 20분, 다른 동료는 23분이라고 했다. 나는 단호하게 18분이라고 말했다.

강연자는 무척 당황했고 나와 동료들은 토론을 시작했다. 어떤 경로로 갈 것이고 어디가 지름길이며 보행 신호가 더 긴 곳이 어디인지 의견을 주고받았다. 하지만 두 사람 모두 내가 말한 것처럼 18분 안에 기차역에 갈 수 있다고 믿지 않았다.

우리가 파악한 내용은 이렇다. 우선 내가 선택한 경로에 줄곧 사용하던 구체적인 접근방식을 적용하면 18분 안에 도착할 수는 있었다. 사무실에서 기차역까지 걸어가는 길을 설명하면서 '접근방식'이라는 말을 사용하는 것이 좀 우습게 들리겠지만 그럴 만한 이유가 있다.

처음 걸어 다니기 시작했을 때 나는 30번가 기차역에서 출발하는 통근 열차를 꽤 자주 타고 다녔다. 대도시에 살아본 적이 없으며 주변 지리도 모르고 일정 관리도 능숙하지 않을 때라 여러 번 기차를 놓쳤다. 20분으로는 시간이 빠듯했다.

나는 지름길을 탐색하기 시작했다. 길 하나를 대각선으로 질러가면 시간이 조금 절약되는 것 같았다. 하지만 예상과 달리 드렉셀 대학교Drexel University 교정을 가로지르는 것보다 돌아가는 편이 시간을 아낄 수 있었다. 학생들을 피할 필요가 없었기 때문이다.

무엇보다 시간을 가장 많이 절약할 수 있는 부분은 신호등과 보행 신호였다. 신호를 잘 읽는 것이 기차역까지 걷는 시간을 18분으로 줄일 수 있었던 비결이었고 심지어 16분 만에 도달한 영광스러운 날도 있었다. 같은 경로를 비슷한 보행 속도로 간다고 해도 신호 읽기에 따라 통근길이 훨씬 효율적으로 바뀔 수 있었다.

먼저 횡단보도에 어떤 신호가 들어와 있는지 살핀다. 정지 신호면 걷는 속도를 줄이고 에너지를 아낀다. 보행 신호가 10초 남았다면 속도를 높이고 힘차게 걸어 시간 안에 횡단보도를 건너고야만다.

동료들에게 과정을 설명하고 보니 나의 접근방식은 '당신의 노력이 당신을 위해 일하도록 하라'라는 말과 다르지 않았다. 노력을 기울였으면 차이가 생겨야 한다. 어디에서 대각선 길을 선택해야 하는지, 가로지르지 않고 돌아가는 편이 더 빠른 길은 어딘지(처음엔 가로지르는 편이 간단해 보이겠지만), 언제 에너지를 아끼고 속도를 늦출지, 언제 기운을 내서 치고 나갈지를 파악한 것처럼 말이다.

＊＊＊

effort /ˈefərt/
활기차고 단호한 시도

이 책에서 나는 수고와 노력을 바라보는 내 관점에 대해 다소 모호한 입장을 취했다. 나는 노력이 중요하다고 말하면서도 노력만으로는 충분하지 않다는 생각을 드러냈다. 우리에게는 노력 그 이상이 필요하기 때문이다.

누군가에게 열심히 일하고 노력하라고 조언하는 것이 나쁘다고 말할 생각은 없다. 하지만 그런 조언은 너무 뻔하며 누구나 할 수 있는 말이다. 특히 직장을 구하거나 칭찬 또는 보상받으려고 애쓰는 사람에게 이를 만능해결책이라고 내놓기에는 역부족이다. 그런데도 여전히 이렇게 조언하며 노력은 성공의 열쇠라고 말하는 사람들이 있다. "계속 노력하세요. 계속 꿈을 좇아가세요. 보상은 따라옵니다."

우리는 갈망하던 결과를 얻는 방법이 매우 제각각이라는 사실을 이미 알고 있다. 운도, 제도적 특혜도 결과의 이유가 될 수 있다. 그리고 엣지라는 이유도 있다. 상황을 개선하고, 타인을 기쁘게 하고, 주변 상황과 사람들의 인식을 이끌고, 노력하라. 이 네 가지 구성요소가 자신만의 엣지를 창출한다.

이 책을 읽으며 자신만의 엣지를 창조하고, 당신의 노력이 스스로를 위해 더 효과적으로 쓰이는 방법을 발견하는 데 도움이 되었길 바란다. 세상에는 명백한 특권이나 불이익, 편견이 존재한다. 이런 일들을 직접 경험했을 수도 있지만 아랑곳하지 않길 바란다.

당신이 상황을 나아지도록 만들고 가치를 제공하는 방법을 설명할 수 있을 때, 사람들을 기쁘게 함으로써 닫혔던 문들을 열 때,

사람들이 당신에게 가졌던 인식을 원하는 방향으로 안내할 수 있을 때 바로 그때가 수고와 노력이 당신을 위해 효과적으로 쓰이는 때다. 통념이나 성별, 인종, 민족, 연령, 재산, 계층에 따라 불리한 상황에 있는 것처럼 보이는 순간도 있다. 하지만 당신은 남들이 가진 이점이나 특권과 상관없이 상황을 전환시키는 것으로 당신만의 혜택과 보상을 얻을 수 있다.

당신이 창조한 엣지를 더욱 견고하게 만드는 것은 노력이어야한다. 이는 곧 어떤 일에 노력을 기울였으면 그 노력이 상황을 더나아지게 만들고, 타인에게 긍정적인 감정을 주며, 그들의 인식을적절한 방향으로 안내해야 한다는 뜻이다. 그리고 이전에 경험했던 장애, 결점, 부당함, 역경 때문에 붙들고 있었던 괴로움과 분노는 반드시 내려놓아야 한다. 우리는 불이익과 과소평가 그리고 편견을 극복한 많은 사람의 이야기와 여정을 살펴봤다. 어려움을 타개하고 엣지를 만들어낸 놀라운 사례들이었다. 아울러 내 개인적인 경험도 언급했다. 역경을 장점으로 바꾸는 과정에서 나는 엣지를 창조하는 일이 단 한 번에 끝나는 단계가 아니라는 사실을 깨달았다. 엣지를 창조하는 데 필요한 개선, 기쁨, 안내, 노력은 상황에 따라 적용하는 데 미묘한 차이가 있다. 우리는 이 미묘한 차이를 이해하고 지속적으로 다시 돌아봐야 한다.

13장 노력에도 방향성이 필요하다

내 첫 직업이 공학자라고 말했지만 이 말이 완전히 진실이라고 할 수는 없다. 물론 대부분 사람은 내가 공학자로 사회생활을 시작했다고 생각한다. 하지만 내 마음속에는 진짜 첫 직업이라고 생각하는 일이 따로 있다.

약 20년 전 공학 석사 과정을 마쳤을 때 나는 학위를 힘겹게 얻었으므로 이와 관련된 일을 해야 한다고 생각했다. 학위를 취득하려고 공부하면서 나는 여러 가지 일을 해야 했다. 대학 기숙사와 도서관에서 일했고, 일주일에 24시간씩 IBM에서 서버 구축 업무도 했다. 하지만 정작 졸업할 무렵이 되자 나는 IBM이 제안한 정규직 일자리를 받아들여야 할지 망설이고 있었다. 내가 예상할 수 있는 금액보다 훨씬 높은 연봉을 제안받았는데 말이다.

앞서 여러 번 말했다시피 나는 항상 수학에 마음이 끌렸다. 내가 일자리를 제안받고도 수학을 가르쳐보고 싶다고 어머니께 말했을 때 얼마나 당황하셨을지 상상이 되는가? 그 당시 어머니는 혼자서 두 자녀를 책임지고 있었다. 어머니는 내가 교육 학위가 아닌 공학 학위를 받은 점과, 살면서 단 하루도 누굴 가르쳐본 경험이 없다는 점을 지적했다. 나는 학교 선생님은커녕 과외를 해본 적도 없었다. 자격증도 없었다. 어머니의 말이 모두 옳았다.

하지만 내가 미국 동부지역 모든 학군에 이메일을 보내는 노력을 보이자, 독립적으로 강인하게 살아온 어머니는 내 뜻을 지지해주었다. 그리고 나는 단 한 통의 긍정적인 답변을 받았다. 예상치 못하게 교사 한 명이 갑자기 그만둔 메릴랜드Maryland의 한 공립 고등학교에서 연락이 온 것이었다. 학교는 곤란한 상황이었고 내가 '관련 수학'Related Math이라는 과정을 가르칠 의향이 있는지 궁금해했다. 관련 수학은 '수학 보충 수업'을 완곡하게 표현한 말로 기본적인 수학 실력이 부족해서 위험군으로 분류된 9학년과 10학년 학생들이 학습하는 과정이었다. 이 수업은 이틀 후에 시작되어야 했다.

나는 수락했고 이틀 후 교사가 되었다. 이 학교는 상당히 부유한 지역으로 알려진 큰 학군에 속해 있었지만, 엄밀히 따지면 이 학교 재학생들은 전혀 부유하지 못했다. 학교가 담당하는 지역은 학군 때문에 이민자가 엄청나게 유입된 독특한 곳이었다. 이민자들은 자녀에게 수준 높은 교육을 받게 해주려고 해당 학군으로 왔지만 학군 내에서 더 좋은 지역으로는 들어갈 수 없는 형편이었다. 내 수업에는 파나마, 니카라과, 아르헨티나, 가봉, 라이베리아, 나이지리아, 캄보디아, 베트남, 태국, 필리핀을 비롯한 다양한 나라에서 온 학생들이 있었다. 이들 중 많은 가족이 정치적 이유로 망명했고, 학생 대다수는 정부가 무상 또는 부분적으로 지원하는 점심 급식 혜택을 받고 있었다.

거창한 이야기를 꺼내려는 건 아니다. 나는 영화 〈위험한 아이들Dangerous Minds〉의 미셸 파이퍼Michelle Pfeiffer도 아니고, 〈프리 라이터스 다이어리Freedom Writers〉의 힐러리 스웽크Hilary Swank도 아니다. 〈죽은 시인의 사회Dead Poets Society〉의 로빈 윌리엄스Robin Williams는 더더욱 아니다. 내가 가르쳤던 아이들을 계기로 이 책을 쓰게 된 사람일 뿐이다. 나는 아이들을 가르치면서 누군가가 엣지를 가지는 이유, 엣지가 없는 사람이 이를 보완하는 방법 등을 고민했다. 내 마음의 한쪽을 그 아이들에게 줬기에 고민의 해답을 찾고 싶은 마음이 강렬했다. (숱한 눈물을 흘린 끝에 답을 찾았지만 앞으로도 나는 그럴 것이다. 아이들을 생각할 때마다 눈물이 난다.) 살면서 그때만큼 아이들이 각자의 엣지를 찾길 간절히 바란 적이 없었다.

하지만 나는 아이들을 남겨두고 사직했다. 이것이 추한 진실이다. 학교에서 수학을 가르친 지 4개월 만에 그만뒀다.

얼마 후에 한 학생이 내게 짧은 편지를 보내왔다.

선생님 안녕하세요. 선생님 편지를 읽는 데 시간이 걸렸지만 정말 감동적이었어요. 그리고 선생님을 더는 볼 수 없다니 너무 슬퍼요.

선생님께 존경을 전하고 싶어요. 전에 말한 적 있지만 저는 수학에서 E나 D 학점을 받았는데 이제는 아니에요. 선생님은 제게 수학이 쉽고 정말 재미있다는 사실을 가르쳐주었어요.

보고 싶을 거예요. 그리고 선생님이 마음을 바꿔서 이곳을 떠나지 않으면 좋겠어요. 선생님이 가시면 모두들 슬플 것 같아요. 우리가 마지막으로 본 날이 학기말 시험일이었다는 것도 기분이 썩 좋지 않아요!

안녕히 가세요.


평화와 사랑을 담아

지미가


나는 학생들을 사랑했다. 하지만 나와 학생들이 겪어야 하는 부당한 일들에 좌절했다. 열심히 노력하면 보상이 따라온다던 잘 알려진 조언과 현실은 전혀 달랐다. 나는 지칠 대로 지쳐 나가떨어지고 말았다. 그때는 좌절에 맞서 나를 지키고 보호할 힘이 없었고, 예방책 역할을 할 수 있는 엣지를 만드는 힘도 제대로 알지 못했다.

학생들이 문제를 극복하도록 내가 어떻게 도와야 하는지도 몰랐다. 심지어 그때는 그들이 극복할 수 있을 거라고 믿지도 않았다. 나는 당시 스물두 살이었고 아직 준비되어 있지 않았다. 내가 교사를 그만둔 이유는 감정적으로 충분히 강하지 못했기 때문일 수도 있고, 다른 사람들이 높게 평가하는 일을 해야 한다는 불필요한 압박감 때문이었을 수도 있다. 아무튼 두고 온 아이들을 생각하면 여전히 눈물이 난다.

✱✱✱

지난해 하버드 경영대학원에서 했던 리더십 수업에서 리샤브라는 학생을 만났다. 이 학생을 볼 때면 내가 가르쳤던 아이들이 무척이나 생각난다.

　내가 전에 고등학교에서 학생들을 가르쳤고 오랫동안 마음에 괴로움을 품었다는 사실을 리샤브는 전혀 몰랐다. (앞서 밝혔듯 그때 일은 공개적으로 이야기한 적이 거의 없다.) 그런데 리샤브가 우연히 몇 가지 일로 내게 마음을 터놓았고, 본인의 가난했던 성장 과정과 힘들었던 학교생활을 들려주었다. 온 가족이 식당에 가서 음식 하나를 시켜놓고 나눠 먹었던 시절들도 이야기해주었다. 그리고 사람들은 항상 그에게 기대치가 낮았다고 털어놓았다. 그런 이유로 리샤브는 세상이 공평하지 않다고 느껴왔으며 마음에 뿌리 깊은 응어리가 있었다. 불공평한 현실에 자신도 모르세 분노가 터져 나온 적도 있다고 했다. 그는 "내 안에 생겨난 원망이 세상을 보는 방식에 크게 영향을 미쳤어요"라고 설명했다.

그리고 이렇게 말했다. "하지만 어느 순간이 되자 놓아버렸습니다. 이런 감정과 분노를 그냥 보내기로 했어요. 그러고 나서 자유로워졌고 모든 것이 변했습니다." 리샤브는 이 태도가 자신의 삶에 얼마나 큰 영향을 미쳤는지 알게 됐다. 자유로워진 자신과 달리 여전히 고통스러운 감정을 붙들고 있는 부모님을 볼 때면 태도의 중요성이 더욱 절실히 느껴졌다. 그는 부모님이 자신처럼 원망의 감정을 놓을 수 있을 거라는 확신이 없었다. 그는 안타까워하며 덧붙였다. "태도가 정말 중요합니다. 괴로움은 부모님이 살아가는 방식에 큰 영향을 미치고 있습니다. 그래서 더 마음이 아픕니다."

\*\*\*

나는 여전히 내게 편지를 남긴 지미를 비롯한 반 아이들 모두를 자주 생각한다. 솜릿, 티파니, 퀸스타, 조셉, 프란치스코(프랭키), 링컨, 카를로스 그리고 다른 아이들까지 모두 떠오른다. 그들이 지금 어디에 있는지 궁금하고 미안한 마음과 후회도 남아 있지만 이와 별개로 나는 온 마음을 다해 그들이 잘 지내고 행복하게 살길 바란다.

아이들과 함께했던 교실을 떠난 지 수십 년이 지난 지금 마침내 깨달은 바가 있다면 노력은 양날의 검이라는 사실이다. 노력은 엣지의 기초가 되며 분명히 필요한 요소다. 하지만 상황을 개선하거나, 적절한 기쁨을 주어 문제를 해결하거나, 타인의 인식을 안내하지 않은 채 노력에만 집중한다면 오히려 더 괴로워질 수 있다. 열심히 일하지만 상응하는 결과를 거둬들이지 못하기 때문에 편견과 불이익에 매몰되고 결국 이것이 시야를 가려 무력감에 빠지게 되는 것이다.

이제 엣지가 어디서 시작되는지 이야기하며 지금까지 여러분과 함께한 여정을 마무리 지으려 한다. 엣지를 창조하는 최적의 환경은 괴로움과 후회가 당신을 제한하지 않는 곳이다. 오히려 이것들 때문에 대담해질 수 있다. 설령 모든 점을 보완해 당신이 완벽해지더라도 세상은 언제나 불완전하다. 그런 불완전함을 인정하고 받아들인다면 벌써 당신은 자신만의 엣지를 만들기 시작한 것이다. 이미 판은 짜여 있다. 인생이란 공평하지 않다는 사실을 이해하는 과정이다. 그러니 노력 그 이상을 기울이자. 성공도, 실패도 당신을 함부로 정의하지 못하도록 한 번으로 승부를 가르려 하지 말자. 길게 보자.

분명 문제도, 실망할 일도 생길 것이다. 좋은 사람, 나쁜 사람, 이상한 사람도 모두 만나게 될 것이다. 생각지 못했던 일들이 당신을 골탕 먹일 것이다.

당신을 미워하는 사람들도 있을 것이다. 일을 더 잘 해내고 성공을 거둘수록 더 많은 사람이 난데없이 나타나 그 결과를 이용하려 들 것이다. 게다가 성공할수록 당신에게 편견을 갖거나 당신이 실패하길 바라는 사람도 생길 것이다. 영향력과 엣지를 더 강하게 가질수록 당신을 비난하고 끌어내리려는 사람들도 많아질 것이다.

당신은 이 모든 것을 곪아 터지게 내버려둘 수도 있고, 스스로에게 약이 되도록 이용할 수도 있다. 선택은 당신의 몫이다

＊＊＊

몇 년 전 '40세 이하 최고의 경영대학원 교수 40'인에 선정되어 상을 받았다. 그리고 이런 질문을 받았다. "만약 경영대학원 교수가 아니라면 어떤 일을 하실 건가요?" 나는 조금도 망설이지 않고 대답했다. "소외 계층 아이들을 위한 학교를 세웠을 겁니다. 언젠가는 꼭 그 일을 할 거예요."

그렇게 할 것이다. 언젠가는 그 고등학교 교실로 돌아가 지미, 솜릿, 프랭키 같은 학생들을 다시 가르칠 것이다. 지금도 나는 새로운 학생들에게서 내가 이전에 가르쳤던 제자들의 모습을 발견

한다. 리샤브에게서 강인함과 용기, 자신감을 보았듯 말이다.

"사람들이 널 부르는 게 아니라 네가 대답하는 거야." 이 말은 디비니티가 할머니에게 들은 조언이다. 할머니는 미시시피주 소작농의 딸로 태어나 학교 교육을 4년밖에 받지 못했지만 디비니티가 아는 이 중 가장 현명한 사람이었다. 할머니의 지혜로운 조언은 우리가 세상에 드러내야 하는 태도가 어떤 것인지 알려준다. 나는 로즈 장학금을 받아 옥스퍼드 대학교에 입학하는 게 꿈이라던 세렐리나에게서 이 같은 특성을 발견했다. 얼마 전 고등학교 졸업 자격을 취득한 세렐리나를 축하하며 저녁 식사에 초대한 적이 있었다. 세렐리나는 형사 행정학을 공부하러 학교로 돌아갈 계획이라고 했다. 그녀가 식사 자리에 데리고 온 두 살배기 딸 이름은 다름 아닌 '로즈'였다.

노력은 당신의 엣지를 견고하게 만든다. 그 밑바탕에는 강인한 정신이 깔려 있다. 강인함은 우리가 피할 수 없는 좌절을 만났을 때 예방주사 역할을 해줄 것이다. 우리는 여전히 타인의 인식에 좌우된다. 하지만 강인함은 타인이 아닌 당신의 견해가 가장 중요하다는 사실을 상기시켜줄 것이다. 당신은 상황을 개선하는 방법을 알아야 한다. 어려운 상황에서 기쁨으로 문제를 해결해야 한다. 그리고 당신 인생의 안내자로서 자신을 신뢰해야 한다.

상황을 개선하고, 타인에게 기쁨을 주며, 인식을 안내하고, 노

력으로 엣지를 얻어라. 역경을 기회로 만들어라. 그것이 당신의
엣지가 될 것이다.

원칙 13

**역경을 당신의 엣지로 바꾸라.**

# 비범하지 않아도 성취하는 법에 대하여

어릴 적 읽은 위인들의 전기는 항상 어려운 상황을 불굴의 의지로 극복하는 초인들의 분투기로 채워져 있었습니다. 책 속의 그들은 시대의 어려움, 불우한 집안의 환경, 배려가 충분치 못한 사회 등 수많은 난관을 그야말로 마블의 영웅들처럼 씩씩하게 헤쳐 나갔습니다. 넉넉지 않은 살림에 위인전집을 사주신 부모님의 기대는, 부족한 집안의 지원에도 불구하고 우리 아이가 사회적 성취를 이루며 행복하게 살길 바라는 마음이었으리라 짐작합니다. 하지만 무협지 속 주인공보다도 훨씬 더 힘든 상황을 이겨내아 했던 위인들의 굴곡진 삶을 접하며, 애당초 위인이 되는 건 포기했던 어린 날의 결심은 지금도 선명합니다.

바로 저와 같은 보통 사람들에게 말하는 듯, 저자는 아래의 문장으로 책을 시작합니다.

"이 책을 쓰기로 한 이유는 어딘가에 발을 들여놓을 기회조차 얻지 못했던 평범한 사람들의 이야기를 공유할 수 있기 때문이다. 내세울 점이 두드러지지 않는 보통 사람들의 경험을 읽고, 이들이 불리해 보이는 상황에서 어떻게 엣지를 창조할 수 있었는지 알게 되길 바란다."

그런데 의지만으로 원하는 삶을 이뤄낼 수 있을까요?

"인생이란 결코 공평하지 않다. 이 사실에 익숙해져라.Life is not fair. Get used to it." 빌 게이츠가 말한 이 문장처럼, 우리 삶의 성공적인 구현을 위해서는 환경과 조건이라는 것이 무시 못 할 변인으로 작용합니다. 능력주의meritocracy에 대한 비판 역시 사회적 자본과 기회를 상대적으로 더 많이 갖는 사람들이 얻은 능력이 과연 공평한 것인가에 대한 성찰에서 출발합니다.

그렇다면 환경이 척박한 곳에서 인생을 시작해야 하는 사람은 인생을 포기하면서 살아가야 하는 것일까요? 그 어려움을 이겨낼 수 있는 방법에 대해 이 책은 친절히 설명해줍니다. 책 속에서 저는 이 문장에 주목했습니다. "통념이나 성별, 인종, 민족, 연령, 재산, 계층에 따라 불리한 상황에 있는 것처럼 보이는 순간도 있다. 하지만 당신은 남들이 가진 이점이나 특권과 상관없이 상황을

추천의 글

전환시키는 것으로 당신만의 혜택과 보상을 얻을 수 있다."

저자는 삶이 주어진 환경에 의해 미리 결정된다며 위로하지도, 개인의 노력만으로 힘든 상황을 넘어 모든 것을 성취할 수 있다며 채근하지도 않습니다. 그보다 "타인과 효과적으로 소통하기 위해 자신이 직면했거나 직면할 근본적인 불이익, 도전, 장애물을 이해하고, 본인이 가고 있는 길을 객관적으로 인지"하는 방법을 알려줍니다.

어떻게 보통 사람들이 매일의 분투 속에서 조금 더 현명한 방법으로 본인을 자리매김할 수 있는지 그리고 그를 통해 주어진 제약을 이겨내고 원하는 것을 얻어낼 수 있는지를, 저자는 우리와 같은 보통 사람들의 삶 속 예제들을 통해 알려줍니다. 이 책을 통해 '엣지'를 배워나가노라면 '그냥 하는 것'이 아니라 '먼저 생각하고 하는 것'이 얼마나 중요한지 깨닫게 됩니다.

많은 사람이 어울려 살아가는 사회 속에서 현실적이고 상대적인 관계 속 현명한 인식을 통해 '자신만의 엣지를 창조'하고, 자신의 '노력이 스스로를 위해 더 효과적으로 쓰이는 방법을 발견'하고 싶은 모든 분에게 일독을 권합니다.

송길영, 마인드 마이너, 《그냥 하지 말라》 저자

## 감사의 글

이 책이 세상에 나온 것은 믿기 힘든 행운이다. 모든 행운의 순간 뒤에는 이 일을 현실로 만든 누군가가 있었다. 그럴 만한 이유가 없는데도 그들은 내게 기회를 주고 행운을 빌어주었다. 행운이 꼬리에 꼬리를 물고 생기도록 나를 이끌어준 사람들에게 큰 감사를 느낀다.

나를 믿고 자신의 이야기를 너그럽게 공유해준 사람들이 있다. 상처받기를 두려워하지 않는 용기와 다른 사람은 모르는 것을 발견하는 능력 그리고 지혜로움을 들려준 그들에 대한 고마움을 절대 잊지 못할 것이다. 나는 그들에게서 새로운 차원의 가능성과 목적, 소명을 배웠다.

내 에이전트 페이스 햄린은 모든 것을 면밀히 검토하고 출판을 가능하게 해주었다. 처음부터 날 믿어준 것에 감사를 전한다.

포트폴리오 출판사의 모든 분에게도 감사하다. 특히 담당 편집자 메리 선은 장애물을 대수롭지 않게 치우고 침착한 태도로 일을 진행하는 사람의 전형이었다. 그녀가 아니었다면 나는 놀이동산이 아니라 난공불락의 요새에만 있었을 것이다. 빈틈없는 에이드리언 잭하임, 태라 길브라이드와 모든 팀원, 윌 와이저, 마고 스태마스, 제시카 레지오네, 대니얼 래진, 메이건 캐버너프에게 감사의 말을 전한다. 킴 서리지와 케이티 헐리는 편집 과정에서 남다른 눈썰미를 발휘했다. 홍보와 마케팅을 담당한 마리솔 살라만, 메리 케이트 스케한, 니콜 듀이는 바위를 다듬어 다이아몬드로 바꾸어놓았다. 그리고 피트 가르소는 내가 상상할 수 있는 가장 감각 있는 표지를 디자인했고 크리스 세르지오는 엣지를 끄집어내어 내가 예술적인 과정에 몰입하도록 도와주었다. 에릭 넬슨은 예술의 세계를 맛보게 해주었다.

발췌문 읽기부터 표지 디자인 검토, 고통스러운 소제목 달기까지 크고 작은 조언과 피드백을 보내준 분들께 감사한다. 리즈 지앙과 리비 퀸 두 사람과 함께 일할 수 있어 정말 행운이었고 두 사람이 생각하는 것보다 그 도움을 더 고맙게 생각하고 있다. 또 고마운 사람들이 있다. 애나 호마윤, 케이티 배런, 그레그 오트리,

개릿 니만, 알란 해밀턴, 스콧 배리 코프먼, 케이티 밀크맨, 돌리처, 세스 스티븐스 다비도위츠, 트레이시 추, 티파니 추, 이링창, 찰스 야오, 레빈과 그의 팀 그리고 켄트 스메터스는 책을 쓰는 동안 용기를 주고 조언을 아끼지 않았다.

나의 경이로운 공동 연구자와 공동 저자에게도 감사하다. 한 사람 한 사람이 내가 세상을 다르게 보도록 도움을 주었다. 나 혼자서 한 일은 아무것도 없다. 모두 우리가 한 일이다.

하버드 경영대학원의 훌륭한 동료들에게도 감사한다. 뛰어난 지성들 속에서 일하는 것은 축복이다. 동료들의 격려와 지원에 고마운 마음을 전한다. 그리고 나를 받아들여주고 여전히 영감을 주는 와튼 경영대학원 동료들에게도 감사한 마음을 전한다.

존 피어스, 래피 아미트, 이안 맥밀런, 캐리 크네르 오브라이언, 조지아 라자나, 펜 쿵, 치 창은 나를 믿어주었고 거인의 어깨 위에 세워주었다.

변함없는 가족과 친구들도 빼놓을 수 없다. 강인함과 지혜 그리고 희생을 보여주신 부모님께 감사하다. 재치와 매력을 나눠준 크리시에게도 고맙다. 현실과 상상 그 사이에서 모든 호기심을 느끼게 해주는 앤트에게도 감사하다. 중요한 것을 중요하게 지키고, 싸울 가치가 있는 것에 기꺼이 싸워야 한다고 늘 일깨워주는 사람이다.

# 참고문헌

## 서문

1 그레그 오트리(Greg Autry)와 로라 후앙(Laura Huang), "휴스턴, 시장은 존재한다: 민간 우주선 발사는 큰 성과를 이룰 것(Houston, We Have a Market: Privatizing Space Launches Pays Off Big)," 〈포브스(Forbes)〉, 2013. 10. 2 https://www.forbes.com/sites/forbesleadership-forum/2013/10/02/houston- we- have-a-market-privatizing-space-launches-pays-off-big; 그레그 오트리와 로라 후앙, "상업용 우주선 시장에서 미국의 경쟁력 분석(An Analysis of the Competitive Advantage of the United States of America in Commercial Human Orbital Spaceflight Markets)," 〈뉴 스페이스(New Space), no. 2 (2014): 83 - 110, https://doi.org/10.1089/ space.2014.0005.

2 앨리슨 우드 브룩스(Alison Wood Brooks), 로라 후앙, 세라 우드 커니(Sarah Wood Kearney), 피오나 머리(Fiona E. Murray), "투자자는 매력적인 사람이 제시하는 사업을 선호한다.(Investors Prefer Entrepreneurial Ventures Pitched by Attractive Men)," 〈미국 국립 과학원 회보(Proceedings of the National Academy of Sciences)〉 111, no. 12 (2014): 4427 - 31, https://doi.org/10.1073/pnas.1321202111. 매슈 리(Matthew Lee)와 로리 후앙의 "젠더 편견과 사회적 프레임의 영향, 스타트업 기업의 평가(Gender Bias, Social Impact Framing, and Evaluation of Entrepreneurial Ventures)," 〈오거니제이션 사이언스(Organization Science)〉 29, no. 1 (2018):1 - 16. https://doi.org/10.1287/orsc.2017.1172. 참조

3 로라 후앙, 마샤 프리저(Marcia Frideger), 존 피어스(Jone L. Pearce), "정치적 기술: 고용과 투자 결정에 영향을 미치는 비표준적인 억양(Political Skill: Explaining the Effects of Nonnative Ac-

cent on Managerial Hiring and Entrepreneurial Investment Decisions)," 〈응용심리학 저널(Journal of Applied Psychology)〉 98, no. 6 (2013): 1005 - 17, https://doi.org/ 10.1037 / a0034125.

4 브래드 그린우드(Brad N. Greenwood), 세스 캐너핸(Seth Carnahan), 로라 후앙, "환자와 의사의 젠더 일치와 여성 심장병 환자의 사망률 증가(Patient - Physician Gender Concordance and Increased Mortality Among Female Heart Attack Patients)," 〈미국 국립 과학원 회보〉 115, no. 34 (2018): 8569 - 74, https://doi.org/10.1073/ pnas.1800097115.

5 로라 후앙, 존 피어스, "미지의 문제 처리하기: 초기 단계에서 투자가가 투자 결정에 직감을 활용하는 효과(Managing the Unknowable: The Effectiveness of Early- Stage Investor Gut Feel in Entrepreneurial Investment Decisions)," 〈행정과학계간지(Administrative Science Quarterly) 60, no. 4 (2015): 634 - 70, https://doi.org/10.1177 /0001839215597270; 로라 후앙, 앤드루 나이트(Andrew P. Knight), "사업가의 자원과 인간관계: 사업가와 투자자 관계의 발전 및 서로 미치는 영향의 교환 이론(Resources and Relationships in Entrepreneurship: An Exchange Theory of the Development and Effects of the Entrepreneur-Investor Relationship)," 〈경영학술리뷰 (Academy of Management Review)〉 42, no. 1 (2015): 80 - 102, https://doi.org/10.5465/ amr.2014.0397; 로라 후앙, "복잡성과 극한의 위기를 관리하는 면에서 투자자의 직감이 발휘하는 역할(The Role of Investor Gut Feel in Managing Complexity and Extreme Risk)," 〈경영학술저널(Academy of Management Journal)〉61, no. 5 (2018): 1821 - 47, https://doi.org/10.5465/ amj.2016.1009.

## 1장

1 타라 설리번(Tara Sullivan), "미라이 나가스(Mirai Nagasu)는 올림픽 정신인 인내심의 교훈이다(Mirai Nagasu Is a Lesson in Perseverance at Olympics)," 〈보스톤 글로브(Boston Globe), 2018. 2. 18 https://www3.bostonglobe.com/sports/2018/02/18/mirai-nagasu-lesson-perseverance-olympics/YmOGUDvMaHtXAT53dmvIZP/ story.html?arc404=true; 킴벌리 얌(Kimberly Yam), "미라이 나가스는 식당에서 열심히 일하는 부모님에게서 영감받아 얼음 위에서 훈련을 해나갔다고 말한다(Mirai Nagasu Says Her Parents' Hard Work in Restaurant Inspires Her Discipline on Ice)," 블로그 허프포스트(HuffPost), 2018. 2. 23. https://www.huffpost.com/entry/mirai-nagasu-credits-her-parents-hard-work-in-restaurant-for-her-own-work-ethic_n_5a8f2a99e4b0ee6416a11a17; 캐런 프라이스(Karen Price), "미라이 나가스," USA 팀, https://www.teamusa.org:443/ My-Focus presented-by-milk life/Athletes/Mirai-Nagasu.

2 브렌다 슈멀(Brenda Schmerl), "감동적인 스토리: 비범한 다섯 명은 어떻게 모든 역경을 물리치고 졸업했는가(Inspirational Stories: How 5 Extraordinary People Beat All Odds to Graduate)," 〈리더스다이제스트(Reader's Digest)〉, https://www.rd.com/true-stories/ inspiring/ inspiring-college-graduates.

**3**  데이비드 롭슨(David Robson), "오늘날 영국에서 사회 계층은 얼마나 중요한가?(How Important Is Social Class in Britain Today?)," BBC, 2016. 4. 7 http://www.bbc.com/future/ story/20160406-how-much-does-social-class-matter-in-britain-today; 데이비드 덴비(David Denby), "감정 억제(Stiff Upper Lips)," 〈뉴요커(New Yorker)〉, 2013. 1. 23 https://www.newyorker.com/magazine/2013/01/28/stiff-upper-lips.

**4**  드보라 마이어스(Dvora Meyers), "피겨 스케이터 미라이 나가스의 귀환(The Redemption of Figure Skater Mirai Nagasu)," 블로그 데드스핀(Deadspin), 2018. 1. 4. https://deadspin .com/the-redemption-of-figure-skater-mirai-nagasu-1821763830.

**5**  제프 양(Jeff Yang), "미라이 나가스와 애슐리 와그너(Ashley Wagner), 금발 소녀의 미스터리(Mirai Nagasu, Ashley Wagner and the Myth of the Golden Girl)," 블로그 스피크이지(Speakeasy), 〈월스트리트저널(Wall Street Journal)〉, 2014. 1. 14 https://blogs.wsj.com/speakeasy/2014/01/14/mirai-nagasu-ashley-wagner-and-the-myth-of-the-golden-girl.

**6**  닐 매크래(C. Neil Macrae), 수잰 콰드플리크(Susanne Quadflieg), "사람들에 대한 인식(Perceiving People)," 《사회심리학 편람(Handbook of Social Psychology)》, vol. 1, 5th ed., ed. 피스크(S. T. Fiske), 길버트(D. T. Gilbert), 린지(G. Lindzey) 공저, (Hoboken, NJ: John Wiley & Sons, 2010), 428-63.

**7**  제임스 데닌(James Dennin), "연령차별주의와 나이 많은 근로자 고용을 꺼리는 기업(Ageism and the Reluctance of Companies to Hire Older Workers)," 마이크(Mic), 2018. 5. 9 https://mic. com/articles/189141/older workers-are-consistently-discriminated-against-in-job-hiring-heres-how-we-can-fix-that#.8wzxyh5wj.

**8**  티모시 저지(Timothy A. Judge), 대니얼 케이블(Daniel M. Cable), "직장에서의 성공과 수입에 신장이 미치는 영향: 이론적 모델의 예비 시험(The Effect of Physical Height on Workplace Success and Income: Preliminary Test of a Theoretical Model)," 〈응용심리학저널(Journal of Applied Psychology)〉 89, no. 3 (2004): 428-41, https://doi.org/10.1037/0021-9010.89.3.428; 디트만(M. Dittmann), "큰 키의 보상, 연구 결과(Standing Tall Pays Off, Study Finds)," 〈심리학모니터(Monitor on Psychology)〉, 2004. 7·8월; 안드레아스 쉬크(Andreas Schick), 리차드 스테켈(Richard H. Steckel), "신장, 인적 자본, 수입: 인지 능력과 비인지 능력의 기여 요인(Height, Human Capital, and Earnings: The Contributions of Cognitive and Noncognitive Ability)," 〈인적자본저널(Journal of Human Capital)〉 9, no. 1 (2015): 94-115, https://doi. org/10.1086/679675; 조 핀스커(Joe Pinsker), "큰 키의 재정적 혜택The Financial Perks of Being Tall)," 〈애틀랜틱(Atlantic)〉, 2015. 5. 18 https://www.theatlantic.com/business/ archive/2015/05/the-financial-perks-of-being-tall/393518.

**9**  말콤 글래드웰(Malcolm Gladwell), "워렌 하딩의 오류: 우리는 왜 키 크고 잘생긴 남자에게 반하는 걸까(The Warren Harding Error: Why We Fall for Tall, Dark, and Handsome Men)," 《블링

크(*Blink*)》: 사고과정을 거치지 않은 생각의 힘(The Power of Thinking Without Thinking) (New York: Little, Brown, 2005), 72 - 98; 비벡 카울(Vivek Kaul), "넥타이 신드롬:The Necktie Syndrome: CEO의 키가 평균 남성 키보다 훨씬 큰 이유는 무엇일까.(Why CEOs Tend to Be Significantly Taller Than the Average Male)," 《이코노믹 타임즈(Economic Times)》, 2011, 9, 30 https://economictimes.indiatimes.com/the-necktie-syndrome why-ceos-tend-to-be-significantly-taller-than-the-average male/articleshow/10178115.cms.

10  앨리슨 우드 브룩스, 로라 후앙, 세라 우드 커니, 피오나 머리, "투자자는 매력적인 사람이 제시하는 사업을 선호한다(Investors Prefer Entrepreneurial Ventures Pitched by Attractive Men)," 《미국 국립 과학원 회보(Proceedings of the National Academy of Sciences)》 111, no. 12 (2014): 4427 - 31, https://doi.org/10.1073/pnas.1321202111.

11  수잰 콰스플리크(Susanne Quadflieg), 너태샤 플라니간(Natasha Flannigan), 고든 웨이터 (Gordon D. Waiter), 브루노 로씨옹(Bruno Rossion), 가간 위그(Gagan S. Wig), 데이비드 터크(David J. Turk), 닐 매크래, "인식의 고정관념에 근거한 변화(Stereotype-Based Modulation of Person Perception)," 《뉴로이미지(NeuroImage)》 57, no. 2 (2011): 549 - 57, https://doi.org/10.1016/j.neuroimage.2011.05.004.

12  메건 푸(Megan Fu), "남성 교사가 임금 차별 철폐를 주장하다(Male Teachers Claim Wage Discrimination)," 《데일리 비스트(Daily Beast)》, 2016, 5, 6, https://www.thedailybeast.com/articles /2016/05/06/male-teachers-claim-wage-discrimination; 브라이언 넬슨(Bryan G. Nelson), "헬렌 박사가 남성 교사가 직면한 고정관념에 대해 말한다(Dr. Helen Talks About Stereotypes That Male Teachers Face)," 《멘티치(MenTeach)》, April 2, 2009, 4, 2, http://www.menteach.org/news/dr_helen_talks_about_stereotypes_that_male_teachers_face.

13  해리 홀저(Harry J. Holzer), 스티븐 라파엘(Steven Raphael), 마이클 스톨(Michael A. Stoll), "인식에 따른 범죄와 배경 조사, 고용주의 인종차별적 고용 관행(Perceived Criminality, Criminal Background Checks, and the Racial Hiring Practices of Employers)," 《법과 경제학 저널(Journal of Law and Economics)》 49, no. 2 (2006): 451 - 80, https://doi.org/10.1086/501089; 리디아 오코너(Lydia O'Connor), "CNN 분석가는 흑인이 범죄를 저지르는 '경향이 있다'고 말한다(CNN Analyst Suggests Black People Are 'Prone to Criminality')," 블로그 허프포스트(HuffPost), 2016, 7, 11, https://www.huffpost.com/entry/harry-houck-cnn-blacks-criminality_n_5783f6fae4b01edea78f1434.

14  헬렌 데니스(Helen Dennis), 캐스린 토머스(Kathryn Thomas), "직장 내 연령차별주의(Ageism in the Workplace)," 《제너레이션즈(Generations)》 31, no. 1 (2007), https://www.questia.com/library/journal/1P3-1318281421/ageism-in-the-workplace.

15  수전 피스케(Susan T. Fiske), 에이미 커디(Amy J. C. Cuddy), 피타 글리크(Peter Glick), "사회적 인식의 보편적인 차원: 따뜻함과 능숙도(Universal Dimensions of Social Cognition: Warmth

and Competence)," 〈인지과학 트렌드 학회지(Trends in Cognitive Sciences)〉 11, no. 2 (2007): 77-83, https://doi.org/10.1016/j.tics.2006.11.005; 앨리스 이글리(Alice H. Eagly), 스티븐 커라우(Steven J. Karau), "여성 리더를 향한 편견의 역할 일치 이론(Role Congruity Theory of Prejudice Toward Female Leaders)," 〈심리학 리뷰(Psychological Review) 109, no. 3 (2002): 573-98.

16    낼리니 앰버디(Nalini Ambady), 로버트 로즌솔(Robert Rosenthal), "인간관계의 결과를 예측할 수 있는 행동의 단편: 메타 분석(Thin Slices of Expressive Behavior as Predictors of Interpersonal Consequences: A Meta- Analysis)," 〈심리학 회보(Psychological Bulletin)〉 111, no. 2 (1992): 256-74, https://doi.org/10.1037/0033-2909.111.2.256; 낼리니 앰버디, 로버트 로즌솔, "짧은 순간: 비언어적 행동과 신체적 매력을 통한 교수 평가 예측(Half a Minute: Predicting Teacher Evaluations from Thin Slices of Nonverbal Behavior and Physical Attractiveness)," 〈성격과 사회심리학 저널(Journal of Personality and Social Psychology)〉 64, no. 3 (1993): 431-41, https://doi.org/10.1037/0022-3514.64.3.431; 낼리니 앰버디, 프랭크 버니에리(Frank J. Bernieri), 제니퍼 리처슨(Jennifer A. Richeson), "사회적 행동의 조직화: 연속적인 행동에서 단편만 보고 내리는 판단의 정확도(Toward a Histology of Social Behavior: Judgmental Accuracy from Thin Slices of the Behavioral Stream)," 〈실험적 사회심리학의 발전(Advances in Experimental Social Psychology)〉, vol. 32, ed. Mark P. Zanna (San Diego: Academic Press, 2000), 201-71, https://doi.org/10.1016/S0065-2601(00)80006-4.

17    레스 피커(Les Picker), "노동 시장에서 점차 증가하는 사회적 기술의 중요성(The Growing Importance of Social Skills in the Labor Market)," 〈미국 경제 조사 다이제스트(National Bureau of Economic Research Digest)〉, 2015, 11, https://www.nber.org/digest/nov15/w21473.

18    존 요스트(John T. Jost), 마자린 바나지(Mahzarin R. Banaji), 브라이언 노섹(Brian A. Nosek), "시스템 정당화 이론의 십 년: 현 상황을 의식적 그리고 무의식적으로 강화하는 축적된 증거(A Decade of System Justification Theory: Accumulated Evidence of Conscious and Unconscious Bolstering of the Status Quo)," 〈정치심리학(Political Psychology)〉 25, no. 6 (2004): 881-919, https://doi.org/10.1111/j.1467-9221.2004.00402.x.

19    멀린다 앤더슨(Melinda D. Anderson), "능력주의 신화가 유색인종 어린이들에게 상처를 주는 이유(Why the Myth of Meritocracy Hurts Kids of Color)," 〈애틀랜틱〉, 2017, 7.27, https://www.theatlantic.com/education/archive/2017/07/internalizing-the-myth-of-meritocracy/535035/.

20    메건 라이츠(Megan Reitz), 존 히긴스(John Higgins), "'내 문은 언제나 열려 있다'라는 말의 문제점(The Problem with Saying 'My Door Is Always Open')," 〈하버드비즈니스리뷰(Harvard Business Review)〉, 2017, 3, 9, https://hbr.org/2017/03/the-problem-with-saying-my-door-is-always-open; 존 요스트, 오솔야 후녀디(Orsolya Hunyady), "시스템 정당화 이데올로기의 선행조건과 결과(Antecedents and Consequences of System-Justifying Ideologies)," 〈심리학의 현 방향(Current Directions in Psychological Science)〉 14, no. 5 (2005): 260-5,

https://doi.org/10.1111/j.0963-7214.2005.00377.x.

21 데이비드 해리슨(David A. Harrison), 케네스 프라이스(Kenneth H. Price), 머틀 벨(Myrtle P. Bell), "상관적인 인구 통계를 초월함: 노동 집단 화합에 대한 표면적 포괄성과 심층적 포괄성의 시대와 결과(Beyond Relational Demography: Time and the Effects of Surface-and Deep-Level Diversity on Work Group Cohesion)," 〈경영학술저널〉 41, no. 1 (1998): 96 - 107, https://doi.org/10.5465/256901; 데이비스 해리슨, 케니스 프라이스, 조안 개빈(Joanne H. Gavin), 애나 플로리(Anna T. Florey), "시대, 팀, 과업 수행: 집단 기능에 대한 표면적 포괄성과 심층적 포괄성(Time, Teams, and Task Performance: Changing Effects of Surface-and Deep-Level Diversity on Group Functioning)," 〈경영학술저널〉 45, no. 5 (2002): 1029 - 45, https://doi.org/10.5465/3069328.

22 레티안 장(Letian Zhang), "공정한 게임? NBA 코치와 선수 사이에 벌어지는 반복적인 인종적 편견(A Fair Game? Racial Bias and Repeated Interaction Between NBA Coaches and Players)," 〈행정과학계간지〉 62, no. 4 (2017): 603 - 25, https://doi.org/10.1177/0001839217705375.

23 앨리슨 스콧(Allison Scott), 프리다 케이포어 클라인(Freada Kapor Klein), 프리다 맥알리어(Frieda McAlear), 알렉시스 마틴(Alexis Martin), 소니아 코시(Sonia Koshy), "구멍이 새는 기술 연결관: 기술적 생태계 전반에 걸친 포괄성 결여의 문제와 이해에 대한 종합적 체계(The Leaky Tech Pipeline: A Comprehensive Framework for Understanding and Addressing the Lack of Diversity Across the Tech Ecosystem)", (Oakland, CA: Kapor Center for Social Impact, 2018), https://www.kaporcenter.org/the-leaky tech pipeline-a-comprehensive framework-for-understanding-and-addressing-the-lack-of-diversity-across-the-tech-ecosystem/.

24 케이티 월드먼(Katy Waldman), "사회학자가 미국 백인이 인종주의에 맞서는 것을 막는 '백인 허무주의'를 조사하다(A Sociologist Examines the 'White Fragility' That Prevents White Americans from Confronting Racism)," 〈뉴요커〉, 2018. 7. 23, https://www.newyorker.com/books/page turner/a-sociologist-examines the white fragility that prevents-white-americans-from-confronting-racism.

25 샤이 다비다이(Shai Davidai), 토머스 길로비치(Thomas Gilovich), "불균형의 역풍과 순풍: 장벽과 축복의 평가에 내재된 가용성 편향(The Headwinds/ Tailwinds Asymmetry: An Availability Bias in Assessments of Barriers and Blessings)," 〈성격과 사회심리학 저널〉 111, no. 6 (2016): 835 - 51, https://doi.org/10 .1037/pspa0000066.

26 Mirai Nagasu (@mirai_ nagasu), "4년 전 나는 팀에 지명되지 못했을 때 이 시를 썼다," 트위터, 2018. 2. 25, https://twitter.com/mirai_nagasu/status/ 967815168334774272.

27 스콧 리드(Scott M. Reid), "비통한 시간을 겪은 후 미국 피겨 스케이터 미라이 나가스는 올림픽 출전권에 다시 도전하다(After Heartbreak, U.S. Figure Skater Mirai Nagasu Again Takes Aim

at Olympic Bid)," 〈오렌지 카운티 레지스터(Orange County Register)〉, 2018. 1. 2, https://www.ocregister.com/2018/01/02/after-heartbreak-u-s-figure-skater-mirai-nagasu-again-takes-aim-at-olympic-bid.

## 2장

1   스리라즈 텍케일(Sreeraj Thekkeyil), "어떤 과학자들이 노벨상을 받을 자격이 되는데 한 번도 받지 못했는가?(Which Scientists Deserved to Win a Nobel Prize but Never Won?)," 쿼라(Quora), 2018. 5. 18, https://www.quora.com/Which-scientists-deserved-to-win-a-Nobel-Prize-but-never-won.

2   "텍사스: 버키스의 성공 스토리(Made in Texas: The Buc- ee's Success Story)," 〈월간 텍사스(Texas Monthly)〉, 2013. 2. 26, https://www.texasmonthly.com/articles/made-in-texas-the-buc-ees-success-story/.

3   젬바 니스벳(Gemma Nisbet), "비버스가 세계에서 가장 큰 휴게소의 역할을 더 잘 수행한다(Beavers Are Better at the World's Biggest Service Station)," 〈웨스트 트래블 클럽(West Travel Club)〉, 2017. 7. 23, https://westtravelclub.com.au/stories/biggest-is-better-at-texas-adult-amusement-park.

4   파남 스트리트(Farnam Street), "'능력 범위' 이론은 당신이 매우 지혜로운 결정을 하도록 도와준다(The 'Circle of Competence' Theory Will Help You Make Vastly Smarter Decisions)," 〈비즈니스 인사이더(Business Insider)〉, 2013. 12. 5, https://www.businessinsider.com/the-circle-of-competence-theory-2013-12; 프레드 니콜스(Fred Nickols), 하비 베르골츠(Harvey Bergholz), "컨설턴트의 능력 범위: 독립적인 컨설턴트로서의 당신의 성공 가능성을 판단하는 도구(The Consultant's Competency Circle: A Tool for Gauging Your Success Potential as an Independent Consultant)," 〈성과 향상(Performance Improvement)〉 52, no. 2 (2013): 37-41, https://doi.org/10.1002/pfi.21328.

5   파남 스트리트, "당신의 능력 범위를 이해하라: 워런 버핏은 어떻게 문제를 피했나?(Understanding Your Circle of Competence: How Warren Buffett Avoids Problems)," 블로그 파남 스트리트, 2013. 12. 1, https://fs.blog/2013/12/circle-of-competence/.

6   트렌 그리핀(Tren Griffin), "'능력의 범위'에 대한 찰리 멍거의 생각(Charlie Munger on 'Circle of Competence') (the Second Essential Filter)," 25iq (blog), 2012. 12. 22, https://25iq.com/2012/12/22/charlie-munger-on-circle-of-competence-the-second-essential filter.

7   내털리 글락슨(Natalie Clarkson), "리처드 브랜슨은 왜 항공업에 뛰어들었나?(Why Did Richard Branson Start an Airline?)," 〈버진(Virgin)〉, 2014. 10. 1, https://www.virgin.com/travel/why-did-richard-branson-start-airline. 44

8    브랜슨이 항공업을 시작한 스토리는 위 자료에 상게됨.

9    글렌 샌퍼드(Glen Sanford), "아이폰(iPhone)," 〈애플의 역사(Apple-History)〉, https://
     apple-history.com/iphone; "아이폰의 역사(iPhone History): 2007-2019년의 연대기(A
     Timeline from 2007-2019)," 〈기업의 역사(History Cooperative)〉, 2014. 9. 14, https://histo-
     ry cooperative.org/the-history-of-the-iphone.


## 3장

1    저자가 딘타이펑보다 맛있는 딤섬을 만드는 타이완 사람 미스터 리와 한 인터뷰, 2017.
     8. 18, 2018. 7, 22

2    베니그노 아귀레(Benigno E. Aguirre), 데니스 벵거(Dennis Wenger), 가브리엘라 비고(Gabriela
     Vigo), "종합적 행동의 규범발생설 조사(A Test of the Emergent Norm Theory of Collective Behav-
     ior)," 〈사회학 포럼(Sociological Forum)〉 13, no. 2 (1998): 301-20, https://link.springer.
     com/article/10.1023/A:1022145900928.

3    하 당(Ha V. Dang), 미 린(Mi Lin), "주식시장의 군중심리: 다양하고 이질적인 정보를 처리
     하는 특별한 참여자의 역할(Herd Mentality in the Stock Market: On the Role of Idiosyncratic Partic-
     ipants with Heterogeneous Information)," 〈금융분석의 국제리뷰(International Review of Financial
     Analysis)〉 48 (2016): 247-60, https://doi.org/10.1016/j.irfa.2016.10.005; 스콧 쿨리
     (Scott Cooley), "기술과 군중심리(Technology and the Herd Mentality)," 〈모기지 뱅킹(Mortgage
     Banking)〉 64, no. 9 (2004):122-4.

4    로라 후앙, "복잡성과 극한의 위기를 관리하는 면에서 투자자의 직감이 발휘하는 역할
     (The Role of Investor Gut Feel in Managing Complexity and Extreme Risk)"; 로라 후앙, 앤디 우
     (Andy Wu), 민 주 리(Min Ju Lee), 지아이 바오(Jiayi Bao), 메리앤 허드슨(Marianne Hudson),
     일레인 볼레(Elaine Bolle), "아메리칸 엔젤: 미국 엔젤투자자의 인구 통계와 투자 활동에
     대한 최초 심층 보고(The American Angel: The First In-depth Report on the Demographics and In-
     vesting Activity of Individual American Angel Investors )," 와튼 창업가 및 엔젤투자협회(Wharton
     Entrepreneurship and Angel Capital Association), 2017. 11), https://www.angelcapitalassoci-
     ation.org/data/Documents/TAAReport11-30-17.pdf? rev=DB68; 로라 후앙, "투
     자자의 직감 이론: 사업적 투자 결정의 영향 조사(A Theory of Investor Gut Feel: A Test of the
     Impact of Gut Feel on Entrepreneurial Investment Decisions)" (캘리포니아 대학교 어바인 캠퍼스 박사논문,
     2012).

5    메리 벨리스(Mary Bellis), "IBM PC의 역사(History of the IBM PC)," 소트코(ThoughtCo),
     2019. 5. 12, https://www.thoughtco.com/history-of-the-ibm-pc-1991408.

6    "에이수스사의 역사(Asus Company History)", 블로그 가젯리뷰(Gadget Reviews), http://
     mylaptopyourlaptop.blogspot.com/2012/04/asus-company-history.html; 댄 애커

면(Dan Ackerman), "에이수스의 이 PC(Eee PC) 가계도(The Asus Eee PC Family Tree)," 씨넷(CNET), 2010. 2. 17. https://www.cnet.com/news/the-asus-eee-pc-family-tree; 제리제이(JerryJ), "에이수스가 이 PC 소형 노트북의 가격 책정 과정을 공개하다(Asus Reveals Pricing for the Eee PC Mini Laptop)," 블로그 브라이트핸드, 2007. 10. 18 http://www.brighthand.com/news/asus-reveals-pricing-for-the-eee-pc-mini-laptop/.

7   에반 커먼(Evan Comen), "당신이 태어난 해에 컴퓨터가 얼마였는지 확인해보라(Check Out How Much a Computer Cost the Year You Were Born)," 〈USA투데이(USA Today)〉, 2018. 6. 22. https://www.usatoday.com/story/tech/2018/06/22/cost-of-a-computer-the-year-you-were-born/36156373/; 앤드루(Andrew), "2007년 가장 유명한 노트북(Most Popular Laptops for May 2007)," 블로그 노트북 리뷰(Notebook Review) 2007. 6. 4. http://www.notebookreview.com/news/most-popular-laptops-for-may-2007/; 존 튜리(Jon Turi), "가젯 리와인드 2007: 에이수스 이 PC 4G(Gadget Rewind 2007: ASUS Eee PC 4G)," 블로그 인가젯(Engadget), 2014. 6. 1. https://www.engadget.com/2014/06/01/gadget-rewind-2007-asus-eee-pc-4g.

8   조 톰프슨(Joe Thompson), "스위스의 시계를 위해, 미국이 돌아왔다(For Swiss Watches, America Is Back)," 블룸버그(Bloomberg), 2018. 7. 25. https://www.bloomberg.com/news/articles/2018-07-25/the-swiss-luxury watch-slump-in-the united-states-is-over.

9   라이언 라파엘리(Ryan Raffaelli), "기술의 재출현: 스위스 기계적 시계제조의 구기술을 위한 새로운 가치 창출, 1970-2008(Technology Reemergence: Creating New Value for Old Technologies in Swiss Mechanical Watchmaking, 1970 - 2008)," 〈행정과학계간지〉(2018), 00018392 18778505. https://doi.org/10.1177/0001839218778505.

10  데릭 톰프슨(Derek Thompson), "어떻게 주세로의 이야기가 그 회사에게 굴욕을 주었나?(How Juicero's Story Set the Company Up for Humiliation)," 〈애틀랜틱〉, 2017. 4. 21. https://www.theatlantic.com/business/archive/2017/04/juicero-lessons/523896/.

## 4장

1   데이비드 프랜시스(David R. Francis), "인종이 드러나는 이름에 대한 고용주의 반응(Employers' Replies to Racial Names)," 〈미국 경제조사 다이제스트(National Bureau of Economic Research Digest)〉, 2003. 9. https://www.nber.org/digest/sep03/w9873.html; 알렉시아 엘레잘데 루이스(Alexia Elejalde-Ruiz), "고용 편견 연구: 똑같은 대우를 받는 흑인과 백인, 히스패닉 이름의 이력서(Hiring Bias Study: Resumes with Black, White, Hispanic Names Treated the Same)," 〈시카고 트리뷴(Chicago Tribune)〉, 2016. 5. 4. https://www.chicagotribune.com/business/ct-bias-hiring-0504-biz 20160503-story.html; 디나 게드만(Dina Gerdeman), "'백인'의 직장에 이력서를 넣는 소수자는 면접에서 더 많

은 질문을 받는다(Minorities Who 'Whiten' Job Resumes Get More Interviews)," HBS 워킹 놀리지(HBS Working Knowledge), 2017. 5. 17. http://hbswk.hbs.edu/item/minorities-who-whiten-job-resumes-get-more-interviews; 소니아 강(Sonia K. Kang), 캐서린 데셀레스(Katherine A. DeCelles), 안드라스 틸시크(András Tilcsik), 소라 준(Sora Jun), "백인화된 이력서: 노동시장 내의 인종과 자기표현(Whitened Résumés: Race and Self- Presentation in the Labor Market)," 〈행정과학계간지〉 61, no. 3 (2016): 469-502, https://doi.org/10.1177/0001839216639577.

2  대니얼 카너먼(Daniel Kahneman), 아모스 트베르스키(Amos Tversky), "전망 이론: 위험 하의 결정 분석(Prospect Theory: An Analysis of Decision Under Risk)," 〈재정적 결정 과정의 기본 원칙 편람(Handbook of the Fundamentals of Financial Decision Making)〉: Part 1, ed. 레너드 맥린(Leonard C. MacLean), 윌리엄 젬바(William T. Ziemba), 〈재정경제학 시리즈의 세계 과학적 편람(World Scientific Handbook in Financial Economics Series)〉 (Singapore: World Scientific, 2013), 99-127, https://doi.org/10.1142/9789814417358_0006.

3  알란 해밀턴(Arlan Hamilton), 2018년 4월 17일에 저자와 개인적으로 대화를 나눔, 로스앤젤레스의 백스테이지 캐피탈 크루 미팅(Backstage Capital Crew Meeting).

4  타라 소피아 모어(Tara Sophia Mohr), "왜 여성은 어떤 일자리에 100퍼센트 자격을 갖추지 않으면 지원하지 않는가?(Why Women Don't Apply for Jobs Unless They're 100% Qualified)," 〈하버드비즈니스리뷰(Harvard Business Review)〉, 2014. 8. 25. https://hbr.org/2014/08/why-women-dont-apply-for-jobs-unless-theyre-100-qualified.

5  마커스 베어(Markus Baer), 커트 더크(Kurt T. Dirks), 잭슨 니커슨(Jackson A. Nickerson), "전략적 문제 형성의 미시적 기반(Microfoundations of Strategic Problem Formulation)," 〈전략적 경영 저널(Strategic Management Journal) 34, no. 2 (2013): 197-214, https://doi.org/10.1002/smj.2004.

6  "르망에서 가장 연비가 좋은 구동 장치를 장착한 아우디(Audi with Most Fuel- Efficient Powertrain at Le Mans)," 모터스포츠닷컴(Motorsport.com), 2014. 6. 9. https://www.motorsport.com/lemans/news/audi-with-most-fuel-efficient-powertrain-at-le-mans/452641/.

7  요르고 슈라이너(Joerg Schreiner), "기업 인큐베이터: 좋거나 나쁘거나, 추하거나(Corporate Incubators: The Good, the Bad and the Ugly)," 블로그 코쉬트(Co- Shift), 2017. 9. 7. https://www.co-shift.com/why-corporate-incubators-fail-at-innovation-transfer/.

8  아머 케비(Amr Kebbi), 데이브 발리에르(Dave Valliere), "더블 J 커브: 인큐베이팅 스타트업의 모델(The Double J- Curve: A Model for Incubated Start-ups)," (11th European Conference on Innovation and Entrepreneurship. Jyvaskyla, Finland, 2016), 371-80, https://www.researchgate.net/publication/309033445_The_Double_J- Curve_A_Model_for_Incubated_Start-ups; 클리프 옥스퍼드(Cliff Oxford), "천국에 있는 난관: 비즈니스 인

큐베이터는 왜 효과가 없는가(Trouble in Paradise: Why Business Incubators Don't Work)," 〈포브스〉, 2014. 6. 30. https://www.forbes.com/sites/cliffoxford/2014/06/30/trouble-in-paradise-why-business-incubators-dont-work/#60b0dc164d87; 브릿지포빌리언(Bridge for Billions), "일반적인 인큐베이터와 엑셀러레이터의 3가지 문제(3 Problems with Traditional Incubators and Accelerators)," 미디엄(Medium), 2016. 7. 31. https://medium.com/bridgeforbillions/3-problems-with-traditional-incubators-and-accelerators-a29354e30564.

9   주앙 수자(Joao Sousa), 라켈 메네세스(Raquel Meneses), 움베르토 리베어로(Humberto Ribeiro), 산드라 라켈 알베스(Sandra Raquel Alves), "스타트업과 인큐베이터의 공생 관계(The Symbiotic Relationship Between Startups and Incubators)," 《경제 사회 발전: 의사록(Economic and Social Development: Book of Proceedings)》, ed. 로자나 베젤리카(Rozana Veselica), 고다나 듀킥(Gordana Dukic), 칼리드 햄스(Khalid Hammes), 경제 사회 발전에 대한 국제 과학 콘퍼런스(International Scientific Conference on Economic and Social Development) (Zagreb, Croatia: Varazdin Development and Entrepreneurship Agency, 2018), 823-34. http://www.esd-conference.com/upload/book_of_proceedings/Book_of_Proceedings_esdZagreb2018_Online.pdf.

## 5장

1   멀리사 젤슨(Melissa Jeltsen), "일리노이주는 미용사에게 가정폭력의 피해자를 발견하도록 교육한다(Illinois Will Teach Hairdressers to Recognize Victims of Domestic Violence)," 허프포스트, 2016. 12. 1. https://www.huffpost.com/entry/illinois-will-teach-hairdressers-to-recognize-signs-of-domestic-violence_n_583f2717e4b09e21702c3122.

2   말콤 글래드웰 《블링크》, 10

3   게르트 기거렌처(Gerd Gigerenzer), 《직감: 무의식의 지능(Gut Feelings: The Intelligence of the Unconscious)》 (New York: Penguin Books, 2008).

4   후앙, 피어스, "미지의 문제 처리하기"

5   피터 카펠리(Peter Cappelli), "당신의 고용방식은 모두 틀렸다(Your Approach to Hiring Is All Wrong)," 〈하버드비즈니스리뷰〉, 2019. 5-6월 https://hbr.org/2019/05/recruiting; 보리스 그로이스버그(Boris Groysberg), 니틴 노리아(Nitin Nohria), 클라우디오 페르난데스 아라오즈(Claudio Fernández-Aráoz), "좋은 시기와 나쁜 시기에 직원을 채용하는 최고의 지침(The Definitive Guide to Recruiting in Good Times and Bad)," 〈하버드비즈니스리뷰〉, 2009. 5. https://hbr.org/2009/05/the-definitive-guide-to-recruiting-in-good-times-and-bad.

6   로버트 코스티건(Robert Costigan), 카일 브링크(Kyle Brink), "경영대학교 교육 내의 만연한 선형적 사고와 비선형적 사고: 많은 수사학과 충분하지 않은 증거(On the Prevalence of

Linear versus Nonlinear Thinking in Undergraduate Business Education: A Lot of Rhetoric, Not Enough Evidence)," 〈경영과 조직 저널(Journal of Management & Organization)〉 21, no. 4 (2015): 535 – 47, https://doi.org/10.1017/jmo.2014.86; 바트 드 랑게(Bart de Langhe), 스테파노 펀토니(Stefano Puntoni), 리처드 래릭(Richard Larrick), "비선형적 세계의 선형적 사고 (Linear Thinking in a Nonlinear World)," 〈하버드비즈니스리뷰〉, 2017, 5–6, https://hbr.org/2017/05/linear-thinking-in-a-nonlinear-world; 마크 본체크(Mark Bonchek), "비선형적 사고를 하는 방법(How to Create an Exponential Mindset)," 〈하버드비즈니스리뷰〉 2016, 7, 27, https://hbr.org/2016/07/how-to-create-an-exponential-mindset.

7   "기저귀의 역사–일회용 기저귀와 천 기저귀의 역사(The History of Diapers— Disposable & Cloth The History of Diapers)," 다이어퍼 정글(Diaper Jungle), 2016, 10, 1, https://www.diaper jungle.com/pages/history-of-diapers; 세라 라스코우(Sarah Laskow), "일회용 기저귀를 개발한 여성(The Woman Who Invented Disposable Diapers)," 〈애틀랜틱〉, 2014, 10, 14, https://www.theatlantic.com/technology/archive/2014/10/the-woman-who-invented-disposable-diapers/381310.

8   괴테 대학교 "영리한 사람은 뇌를 더 잘 사용한다(Smart People Have Better Connected Brains)," 〈사이언스데일리(ScienceDaily)〉, 2017, 11, 22, https://www.sciencedaily.com/releases/2017/11/171122103552.htm.

9   테드 베이커(Ted Baker), 리드 넬슨(Reed E. Nelson), "무에서 유를 창조하는 일: 사업적 브리콜라주를 통한 자원 구축(Creating Something from Nothing: Resource Construction Through Entrepreneurial Bricolage)", 〈행정과학계간지〉 50, no. 3 (2005): 329 – 66, https://doi.org/10.2189/asqu.2005.50.3.329.

10  세라 고든(Sarah Gordon), "라이언에어(Ryanair)는 기내 화장실 사용료를 부과한다고 밝혔다," 데일리메일(Daily Mail), 2010, 4, 6, https://www.dailymail.co.uk/travel/article-1263905/Ryanair toilet-charges-phased-in.html; "항공사 대변인 스티븐 맥너마라(Stephen McNamara)는 '화장실 사용료를 부과함으로 탑승 전에 화장실을 이용하도록 승객의 행동을 변화시키기를 바란다'고 트래블메일에 말했다."

11  팀 클라크(Tim Clark), "라이언에어는 약 4달러 7센트의 '입석'을 추진할 계획이다," 데일리메일, 2010, 7, 2, https://www.dailymail.co.uk/travel/article-1291131/Ryanair-launch-vertical-seating-Standing-room-tickets-4.html.

12  에어페어워치독(airfarewatchdog.com) 설립자 조지 호비카(George Hobica)는 라이언에어의 방침을 대부분 홍보 목적이라고 말했다." "그 항공사의 CEO는 텔레비전에 자신의 사진이 나오는 것을 무척 좋아한다." (스콧 메이어로위츠(Scott Mayerowitz), "오줌 누기: 항공사의 엉뚱한 생각(Paying to Pee: Have the Airlines Gone Too Far?)," ABC 뉴스, 2010, 4, 13, https://abcnews.go.com/Travel/Green/paying-pee-airlines-critics-call-ryanairs-fee-inhumane/story?id=10355139).

13 레온 페스팅커(Leon Festinger), 인지부조화이론(A Theory of Cognitive Dissonance) (Stanford, CA: Stanford University Press, 1957); 앨리엇 애런슨(Elliot Aronson), "인지부조화이론: 현재 관점(The Theory of Cognitive Dissonance: A Current Perspective)," 《실험적 사회심리학의 발전》 vol. 4, ed. 레너드 버코위츠(Leonard Berkowitz) (New York: Academic Press, 1969), 1–34, https://doi.org/10.1016/S0065-2601(08)60075-1.

## 6장

1 2018년 4월 16일 저자와 프릿 바라라(Preet Bharara)가 뉴욕의 카페 체인지 서밋(Cafe Change Summit)에서 하산 미나즈(Hasan Minhaj)와 대화를 나눔.

2 브래드퍼드 비털리(T. Bradford Bitterly), 앨리슨 우드 브룩스, 모리스 슈바이처(Maurice E. Schweitzer), "위기의 비즈니스: 유머가 상황을 나아지게 하거나 나빠지게 할 때(Risky Business: When Humor Increases and Decreases Status)," 〈성격과 사회심리학 저널〉 112, no. 3 (2017): 431–55, https://doi.org/10.1037/pspi0000079.

3 피터 맥그로우(A. Peter McGraw), 칼렙 워런(Caleb Warren), "호의적 위반이론(Benign Violation Theory)", 《유머 연구 백과사전(Encyclopedia of Humor Studies)》, ed. 살바토레 아타르도(Salvatore Attardo) (Thousand Oaks, CA: Sage Publications, 2014), 75–7; 칼렙 워런, 피터 맥그로우, "의견: 상황을 유머러스하게 만드는 것(Opinion: What Makes Things Humorous)," 〈미국 국립과학아카데미 회보(Proceedings of the National Academy of Sciences of the United States of America)〉 112, no. 23 (2015): 7105–6, https://doi.org/10.1073/pnas.1503836112.

4 조엘 밴햄(Joëlle Vanhamme), "놀람과 기쁨의 관계가 경영 안으로 재진입했다(The Surprise-Delight Relationship Revisited in the Management of Experience).," 〈르세르슈 애플리케이션 마케팅(Recherche et Applications en Marketing)〉 (English Edition) 23, no. 3 (2008): 113–38, https://doi.org/10.1177/205157070802300307; 소마 데이(Soma Dey), 산누크타 고시(Sanjukta Ghosh), 비플랩 닷타(Biplab Datta), 파라마 바라이(Parama Barai), "고객 기쁨의 선행조건과 결과 연구(A Study on the Antecedents and Consequences of Customer Delight)," 총체적 품질 관리와 비즈니스 우수성(Total Quality Management & Business Excellence) 28, nos.1–2 (2017): 47–61, https://doi.org/10.1080/14783363.2015.1049146; 빈센트 매그니니(Vincent P. Magnini), 존 크롯츠(John C. Crotts), 어니타 제러(Anita Zehrer), "고객 기쁨의 이해: 여행 블로그 분석 적용(Understanding Customer Delight: An Application of Travel Blog Analysis)," 〈여행 조사 저널(Journal of Travel Research)〉 50, no. 5 (2011): 535–45, https://doi.org/10.1177/0047287510379162.

5 니콜 스펄링(Nicole Sperling), "〈크레이지 리치 아시안〉은 어떻게 추 감독에게 발언권을 주었나?(How Crazy Rich Asians Gave Director Jon M. Chu a Voice)," 〈베니티 페어(Vanity Fair)〉, 2018. 8. 10, https://www.vanityfair.com/hollywood/2018/08/crazy-rich-asians-director-jon-m-chu.

6   앨리스 휘트니(Alyse Whitney), "딤섬, 카야 토스트, 칠리 크랩: 〈크레이지 리치 아시안〉에 등장하는 음식," 〈본 아페티(Bon Appétit)〉, 2018. 8. 30, https://www.bonappetit.com/story/crazy-rich-asians-food-singapore; 케네스 고(Kenneth Goh), "〈크레이지 리치 아시안〉의 음식 배경," 〈미쉐린 가이드(Michelin Guide)〉, 2018. 8. 22, https://guide.michelin.com/us/en/illinois/chicago/article/features/crazy-rich-asians-movie-food-styling.

7   섀넌 코넬란(Shannon Connellan), "〈크레이지 리치 아시안〉에 콜드플레이의 '옐로우(yellow)'를 사용하도록 허락하게 만든 아름다운 편지를 읽어보라," 〈매셔블(Mashable)〉, 2018. 8. 19, https://mashable.com/article/crazy-rich-asians-coldplay.

8   캣 초우(Kat Chow), "우리가 스스로를 옐로라고 부른다면, NPR, 2018. 9. 27, https://www.npr.org/sections/codeswitch/2018/09/27/647989652/if-we-called-our-selves-yellow.

9   월드 엔터테인먼트 뉴스 네트워크(World Entertainment News Network), "콜드플레이는 인종주의 논란에 대한 공포 때문에 〈크레이지 리치 아시안〉에 '옐로' 사용을 거의 거부했다(Coldplay Almost Didn't Let 'Crazy Rich Asians' Use 'Yellow' Due to Racism Fears)," 카누닷컴(Canoe.com), 2018. 8. 16, https://canoe.com/entertainment/music/coldplay-almost-didnt-let-crazy-rich-asians-use-yellow-due-to-racism-fears.

10  줄리아 에마뉴엘(Julia Emmanuele), "당신은 〈크레이지 리치 아시안〉의 모든 삽입곡을 반복해서 듣고 싶을 것이다," 〈버슬(Bustle)〉, 2018. 8. 25, https://www.bustle.com/p/all-the-songs-in-crazy-rich-asians-that-youll-want-to-listen-to-over-over-again-10239631.

11  로랑 바흐(Laurent Bach), 패트릭 코헨뎃(Patrick Cohendet), 쥘리앵 페닝(Julien Pénin), 로랑 시몬(Laurent Simon), "창의적 산업과 창조와 상업화 사이의 지식재산권 딜레마: 비디오게임과 음악 산업에서 얻은 통찰(Creative Industries and the IPR Dilemma Between Appropriation and Creation: Some Insights from the Videogame and Music Industries)," 〈매니지먼트 인터내셔널(Management International)〉 14, no. 3 (2010): 59-72, https://doi.org/10.7202/044293ar.

### 7장

1   수전 러빈(Susan Levine), "그는 닭용 콘택트렌즈에서 성공을 본다(He Sees Fortune in Chicken Contact Lens)," 〈시카고 트리뷴〉, 1989. 11. 23, https://www.chicagotribune.com/news/ct-xpm-1989-11-23-8903120133-story.html; 브루스 포즈너(Bruce G. Posner), "빨간색을 보다(Seeing Red)," 아이앤씨닷컴(Inc.), 1989. 5. 1, https://www.inc.com/magazine/19890501/5636.html.

2   "나폴레옹 보나파르트: 과도한 준비는 영감의 적이다(Napoleon Bonaparte: Over- Preparation

Is the Foe of Inspiration).", 〈에이지 쿼트스(AZ Quotes)〉, https://www.azquotes.com/quote/1056571.

3   마틴 셀리그먼(Martin E. Seligman), "학습 법칙의 일반성에 관하여(On the Generality of the Laws of Learning)," 〈심리학 리뷰(Psychological Review)〉 77, no. 5 (1970): 406 – 18, https://doi.org/10.1037/h0029790.

4   만델(J. H. Mandel), 리치(E. C. Rich), 룩센버그(M. G. Luxenberg), 스필레인(M. T. Spilane), 컨 (D. C. Kern), 파리노(T. A. Parrino), "내과 환자를 위한 준비: 레지턴트 졸업생 대상 10년 연구(Preparation for Practice in Internal Medicine: A Study of Ten Years of Residency Graduates)," 내 과학기록(Archives of Internal Medicine) 148, no. 4 (1988): 853 – 56; 가즈야 나카야키(Kazuya Nakayachi), 브랜든 존슨(Branden B. Johnson), 카즈키 고케츠(Kazuki Koketsu), "지진 위험 평 가에 관한 불확실성의 인정이 샌프란시스코만 거주민의 신념과 태도, 의지에 미치는 효 과(Effects of Acknowledging Uncertainty About Earthquake Risk Estimates on San Francisco Bay Area Residents' Beliefs, Attitudes, and Intentions)," 〈위험 분석(Risk Analysis)〉 38, no. 4 (2018): 666 – 79, https://doi.org/10.1111/risa.12883.

## 8장

1   가이 라즈(Guy Raz), "니만 마커스 여자 화장실에서의 상품 홍보가 어떻게 세라 블레이크 의 삶을 바꿔놓았나?(How a Pitch in a Neiman Marcus Ladies Room Changed Sara Blakely's Life)," NPR, 2016. 9. 12, https://www.npr.org/templates/transcript/transcript.php?storyId=493312213.

2   프란체스카 지노(Francesca Gino), 오불 세저(Ovul Sezer), 로라 후앙, "자기다운 자아가 될 것인가 말 것인가? 다른 사람의 선호에 따르는 것은 성과를 방해한다(To Be or Not to Be Your Authentic Self? Catering to Others' Preferences Hinders Performance)," (working paper, Harvard Business School, 2016).

3   2017년 7월 17일 저자가 에일린 리(Aileen Lee)와 전화 통화함.

4   에일린 리, "유니콘 클럽에 온 것을 환영한다: 유망 스타트업에서 배움(Welcome to the Unicorn Club: Learning from Billion- Dollar Startups)," 블로그 테크크런치, 2013, http://social.techcrunch.com/2013/11/02/welcome-to-the-unicorn-club/.

## 9장

1   윌리엄 제임스(William James), "현실 인식(The Perception of Reality)," 《심리학 원칙(*The Principles of Psychology*)》, vol. 2 (New York: Henry Holt and Company, 1890), 283 – 324.

2   고든 올포트(Gordon W. Allport), "현대 심리학의 에고(The Ego in Contemporary Psychology)," 〈심리 학 리뷰(Psychological Review)〉 50, no. 5 (1943): 451 – 78, https://doi.org/10.1037/h0055375;

셸리 듀발(Shelley Duval), 로버트 위클런드(Robert A. Wicklund), '객관적 자기 인식 이론(A Theory of Objective Self Awareness)'(San Diego: Academic Press, 1972); 폴 실비아(Paul J. Silvia), 셸리 듀발, "객관적 자기 인식 이론: 최근 과정과 지속적인 문제(Objective Self- Awareness Theory: Recent Progress and Enduring Problems)", 〈성격과 사회심리학 리뷰(Personality and Social Psychology Review)〉 5, no. 3 (2001): 230 – 41, https://doi.org/10.1207/S15327957 PSPR0503_4; 로버트 위클런드, "객관적 자기 인식," 《실험적 사회심리학의 발전》, vol. 8, ed. 레너드 버코위츠(San Diego: Academic Press, 1975), 233 – 75, http://www.sciencedirect.com/science/article/pii/S006526010860252X.

3  이사벨 브릭스 마이어스(Isabel Briggs Myers), 메리 맥콜리(Mary H. McCaulley), 나오미 퀜크(Naomi L. Quenk), 앨런 해머(Allen L. Hammer), 'MBTI 사용법: 마이어스-브릭스 성격 유형 검사의 사용과 개선 안내(MBTI Manual: A Guide to the Development and Use of the Myers-Briggs Type Indicator), 3rd ed. (Palo Alto, CA: Consulting Psychologists Press, 2003).

4  로버트 매크레이(Robert R. McCrae), 폴 코스타(Paul T. Costa), "인격의 5가지 요소 모형 인식을 통한 마이어스-브릭스 성격유형 검사 재해석(Reinterpreting the Myers-Briggs Type Indicator from the Perspective of the Five-Factor Model of Personality)," 〈성격 저널(Journal of Personality)〉 57, no. 1 (1989): 17 – 40.

5  존 디그먼(John M. Digman), "인격 구조: 5가지 요인 모델 등장(Personality Structure: Emergence of the Five-Factor Model)," 〈심리학 연간 리뷰(Annual Review of Psychology)〉 41, no. 1 (1990): 417 – 40, https://doi.org/10.1146/annurev.ps.41.020190.002221; 보엘 드 라드(Boele De Raad), '인격의 중요한 5가지 요인: 인격에 대한 심리학적 접근(The Big Five Personality Factors: The Psycholexical Approach to Personality)'(Ashland, OH: Hogrefe & Huber, 2000); 제리 위긴스(Jerry S. Wiggins), ed., '인격의 5가지 요인 모델: 이론적 관점(The Five-Factor Model of Personality: Theoretical Perspectives)'(New York: Guilford Press, 1996); 존 존슨(John A. Johnson), "AB5C 모델을 이용한 5가지 요인 명확화(Clarification of Factor Five with the Help of the AB5C Model)," 〈유러피안 저널(European Journal of Personality)〉 8, no. 4 (1994): 311 – 34, https://doi.org/10.1002/per.2410080408; 콜린 드영(Colin G. DeYoung), 레나 퀼티(Lena C. Quilty), 조던 피터슨(Jordan B. Peterson), "양상과 범위 사이: 중요한 5가지 요인의 10가지 측면(Between Facets and Domains: 10 Aspects of the Big Five)," 〈인격과 사회심리학 저널〉 93, no. 5 (2007): 880 – 96, https://doi.org/10.1037/0022-3514.93.5.880; 콜린 디영, 브리지 케리(Bridget E. Carey), 로버트 크루거(Robert F. Krueger), 스콧 로스(Scott R. Ross), "DSM-5의 성격 항목 중 중요한 5가지 요인의 10가지 측면(Ten Aspects of the Big Five in the Personality Inventory for DSM-5)," 〈성격 장애(Personality Disorders)〉 7, no. 2 (2016): 113 – 23, https://doi.org/10.1037/per0000170; 마이클 애슈턴(Michael C. Ashton), 기범 리(Kibeom Lee), 루이스 골드버그(Lewis R. Goldberg), 레이노앗 드 브리스(Reinout E. de Vries), "성격의 요소 중 더 높은 순위: 그것이 존재하는가?(Higher Order Factors of Personality: Do They Exist?)," 성격과 사회심리학 리뷰(Personality and Social Psychology Review) 13, no. 2 (2009): 79 – 91, https://doi.org/10.1177/1088868309338467.

6   주디 갈런드(Judy Garland), "주디 갈런드 인용(Judy Garland Quotes)," 브레이니코트(Brainy-Quote), https://www.brainyquote.com/quotes/judy_garland_104276.

7   스콧 드루(D. Scott DeRue), 수전 애슈퍼드(Susan J. Ashford), 내털리 코튼(Natalie C. Cotton), "책임 맡기: 개인이 리더의 정체성을 내면화하는 과정 탐구(Assuming the Mantle: Unpacking the Process by Which Individuals Internalize a Leader Identity)," 《긍정적 정체성과 조직 탐구: 이론 정립과 조사 기반(Exploring Positive Identities and Organizations: Building a Theoretical and Research Foundation)》, ed. 로라 모건 로버츠(Laura Morgan Roberts), 제인 두톤(Jane E. Dutton), '조직과 경영 시리즈(Organization and Management Series)' (New York: Psychology Press, 2009).

8   2018년 4월 26일 저자가 애슐리 에드워즈(Ashley Edwards)와 대화함.

9   앨런 매코널(Allen R. McConnell), "다양한 자아 체계: 자기 개념 표현과 그 영향(The Multiple Self-Aspects Framework: Self-Concept Representation and Its Implications)," 〈인격과 사회심리학 리뷰〉 15, no. 1 (2011): 3 – 27, https://doi.org/10.1177/1088868310371101.

10  데이비드 버스(David M. Buss), 마이클 샤이어(Michael F. Scheier), "자아의식, 자아인식, 자기귀인(Self-Consciousness, Self-Awareness, and Self-Attribution)," 〈인격 연구 저널(Journal of Research in Personality)〉 10, no. 4 (1976): 463 – 68, https://doi.org/10.1016/0092-6566 (76)90060-X; 프레드 로스바움(Fred Rothbaum), 존 바이스(John R. Weisz), 새뮤얼 스나이더 (Samuel S. Snyder), "세계 바꾸기와 자아 바꾸기: 인지된 통제의 2가지 과정 모델(Changing the World and Changing the Self: A Two-Process Model of Perceived Control)," 〈인격과 사회심리학 저널〉 42, no. 1 (1982): 5 – 37.

11  윌리엄 제임스, 《심리학 원칙》, vol. 1 (New York: Henry Holt and Company, 1890), 294.

12  허버트 블루머(Herbert Blumer), 《상징적 상호작용론: 관점과 방법(Symbolic Interactionism: Perspective and Method)》 (Berkeley, CA: University of California Press, 1986); 조엘 카론(Joel M. Charon), 《상징적 상호작용론: 소개와 해석, 통합(Symbolic Interactionism: An Introduction, an Interpretation, an Integration)》 (Englewood Cliffs, NJ: Prentice-Hall, 1979), https://trove.nla.gov.au/version/45014982.

13  애슈턴 쿠처(Ashton Kutcher)와 저자가 대화함. 2013년 10월 10일 필라델피아. 와튼 소셜 임팩트 이니셔티브(Wharton Social Impact Initiative)의 로런(Lauren)과 바비 터너(Bobby Turner)가 진행하는 소셜 임팩트 이그제큐티브 스피커 시리즈(Social Impact Executive Speaker Series).

## 10장

1   마크 스나이더(Mark Snyder), 엘리자베스 데커 탄케(Elizabeth Decker Tanke), 엘런 베르샤이드(Ellen Berscheid), "사회적 인식과 대인관계 행동: 사회적 고정관념의 자기충족적인 특성 (Social Perception and Interpersonal Behavior: On the Self-fulfilling Nature of Social Stereotypes)," 〈성격과 사회심리학 저널〉 35, no. 9 (1977): 656 – 66, http://dx.doi.org /10.1037/0022-

3514.35.9.656; 퍼넬러피 오크스(Penelope J. Oakes), 알렉산더 해슬램(S. Alexander Haslam), 존 터너(John C. Turner), 〈고정관념과 사회적 현실(Stereotyping and Social Reality)〉(Oxford, UK: Blackwell, 1994).

2  아이린 블레어(Irene V. Blair), 마자린 바나지, "고정관념 점화의 자동 과정과 통제 과정(Automatic and Controlled Processes in Stereotype Priming)," 〈성격과 사회심리학 저널〉 70, no. 6 (1996): 1142 – 63, https://doi.org/10.1037/0022-3514.70.6.1142; 앤서니 그린월드(Anthony G. Greenwald), 마자린 바나지, 브라이언 노섹, "암묵적 연관성 조사에 관한 사소한 통계 자료도 사회적으로 큰 영향을 미칠 수 있다(Statistically Small Effects of the Implicit Association Test Can Have Societally Large Effects)," 〈성격과 사회심리학 저널〉 108, no. 4 (2015): 553 – 61, https://doi.org/10.1037/pspa0000016.

3  2018년 4월 26일 뉴욕, 카페 체인지 서밋(Cafe Change Summit)에서 사회자와 사이러스 하비브(Cyrus Habib)의 인터뷰.

4  사이러스가 사람들과 함께 걸을 기회를 잡았다는 내용은 위의 자료에 상게됨.

5  마이크 베이커(Mike Baker), "인생 스토리가 시각장애인 국회의원을 움직이다(Life Story Drives Blind Lawmaker)," 〈시애틀 타임즈(Seattle Times)〉, 2013. 3. 10, https://www.seattletimes.com/seattle-news/life-story-drives-blind-lawmaker/.

6  앨리슨 숀텔(Alyson Shontell), "스타트업의 거물 폴 그레이엄(Paul Graham)이 심한 사투리를 쓰는 창업자가 왜 더욱 안 좋은 결과를 낳는다고 했는지 설명하다(Startup Titan Paul Graham Explains Why He Said Founders with Thick Accents Get Worse Results)," 〈비즈니스 인사이더(Business Insider)〉, 2013. 8. 27 https://www.businessinsider.com/paul-graham-on-startup-founders-with-thick-foreign-accents-2013-8.

7  후앙, 프리저, 피어스, "정치적 기술"

8  엘리자베스 포셀라(Elizabeth S. Focella), 메건 빈(Meghan G. Bean), 제프 스톤(Jeff Stone), "대립과 그 이상: 낙인찍힌 대상의 편견 감소 전략 실험(Confrontation and Beyond: Examining a Stigmatized Target's Use of a Prejudice Reduction Strategy)," 〈사회 심리학과 성격 심리학 컴퍼스(Social & Personality Psychology Compass)〉 9, no. 2 (2015):100 – 14, https://doi.org/10.1111/spc3.12153; 퍼트리샤 디바인(Patricia G. Devine), "고정관념과 편견: 자동적인 요소와 통제되는 요소(Stereotypes and Prejudice: Their Automatic and Controlled Components)," 〈성격과 사회심리학 저널〉 56, no. 1 (1989): 5 – 18, https://doi.org/10.1037/0022-3514.56.1.5; 제임스 힐튼(James L. Hilton), 윌리엄 본 히펠(William von Hippel), "고정관념(Stereotypes)," 〈연간 심리학 리뷰〉 47, no. 1 (1996): 237 – 71, https://doi.org/10.1146/annurev.psych.47.1.237; 크리스탈 플레밍(Crystal Fleming), 미셸 라몬트(Michèle Lamont), 제시카 웰번(Jessica Welburn), "아프리카계 미국인이 낙인찍기에 대항하다: 대립의 의미와 특징, 충돌 피하기, 무지와 '자아 관리' 교육하기(African Americans Respond to Stigmatization: The Meanings and Salience of Confronting, Deflecting Conflict, Educating the Ignorant and 'Managing

the Self)," 〈민족과 인종 연구(Ethnic and Racial Studies)〉 35, no. 3 (2012): 400 – 17.

9  알렉산더 춉(Alexander M. Czopp), 마고 몬테이스(Margo J. Monteith), 에이미 마크(Aimee Y. Mark), "변화 옹호: 대인관계의 대립을 통한 편견 줄이기(Standing Up for a Change: Reducing Bias Through Interpersonal Confrontation)," 〈성격과 사회심리학 저널〉 no. 5 (2006): 784 – 803, https://doi.org/10.1037/0022-3514.90.5.784.

10  존 스자라미아크(John Szramiak), "찰리 멍거처럼 투자하는 10가지 핵심 계획(Here's a 10 Point Plan to Invest like Charlie Munger)," 비즈니스 인사이더, 2016, 10, 26 https://www.businessinsider.com/10-point-plan-to-invest-like-charlie-munger -2016-10.

11  알렉산드라 스티븐슨(Alexandra Stevenson), 케이트 켈리(Kate Kelly), "남성은 그녀의 실패에 돈을 건다: 현재 그녀는 260억 달러의 자금을 운용한다(Men Bet She Would Fail: Now She Runs a $26 Billion Fund)," 〈뉴욕타임즈(New York Times)〉, 2017, 4, 8, https://www.nytimes.com/2017/04/08/business/dealbook/george-soros-dawn-fitzpatrick-american-stock-exchange.html; 돈 피츠패트릭(Dawn Fitzpatrick), 루흘(S. Ruhle)과 밀러(M. Miller)와의 인터뷰, 블룸버그 텔레비전(Bloomberg Television), 2014, 6, 26; 줄리 시걸(Julie Segal), "돈 피츠패트릭이 USB를 떠나 소로스의 CIO가 되다(Dawn Fitzpatrick Leaves UBS for Soros CIO Job)," 인스티튜셔널 인베스터(Institutional Investor), 2017, 2, 1, https://www.institutionalinvestor.com/article/b1505q22yk2j2m/dawn-fitzpatrick-leaves-ubs-for-soros-cio-job.

12  돈 피츠패트릭이 190센티미터의 금발 머리 전직 남자축구선수였다면 좋았겠다고 생각한 적이 있다는 내용은 위의 자료에 상계됨.

13  데이비드 윌러(David Willer), 마이클 로바글리아(Michael J. Lovaglia), 배리 마코브스키(Barry Markovsky), "힘과 영향력: 이론적 관계(Power and Influence: A Theoretical Bridge)," 〈사회적 힘 (Social Forces)〉 76, no. 2 (1997): 571 – 603, https://doi.org/10.1093/sf/76.2.571; 린다 칼리(Linda L. Carli), "젠더, 대인관계의 힘, 사회적 영향력(Gender, Interpersonal Power, and Social Influence)," 〈사회적 이슈 저널(Journal of Social Issues)〉 55, no. 1 (1999): 81 – 99, https://doi.org/10.1111/0022-4537.00106; 후앙, 나이트, "사업가의 자원과 인간관계"

14  스티븐 블레이더(Steven L. Blader), 야루 첸(Ya-Ru Chen), "지위의 영향과 힘의 구별: 정당한 관점(Differentiating the Effects of Status and Power: A Justice Perspective)," 〈성격과 사회심리학 저널〉 102, no. 5 (2012): 994 – 1014, https://doi.org/10.1037/a0026651.

15  해럴드 켈리(Harold H. Kelley), 존 티보(John W. Thibaut), "대인관계: 독립성 이론(Interpersonal Relations: A Theory of Interdependence)" (New York: John Wiley & Sons, 1978).

## 11장

1  후앙, "투자자 직감 이론(A Theory of Investor Gut Feel)"

2 멀리사 카든(Melissa S. Cardon), 요아킴 윈센트(Joakim Wincent), 자그딥 싱(Jagdip Singh), 마테야 드로노브세크(Mateja Drnovsek), "사업적 열정의 특성과 경험(The Nature and Experience of Entrepreneurial Passion)," 〈경영 아카데미 리뷰(Academy of Management Review) 34, no. 3 (2009): 511–32, https://doi.org/10.5465/AMR.2009.40633190.

3 샤오 핑 첸(Xiao-Ping Chen), 신 야오(Xin Yao), 수레시 코타(Suresh Kotha), "사업가의 열정과 사업발표 준비상태: 벤처 캐피탈리스트의 자금운용 결정의 설득 분석(Entrepreneur Passion and Preparedness in Business Plan Presentations: A Persuasion Analysis of Venture Capitalists' Funding Decisions)," 〈경영 아카데미 저널(Academy of Management Journal)〉 52, no. 1 (2009): 199–214, https://doi.org/10.5465/amj.2009.36462018; 로버트 배론(Robert A. Baron), "사업 과정에서 정서의 역할(The Role of Affect in the Entrepreneurial Process)," 〈경영 아카데미 저널(Academy of Management Review)〉 33, no. 2 (2008): 328–40; 안토니오 다마지오(Antonio Damasio), "감정과 자아(Feelings of Emotion and the Self)," 〈뉴욕 과학 아카데미 연대기(Annals of the New York Academy of Sciences)〉 1001, no. 1 (2003): 253–61, https://doi.org/10.1196/annals.1279.014; 노베르트 슈바르츠(Norbert Schwarz), 제랄드 클로어(Gerald L. Clore), "정보로써의 기분: 20년 후(Mood as Information: 20 Years Later)," 〈심리학 탐구(Psychological Inquiry)〉 14, nos. 3–4 (2003): 296–303, https://doi.org/10.1080/1047840X.2003.9682896.

4 토머스 길로비치, 빅토리아 메드백(Victoria Husted Medvec), 케니스 사비츠키(Kenneth Savitsky), "사회적 판단 내의 스포트라이트 효과: 자신의 행동 및 외모의 평가와 특징에 있는 자기중심적 편향(The Spotlight Effect in Social Judgment: An Egocentric Bias in Estimates of the Salience of One's Own Actions and Appearance)," 〈성격과 사회심리학 저널〉 78, no. 2 (2000): 211–22; 토머스 길로비치, 케니스 사비츠키, "스포트라이트 효과와 투명성의 환상: 우리가 다른 사람에게 어떻게 보이는지에 대한 자기중심적 평가(The Spotlight Effect and the Illusion of Transparency: Egocentric Assessments of How We Are Seen by Others)," 〈심리학의 현방향(Current Directions in Psychological Science)〉 8, no. 6 (1999): 165–68, https://doi.org/10.1111/1467-8721.00039; 토머스 길로비치, 저스틴 크루거(Justin Kruger), 빅토리아 메드백, "스포트라이트 효과 재고: 행동과 외모의 명백한 다양성 과대평가(The Spotlight Effect Revisited: Overestimating the Manifest Variability of Our Actions and Appearance)," 〈실험적 사회심리학 저널〉 38, no. 1 (2002): 93–99, https://doi.org/10.1006/jesp.2001.1490.

5 해나 한 응우웬(Hannah-Hanh Nguyen), 앤 마리 라이언(Ann Marie Ryan), "고정관념 위협이 소수자와 여성의 표준적인 성과에 영향을 미치는가? 경험적 증거의 메타 분석(Does Stereotype Threat Affect Test Performance of Minorities and Women? A Meta-Analysis of Experimental Evidence)," 〈응용심리학 저널〉 93, no. 6 (2008): 1314–34, http://dx.doi.org/10.1037/a0012702.

## 12장

1  배리 요먼(Barry Yeoman), "학문적 도제제도: 여전히 이상적인가?(Academic Apprentices: Still an Ideal?)," 블로그 배리 요먼: 저널리스트(Barry Yeoman: Journalist), 1999. 5. 1, https://barryyeoman.com/1999/05/academic-apprentices-still-an-ideal/; 캐런 포브스(Karen Forbes), "학계 진입 통로로써의 도제제도인 박사과정(The PhD Experience as an Apprenticeship into Academia)," 블로그 FERSA 케임브리지 대학교 (FERSA University of Cambridge Blog), 2018. 3. 9. https://fersacambridge.com/2018/03/09/the-phd-experience-as-an-apprenticeship-into-academia.

2  대니얼 베르토(Daniel Bertaux), 마틴 콜리(Martin Kohli), "인생 이야기 접근법: 대륙적인 관점(The Life Story Approach: A Continental View)," 〈연간 심리학 리뷰(Annual Review of Sociology)〉 10, no. 1 (1984): 215-37, https://doi.org/10.1146/annurev.so.10.080184.001243; 스테파니 테일러(Stephanie Taylor), 캐런 리틀턴(Karen Littleton), "이야기 속의 전기: 광범위한 서술적 연구(Biographies in Talk: A Narrative-Discursive Research Approach)," 〈질적 심리학 리뷰(Qualitative Sociology Review) 2, no. 1 (2006): 22-38.

3  2016년 11월 15일 샌프란시스코의 ENIAC VC M1 서밋(ENIAC VC M1 Summit)에서 저자가 데이브 달(Dave Dahl)과 대화함.

4  롤리 대스칼(Lolly Daskal), "상황을 헤쳐 나갈 때 더욱 회복력을 키울 수 있는 방법(How to Be More Resilient When Things Get Tough)," 이엔씨닷컴, April 9, 2015. 4. 9, https://www.inc.com/lolly-daskal/how-to-be-more-resilient-when-things-get-tough.html.

**E**nrich

**D**elight

**G**uide

**E**ffort

**옮긴이 이윤진**

이화여자대학교 불어불문학과를 졸업하고 영국 워릭 대학교 경영대학원에서 경영학석사 과정을 마쳤다. 외국계 글로벌 기업에서 온라인 마케팅 전략을 담당하다가 혼자 알기 아까운 원서를 많은 이와 함께 읽고 싶은 마음에 번역을 시작했다. 현재는 저자의 의도를 적확하게 전달하려고 고민하며 애쓰는 일을 계속하고 있다. 바른번역 소속 번역가로 활동 중이며 옮긴 책으로 《실험실의 쥐》《왓츠 더 퓨처》《당신은 AI를 개발하게 된다, 개발자가 아니더라도》《유튜브 7초에 승부하라》《사장은 어떻게 일해야 하는가》《경제학자의 다이어트》 등이 있다.

## 엣지

한 끗의 차이를 만드는 내 안의 힘

**초판 1쇄 인쇄** 2023년 3월 6일
**초판 1쇄 발행** 2023년 3월 21일

**지은이** 로라 후앙
**옮긴이** 이윤진
**펴낸이** 최동혁

**기획본부장** 강훈
**영업본부장** 최후신
**책임편집** 장보금
**기획편집** 조예원 한윤지
**디자인팀** 유지혜 김진희
**마케팅팀** 김영훈 김유현 양우희 심우정 백현주
**물류제작** 김두홍
**영상제작** 김예진 박정호
**인사경영** 조현희 양희조
**재무회계** 권은미
**디자인** this-cover

**펴낸곳** ㈜세계사컨텐츠그룹
**주소** 06071 서울시 강남구 도산대로 542 8,9층(청담동, 542빌딩)
**이메일** plan@segyesa.co.kr
**홈페이지** www.segyesa.co.kr
**출판등록** 1988년 12월 7일(제406-2004-003호)
**인쇄 · 제본** 예림

ISBN 978-89-338-7194-2 (03320)